改訂版

現代の国際通貨制度

松浦 一悦 著

晃 洋 書 房

はじめに

　今日，世界の金利変化や株式・債券の価格変化を投資家は敏感にキャッチし，膨大な投機資本が瞬時に移動する。こうした国際資本移動は，自国の金融市場と世界金融市場との一体化をもたらすため，株価や外国為替相場は海外市場の動向と連動しながら変化している。しかも，絶えず進歩する金融技術革新は，国際資金決済の効率性を向上させ，また新たな金融商品を開発することで，国際金融取引規模は増加の一途を辿っている。グローバルな資本移動による資産価格の変動や為替変動は，企業や投資家（＝資金運用者）の予想収益率や財務状況に影響を与えることにより，実体経済を大きく揺さぶっている。同様に，年金生活者や一般の家計も自己責任で資産管理を強いられるため，将来の生活が金融市場の動向に左右される。我々の日常生活とかけ離れたところで様々な金融取引が繰り広げられ，その動向が我々の生活を左右するのだから，不安な心理はさらに人々を金融取引へと急き立てる。それが金融市場の不安定性をいっそう高めている。このような金融市場における不確実性が強まる時代であるがゆえに，国民全体が金融リテラシーを身に付けなければならない時代が到来した。

　ただし，今日の不確実性の時代は，昨日今日に始まったのではなく，歴史的な市場経済の変化が積み重なりながら段階を経て生まれたものである。市場の不確実に満ちた現代の国際通貨制度を「当然の制度」と考えるのではなく，時代を遡って，歴史的，段階的な視点で現代の市場経済を考察することにより，現代の国際通貨制度の問題を明らかにしてみたい。そうすることによって，不安をもたらす不確実性の背景を理解し，我々自身が現代の市場経済に対する対処法の糸口を掴むことができるのではないかと思う。

　そうした観点から本書では，国際収支，貨幣・通貨の説明から始まり，国際通貨の生成と機能，国際通貨制度の歴史的考察を踏まえた上で，現代の国際通貨制度の特質を明らかにしている。現代の貨幣金融の問題を考察する上で何らかの視座が必要であるが，本書の第2章，第3章は，そうした視座の説明に当

ⅱ

ている。第4章は，近代の世界市場で初めて形成された固定相場制としての
国際金本位制を考察し，第5章から第8章は，第2次世界大戦後のアメリカを
中心とした国際通貨制度を歴史的段階的に分析している。戦後の国際通貨制度
の歴史において，1971年8月の金・ドル交換停止による変動相場制への移行と
1985年9月のプラザ合意によるG5の政策的協調体制の確立の2つがエポッ
ク・メイキングとなっている。2つの転換点からの「ドル本位制」の形成・展
開過程を第5章と第6章で取り上げた。そして，第3の転換点が2008年アメリ
カ発金融危機である。この金融危機によって，「ドル本位制」はどのように変
容したのか，という課題を第7章と第8章で取り上げている。さらに，各章末
には適宜「用語解説」と「補論」を設けて理解の便をはかった。

　本書は，国際経済学あるいは国際金融論を学ぶ人を対象に記したつもりであ
る。将来のあるべき国際通貨制度を考えるきっかけになればと願う次第である。

目　　次

は じ め に

序　章　「ドル本位制」のゆくえ ……………………………………… *1*

第1章　国際収支とは ……………………………………………… *7*

第1節　国際収支表　　（*7*）

　　1．国際収支とは

　　2．国際収支の作り方

　　3．国際収支表の構成

第2節　国際収支の黒字・赤字とは　　（*21*）

　　──国際収支のとらえ方と種類──

　　1．貿 易 収 支

　　2．経 常 収 支

　　3．外貨準備増減

第3節　国際投資ポジション　　（*23*）

　　補論1　マネタリー・ベースとマネー・ストック

　　補論2　新たな国際収支標準項目

　　補論3　デリバティブ取引の成長

第2章　世界貨幣と外国為替制度 ……………………………… *31*

第1節　貨幣の生成と世界貨幣　　（*31*）

　　1．貨幣の生成

　　2．貨幣の機能

第2節　外国為替制度　　（*35*）

　　1．為替の原理

　　2．外国為替銀行の役割

　　3．取立為替と送金為替

iv

　　　4．外国為替手段の分類と為替相場の種類
　　　5．為替持高操作と為替資金操作

第3章　国際通貨と国際決済 …………………………………………… 49

　　第1節　国際通貨と国際通貨制度史　　（49）
　　　1．国際通貨とは
　　　2．国際通貨制度史と国際通貨機能の変化
　　第2節　外国為替相場　　（59）
　　第3節　外国為替相場と国際決済　　（61）
　　　1．金本位制下の為替相場
　　　2．不換通貨制下の為替相場
　　　補論1　直物為替相場と先渡為替相場
　　　補論2　購買力平価説

第4章　国際金本位制の構造 ……………………………………………… 73

　　第1節　国際金本位制とは　　（73）
　　第2節　ポンドの国際通貨化の条件　　（74）
　　　1．世界経済の中心
　　　2．ロンドン金融市場の役割
　　第3節　国際金本位制の機能　　（84）
　　　1．固定為替相場制の維持と国際決済
　　　2．国際収支の均衡
　　　3．イギリスの国際収支の実際
　　第4節　国際収支の調整を巡る諸説　　（91）
　　　補論1　イングランド銀行
　　　補論2　ロンドンの銀行
　　　補論3　株式銀行

第5章　ブレトン・ウッズ体制と変動相場制への移行 ……………… 101

　　第1節　ブレトン・ウッズ体制の成立と展開　　（101）
　　　1．ブレトン・ウッズ体制の成立

目　次　v

　　　2．旧 IMF 体制の成立と仕組み
　　　3．旧 IMF 体制下における金とドル
　　　4．アメリカの国際収支の悪化と米財務省金準備の減少
　　　5．金プール協定から金の二重価格制への移行
　　　6．「流動性のディレンマ論」
　第 2 節　ブレトン・ウッズ体制の崩壊と変動相場制への移行　　（110）
　　　1．1971年金・ドル交換停止
　　　2．スミソニアン協定から総フロートの時代へ
　　　3．変動相場制下の国際決済とビナイン・ニグレクト政策
　第 3 節　変動相場制の現実と課題　　（113）
　　　1．変動相場制の支持論とその現実
　　　2．「ドル本位制」への道
　　　3．国際収支調整負担を巡る「非対称性（asymmetry）」問題
　　　補論 1　「流動性のディレンマ論」を巡る論争
　　　補論 2　不換の国際通貨ドルを巡る論争

第 6 章　プラザ合意以降の「ドル本位制」……………………………… 123

　第 1 節　1985年プラザ合意と「ドル体制」の変容　　（123）
　　　1．新保守主義の台頭とレーガノミックス
　　　2．1985年プラザ合意とアメリカの新通商政策
　　　3．1980年代のアメリカ国際収支
　　　4．国際通貨ドルの衰退
　第 2 節　1990年代のアメリカ経済の復活と
　　　　　　グローバリゼーションの深化　　（134）
　　　1．アメリカの国際資本取引と国際資金仲介機能
　　　2．金融取引の新展開とリスク転嫁技術の発達
　　　3．度重なる通貨危機
　第 3 節　国際通貨ドルの地位　　（142）
　　　補論 1　CDS（Credit Default Swap）
　　　補論 2　空売り（short selling）

vi

第7章　アメリカ金融危機と危機対策 ……………………………… *149*

第1節　アメリカ発世界金融危機　（*149*）

1．「ドル本位制」とグローバル・インバランス

2．アメリカの金融危機の発生

第2節　アメリカ金融危機における財政・金融政策の展開　（*156*）

1．金融危機対策

2．金融政策の展開

第3節　財政・金融政策の帰結　（*163*）

1．金融市場の動き

2．財政赤字の増加

3．実体経済の動向

補論1　中央銀行の買いオペと政府からの直接国債買い入れ

補論2　影の銀行（シャドーバンク）

第8章　世界金融危機後の「ドル本位制」 ……………………………… *181*

第1節　アメリカの国際資本取引のフローとストック分析　（*181*）

1．アメリカの国際資本取引のフロー分析

2．国際投資ポジションの変化——ストック分析——

3．国際通貨ドルの地位

第2節　アメリカ経常収支赤字ファイナンスを巡る論争　（*200*）

1．国際通貨国の特権

2．I—Sバランス・アプローチ説

第3節　アメリカの金融政策の課題と

「ドル本位制」の将来　（*203*）

1．国際通貨国アメリカの金融政策

2．アメリカの金融政策と「ドル本位制」

3．「ドル本位制」の将来

補論1　I—Sバランス・アプローチ論

おわりに　（*213*）

索　　引　（*215*）

序　章

「ドル本位制」のゆくえ

　2008年9月のリーマン・ショックを契機にアメリカを襲った金融危機は，アメリカと貿易および資金フローの点で関係の深い欧州にも及び，欧州も銀行危機・金融危機に直面することにより，欧米諸国は世界金融危機の様相を呈した。この時，アメリカと欧米の信用収縮と同時に生じた現象が，アメリカから資金が逃避する「ドル離れ（＝アメリカ離れ）」である。そのため，アメリカを中心とする「ドル本位制」が崩壊し，世界経済は混乱に陥るのでないかという懸念が議論された。だが，「ドル離れ（＝アメリカ離れ）」と同時に，「ドル不足」も発生したことに注意すべきである。「ドル離れ」と「ドル不足」の相反する現象が同時に生じた背景についての説明は，本書の第8章で行っている。欧州の「ドル不足」を解消するため，それは欧州金融のシステミック・リスクを払拭するためであったが，FRB は巨額のドル建流動性を欧州向けに供給した。その結果，アメリカと欧州の同時金融危機が深刻化することを回避でき，すなわち，アメリカと欧州は恐慌による均衡破壊・均衡回復を先送りし，そして，2009年にアメリカの金融危機が収束した後も，「ドル本位制」が維持されている。

　この2008年9月に始まるアメリカ発世界金融危機を契機とするグローバル金融資本主義の危機は，「ドル本位制」，すなわち米ドル中心の国際通貨金融システムに替わる国際通貨システムをどのように構築するかという課題を突き付けている。周知のとおり，ユーロ圏の形成は「脱ドル」をインプリシットに目論むプロジェクトであった。しかし，ユーロの導入によりユーロ圏内でのユーロによる国内通貨の代替には成功できたが，アメリカとの貿易・資本取引による相互依存関係を基にしてグローバルに展開するドル建て金融取引の暴走を食い止めることができなかった。ドル建金融取引に利用される過剰資金が生み出さ

れる背景には，①「ドル本位制」下のグローバル・インバランスを容認するシステムと ② 中央銀行券の発行―還流に当たって内生性のみが強調される現代の通貨供給システムがある[1]。

　もし，アジアで共通通貨圏の形成による「脱ドル」の動き，あるいは，アジアにおいて中国人民元の国際通貨化が将来一定程度進んだとしても，アジア諸国の対米輸出指向型成長が持続するかぎり，「ドル本位制」が維持されるため，2008年金融危機と同じ失敗を繰り返すに違いない。したがって，突き付けられた課題とは，周辺諸国にとって「脱ドル」をどのように進めるのか，あるいは地域の共通通貨化は進むのかどうかではなく，グローバル・インバランスを背景にする国際通貨の発行制度の規制を含めて，世界経済の経常収支不均衡の増幅に歯止めをかけるための国際決済システムをどのように構築するのかである。

　さらに，この課題は，国際通貨制度だけの問題ではなく，資金不足主体に容易に資金を貸し付ける体制，余剰資金がグローバルに短期的・投機的に動き回るシステムをどのように改めるのかという問題と関連している。また，今日の中央銀行による通貨供給システム，つまり市場の資金需要に応じていわば受動的に通貨供給を行うシステムをどのように規制するのかという問題にも結びつく。今日のそれらの通貨・金融の問題は歴史的・段階的に時代を画して生じ，そして現代に現れている。このような現代の通貨・金融問題にアプローチするためには，貨幣・通貨・国際通貨などの基本的概念を学び，現代の国際通貨制度を歴史的に，段階的に考察する必要がある。将来の国際通貨制度の改革が議論される中で，将来あるべき制度の姿を描くためには，歴史的視座から今日までの国際通貨制度を考察することが重要である。しかし，本書では将来の国際通貨制度改革の具体的検討はしていない。その課題は別書に譲る。

　第7章で詳しく述べるが，2008年金融危機に対して通貨当局が取った政策とその帰結についての結論を先取りすれば，以下のようなことである。アメリカの金融危機の際，米政府による救済は銀行だけに止まらず，自動車会社，保険会社，政府系住宅金融機関などにも拡大したため，公的資本の投入額は莫大な規模となり，その結果として，未曽有の財政赤字とそれに伴う巨額の国債発行をもたらした。米政府は破綻しかかった金融機関を救済し金融システムを維持するため，また，拡大する財政赤字をファイナンスし，しかも，国債の金利負

担を軽減するためには，アメリカ連邦準備制度（FRB）によるゼロ金利政策ないし金融の量的緩和政策（QE）の遂行は当然の帰結であった。

確かに，FRBによる「最後の貸し手機能」によるフル稼働とFRBと連携したECBによる緊急融資によって，アメリカ発世界金融危機は一旦収束した。また，FRBのQEにより供給される過剰流動性がアメリカの株式市場と国債市場へ流入した結果，債券価格は上昇した。他方，過剰流動性は新興国の経常収支赤字を補てんし，新興国の経済成長を促した。しかし，第8章で述べるように，アメリカとの資本取引に依存している新興国の経済はアメリカの金融政策に大きく影響されている状況が続いている。

ところで，通貨は国内において「現金」として流通しているが，中央銀行の貸借対照表で示せば負債であることに変わりはない。FRBのQEの意味することは，FRBは資産側に国債を計上して，負債側で中央銀行券を発券していることである。その国債は将来における政府の徴税権を付帯してはいるが，価値の裏付けのない債券でしかない。

ドルを負債とする見方を，J. リチャード（2014）は「貨幣の契約理論」なる独自の呼称で次のように述べている。「ドルは貨幣であり，貨幣は価値であり，価値は信用であり，信用は契約であり，契約は負債である。このように繋げて見ると，ドルは契約上の国民に対する連銀が負う債務である[2]」。

ドルは負債であるという視点に立てば，ドルを発行するFRBの貸借対照表を見ておく必要がある。2007年央には9000億ドル弱程度であったFRBの資産は，2008年9月のリーマン・ショック後，非伝統的金融手段を採用したことにより，2011年始めには2.6兆ドルを超えた。こうしたFRBの資産の未曾有の増加により，ドルが発行されている。このドル銀行券の発券ルートをベースにして，今日の「ドル本位制」は維持されていることを我々は認識する必要がある。

ユーロ圏では，2009年10月にギリシャの財政破たんが顕在化すると，ギリシャ国債の最大の保有者であるユーロ圏の巨大銀行の資産が毀損したため，銀行危機はユーロ圏全体へ波及した。さらに，2010年5月のギリシャへのEU・ECB・IMFのトロイカによる金融支援では，ギリシャ国債利回りの高騰に現れる金融不安は収まらず，ギリシャへの支援は2011年7月の第2次支援要請，2012年2月の追加融資へと続いた。その間，不動産融資の焦げ付きあるいは不

動産関連証券価格の暴落を原因とする銀行の不良資産化が各国で顕在化し，各国政府は銀行救済のために公的資金を投入した。それに加えて，景気の悪化は税収を低下させた。その結果，財政赤字問題が2010年11月にアイルランド，それに続いて，ポルトガル，スペイン，イタリア等の諸国で顕在化した。各国の財政赤字規模は財政安定協定のルール（財政赤字を対 GDP 比 3 ％以内とする）を遥かに超えたため，協定ルールは有名無実化した。さらに，2012年 7 月に再びスペインの財政赤字の懸念から国債利回りが上昇した。金融危機から立ち直れないギリシャはユーロ圏から離脱する可能性が議論され，大国スペインの財政赤字問題が再燃する中で，ユーロ不安ないしユーロ危機が市場で支配的になっていた。EU 政策当局はこうした事態の収束をはかるべく，2012年 9 月，欧州中央銀行（ECB）のドラギ総裁は，政策委員会が無制限の国債購入プログラム（買い入れる国債の残存年限を 3 年以内にかぎる）に合意したことを明らかにした。この声明は，ユーロ圏内の金利をコントロールする力を中銀の手に取り戻し，通貨同盟崩壊の観測と闘うため行動するという ECB の強い意志表示である。この決定により，スペインやイタリアなどが条件を受け入れて救済基金に支援を要請すれば，ECB による国債購入が開始できる状況になったため，財政赤字で高騰していた国債利回りは急速に低下していった。いわゆる「ドラギ・マジック」とは，ECB による OMT（Outright Monetary Transaction）の無制限利用を意味する。

　一方，日本おいては，世界金融危機を背景に，過剰資金が避難通貨としての円建投資に向かうことにより過度の円高が生じ，さらに，円高下で電機，機械，工作機械等の輸出依存型産業においては，営業利益率の低下と将来の収益率についての不安から株価の下落に見舞われた。ただ，景気回復の兆しが見えた矢先に，2011年 3 月に東日本大震災が発生し，復興支援の財源確保のために国債発行額は急テンポに上昇した。復興予算を積み増しても，復興の進まない日本経済の状況は，2012年12月の安倍内閣の発足へ道を開く。そして，2012年 3 月，黒田日銀総裁の誕生と伴に始まる異次元の金融政策は，消費者物価水準が年率 2 ％になるまでマネタリー・ベースを増加させるというものである。日本銀行は2001年 8 月以降，長期国債の保有額を，銀行券発行残高の範囲内に抑えるという基準を設けていた。この銀行券ルールは，長期国債の保有残高が増加した

量的緩和政策の導入後も守られていたが，量的・質的金融緩和の導入と同時に，銀行券ルールは一時的に停止することが決定されたのである。それから日銀のバランス・シートの資産側には膨大な国債が買い入れられ，負債側に市中銀行の日銀預け金が拡大し続けた。

このようにみると，世界金融危機を契機に米・欧・日の中央銀行によるQEの実施により，中央銀行は巨額の財政赤字を補てんするだけでなく，過剰流動性を市場に供給している。未曽有に増加した市中銀行の中央銀行預け金は，直接的にあるは金融仲介機関を経由して有価証券投資や不動産投資へ充用される一方で，キャリートレードにより対外投資へも向かう。

問題は，そうしたQEが世界経済や国際通貨システムに及ぼす影響である。アメリカのドルは不換でありながら基軸通貨として利用されるかぎり，アメリカの経常収支赤字は常に金融収支赤字（＝資本流入）によって補てんされている。第5章で述べるが，経常収支赤字はアメリカの債務たるドル建て預金通貨により補てんされるという，いわば債務の繰り延べが維持されているのである。こうした基軸通貨国アメリカに享受さてきた最終決済の先送り＝繰り延べが今日の世界経済や国際通貨システムにどのような影響を与えているのかが問われなければならない。例えば，グローバル・インバランスとして現れるアメリカと中国の貿易収支不均衡によって生じる為替相場のミスアライメントの世界貿易に与える影響，アメリカの金融政策の正常化—QEから金融引き締めへの転換—による国際資本取引の変化が新興国に及ぼす影響などが課題である。

本書は，現代の「ドル本位制」下の変動相場制を歴史的に，段階的に捉えて，1971年に変動相場制への移行後に生じてきた国際通貨制度の問題点を明らかにし，新たな国際通貨制度の制度設計を考える材料を提供することを課題としている。

注
1）本来通貨とは，中央銀行が金貨幣との交換を約束した自己宛債務として発行する信用通貨である。ただし，市場経済が拡大するにつれ，中央銀行は中央銀行の弾力的発行が求められてきた。こうして中央銀行の発行―還流に当たっては，金兌換（外生的）ルートと担保貸付―返済ルートが備わるようになった。今や外生的ルートが喪失したことにより，中央銀行の発行はもっぱら内生的ルートによる。これに

よって，市場の通貨需要に応じて通貨発行の弾力性が過度に緩めば，過剰発行は免れない。それは過剰発行となってインフレやバブルを醸成する。

2）Richard, J., (2014). The Death of Money, Portfolio/penguin.

3）このような観点に立つと，基軸通貨国の国際収支赤字は「負債決済」（経常赤字の自動ファイナンス）されるので，ドル暴落は起こらないという見解，あるいは，「アメリカ＝世界の銀行」という立場から，世界の実需に応じて世界の銀行貨幣ドルは発行されているのだから，アメリカの経常収支赤字は問題にする必要がなく，「過剰ドル」の状態は生じないという見解には，異論を唱えざるを得ない。

第1章

国際収支とは

　一国の一定期間の国際経済取引は国際収支として記録され，過去からある時点までに積み上げられた取引残高を国際貸借という。本章では，国際収支の定義，国際収支表の仕組み，国際収支の均衡概念について説明し，最後に国際貸借について述べる。

第1節　国際収支表

1．国際収支とは

　近代資本主義は統一的な貨幣信用制度の下に統一された国内市場に基盤を持つ国民経済として確立し，発展してきたが，その生成の前提条件は一定の国際的な商品流通の発展であり，その発展過程は国際経済関係の深化拡大の過程でもあった。国民経済が発展する過程で，各国間に国際分業関係が形成され，諸商品の輸出入によって一国の再生産は円滑に進行することができた。19世紀後半には対外投資や対外短期貸借などの国際的な資本移動が活発になり，それに伴い国家間で利子や配当などの受け払いが増加した。20世紀になると，商品貿易の増加に加えて，運輸・保険，旅行などのサービス取引が成長した。

　こうした対外経済取引は国際的な貨幣の受け払いを伴う。この一切の対外経済取引に伴う国際的な貨幣の受け払いを国民全体として捉えるとき，国際収支という概念が生まれる。つまり，国際収支とは一定期間中の国民経済の対外経済活動の結果として生まれる対外的な貨幣の受け払い，もしくはその差額のことである。国際収支は，特定期間におけるフロー（Flow）の量を表し，一定期間における一国全体の対外的な収入と支出がバランスしているかどうかを明らかにするために作られる貨幣的概念である。なお，国際収支に対して，国際取

引の結果として発生した対外的資産・負債残高を捉えたものが**国際貸借**（ある
いは**国際投資ポジション**[1]）であり，国際貸借は特定時点における**ストック**
（stock）を表している。

　国際収支は一国の経済活動の指標として極めて重要な意義をもつ。第1に国
際決済は国内通貨とは別の国際的な通用力をもつ決済手段，すなわち国際通貨
によって行わなければならないので，国際収支の赤字が続けばやがて対外支払
い準備の枯渇に導く。通貨当局は対外支払い準備の不足から金融引締め政策を
とらざるを得ないため，国内需要の減少から雇用・所得の減少が生じる。こう
して国内需要が減少する過程で，物価水準は低下するであろう。逆に，対外経
済取引における受取超過が続けば，マネーストックは増加する。さらに，中央
銀行が外為市場で外貨買い介入を行えば，国内のマネタリー・ベース（＝市中
銀行の中央銀行預金）の増加＝市中銀行の中央銀行預金の増加が生じるため，金
融緩和により金利の低下圧力が生じ銀行貸付の余地が広がるであろう。銀行貸
付の増加によりマネー・ストック（M1の場合，現金通貨＋預金通貨）が増加すれ
ば，民間投資の上昇→雇用の増加・所得の増加あるいは消費者ローンの増加に
よる購買力の増加へと結び付き，物価水準は上昇するであろう。もっとも，国
内のマネタリー・ベースの増加が生じることにより国内金利水準が低下しても，
追加的な資金需要が生まれなければ，銀行貸付によるマネー・ストックは増え
ず，一般物価は上昇しない（マネタリー・ベースとマネー・ストックの関係は**補論
1**を参照）。

　第2に，国際収支の動向は外国為替相場の基本的な変動要因の1つであり，
また為替相場の変動は関係国の国際経済取引に，したがってまたそれぞれの国
内経済に重大な影響を与える。完全自由変動相場制下であれば，国際収支が黒
字の場合，自国の為替相場は上昇し，輸入商品の自国通貨建て価格は低下する
ため，国内物価水準を引き下げる作用が働く。逆に，国際収支が赤字であれば，
自国の為替相場は下落し，輸入商品の自国通貨建価格が上昇するため，国内物
価水準は上昇する作用が働く。

　第3に，国際収支が悪化すると，その国はやがて債務国に転落し，国際金融
市場での資金調達が困難となり，それに伴い，為替相場が暴落することもある。

　このように国際収支が国民経済にとって重要な意義をもつということになれ

第1章　国際収支とは　　9

ば，単に対外的の貨幣の受け払いだけではなく，対外的な貨幣の受け払いを引き起こす対外経済取引の構造を捉える必要がある。こうした一切の対外取引をまとめたものが国際収支表（国際収支統計）である。

2．国際収支の作り方

(1)　国際収支の定義

戦後，国際収支統計作成の一般的基準となっているのは IMF の『国際収支マニュアル』である。わが国では，1951年以降それまでの外国為替統計に加えて，四半期ごとの IMF 方式による国際収支統計が作成され，1966年4月以降は毎月公表されるようになった。IMF のマニュアルの変更に対応して，わが国でも改正が繰り返され，今日国際収支統計で使用されている計上方法はIMF による「国際収支マニュアル第6版」（2014年1月から）（表1-1）にもとづいている。なお，IMF 報告形式と日本の国内発表形式のそれぞれの第5版と第6版の対応関係は**補論2**で説明している。

IMF 方式による国際収支統計では，有償・無償あるいは決済通貨の如何を問わず，居住者と非居住者の間のあらゆる国際経済取引の一切を，発生時点において市場価格で計上する。居住者とは，国内で経済活動を行う自国企業と外資系企業，国内で生計を営む自国民と外国人および政府部門であり，非居住者とは海外で経済活動・生計を営む主体である。この考えは国籍を問わない国境主義の概念にもとづいている。国際経済取引とは，財・サービスという経済価値の移転と貨幣資産や負債の増減を伴う取引，実物贈与，公的援助あるいは決済を伴わないバーター取引である。なお，取引の金額は FOB（Free on Board，甲板渡し値段）で評価する。

(2)　国民所得勘定と国際収支

国際収支表は対外取引の体系的な記録であるから，全体の体系が他の国民経済計算との整合性をもつことが要求される。国民経済計算の中から国民所得勘定をあげて，その中に海外勘定を導き出してみる。この方法は国民所得の循環を企業，家計と外国の各部門との関係において，生産・分配・支出の各局面で捉えようとするもので，海外勘定は外国部門と国内部門（企業，家計，政府）との間の取引を計上する。

表 1 - 1　日本の

【日本の国内発表形式，IMFマニュアル第 5 版による】

【経常収支】
　貿易・サービス収支
　　貿易収支
　　・輸出
　　・輸入
　　サービス収支
　　・輸送
　　・旅行
　　・その他サービス（通信，建設，保険，金融，情報，特許・商標権等使用料など。
　所得収支
　　・雇用者報酬
　　・投資収益（接投資収益(再投資収益を含む)投資収益，預金利息，貸付金利の受払い
　　　など）
　経常移転収支（消費財に係わる無償資金援助，国際機関拠出金など。
【資本収支】（直接投資を除いて，公的・銀行・その他ないし公的・その他の部門に区分し
　　　　　　て計上）
　投資収支
　　・直接投資株式投資，再投資収益，その他資本
　　・証券投資
　　　　株式
　　　　債券（長期債(満期一年以上)，短期債(満期一年未満)，金融派生商品）
　　　　金融派生商品
　　・その他投資
　　　　貸付・借入（長期・短期に区分）
　　　　貿易信用（長期・短期に区分）
　　　　現預金
　　　　雑投資（国際機関への出資，投資用金。長期・短期に区分）
　その他資本収支
　　・資本移転（資本形成のための資本移転。固定資産の贈与，一方的債務免除など
　　・その他資産（非生産・非金融資産の所得処分。財・サービスの生産に使われる特許
　　　権・著作権等。
【外貨準備増減】貨幣用金，SDR，IMF リザーブポジション，外貨資産，その他資産
【誤差脱漏】

（注）　各取引は貸方（受取取引）・借方（支払い取引）の別に計上されることになっている。国内発表形式で見ると以
　　　も後者にマイナス（－）符号を付す。資本取引については，対外投融資（＝自国資本の国外流出）は対外
　　　入）は対外債務の変動をもたらす取引であるから「負債」に区分して，ともにネットの額が計上される。
　　　味し，マイナスであれば自国資本の外国からの純回収（対外資産減）を意味する。外国資本の対内純流出
　　　国内から純流出が生じたこと（対外負債減）を示す。

第1章　国際収支とは　*11*

国際収支表

【日本の国内発表形式，IMFマニュアル第6版による】

(1)　経常収支
　　1．A貿易・サービス収支
　　貿易収支
　　サービス収支
　　　• 輸送
　　　• 旅行
　　　• その他サービス（通信，建設，保険，金融，情報，特許・商標権等使用料，その他営利業務，文化・興業，公的その他サービス）
　　2．B第1次所得収支
　　　• 雇用者報酬
　　　• 投資収益（直接投資収益，証券投資収益，その他投資収益）
　　　• その他投資一次所得（天然資源の賃貸料のほか，生産物・生産に課される税や補助金を計上）
　　3．C第2次所得収支
　　　　（経常移転による所得の再配分を計上。「移転」とは，「交換」と対比される取引の概念。）
　　　　当事者の一方が経済的価値のあるもの（財貨，サービス，金融資産，非金融資産）を無償で相手方に提供する取引）
(2)　資本移転等収支
　　1．A資本移転
　　　　① 資産の所有権移転を伴う移転，② 当事者の少なくとも一方が資産を取得しまたは処分する義務を負う移転，③ 債務免責を計上
　　2．B非金融非生産資産の取得処分
　　　　非生産・非金融資産の所得処分。財・サービスの生産に使われる特許権・著作権，政府や大使館による土地の取得処分等
(3)　金融収支
　　1．A直接投資
　　　　株式資本，収益の再投資，負債性資本
　　2．B証券投資
　　　　株式・投資ファンド持分，債券
　　3．C金融派生商品
　　4．Dその他投資
　　　　「持分」（証券の形態をとらず，かつ，「直接投資」にも「外貨準備」にも該当しない持分の取引），現預金，貸付/借入，
　　5．E外貨準備増減（貨幣金，SDR，IMFリザーブポジション，その他外貨準備）
(4)　誤差脱漏

下のように計上される。商品貿易は輸出・輸入別に，その他経常取引は受取・支払い取引の別に計上される（いずれ債権＝対外資産の変動をもたらす取引であることから「資産」に，外国からの対内投融資（＝外国資本の国内への流なお，国内資本の対外純流出（「資産」欄）がプラスであれば自国資本の対外純流出が生じたこと（対外資産増）を意（「負債」欄）がプラスであれば外国資本の純流入が生じたこと（対外負債増）を示し，マイナスであれば外国資本の

図 1 - 1　国民所得勘定と国際収支勘定との関係

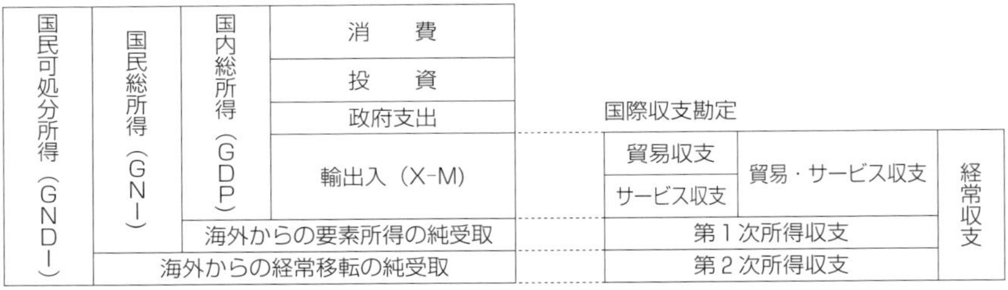

国民可処分所得（GNDI）	国民総所得（GNI）	国内総所得（GDP）	消　費		国際収支勘定		
			投　資				
			政府支出				
			輸出入（X-M）		貿易収支	貿易・サービス収支	経常収支
					サービス収支		
		海外からの要素所得の純受取			第1次所得収支		
	海外からの経常移転の純受取				第2次所得収支		

　まず生産の面において閉鎖経済では，国民純生産額は消費財生産と資本財生産の合計から資本設備の減耗部分を差し引いたものとして計上できる。開放経済ではこのような国内向け生産額に輸出財生産を加え，輸入財生産を差し引き，海外からの所得が加わる。したがって，開放経済では，国民所得は次のように表すことができる。

　　　国民所得＝国内向け純生産額＋輸出－輸入＋海外からの所得……(A)

　こうして生産された国民所得は，生産に参加した各要素に賃金・利潤などの形で分配され，さらに支出される。この支出は，閉鎖経済では消費と投資だけに分けられるが，開放経済の場合では，国内投資に充用されない貯蓄部分は海外への投資，通貨当局による外貨準備保有あるいは海外へ無償移転となる。したがって，国民所得を支出面から見ると，次のようになる。

　　　国民所得＝国内消費＋国内投資＋純対外貸付＋純対外無償移転
　　　　　　　＋対外準備の増加……(B)

　(B)の中の国内消費＋国内投資は，(A)の国内向け純生産額に等しい。以上から次式がえられる。

　　　輸出－輸入＋海外からの所得－純対外無償移転
　　　＝純対外貸付＋外貨準備の増加……(C)

　(C)の左辺は経常収支，右辺は資本収支であり，両者の収支尻が必ず等しくなる仕組みとなっている。なお，経常収支勘定を貿易・サービス収支，貿易・サ

図1-2 複式簿記の原理

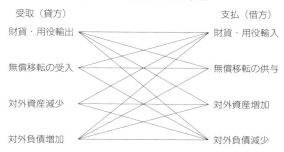

ービス＋第1次所得収支,収支貿易・サービス収支＋第1次所得収支＋第2次所得収支（経常移転収支）の3つのレベルに区分した場合の国民所得勘定との対応関係は図1-1（国民所得勘定と国際収支勘定との関係）のようになる。

(3) 複式簿記の原理

IMF方式では各々個々の取引を会計学における複式簿記の原理によって記録する。全ての取引を給付・反対給付の二面で捉え，貸方と借方の両方に同じ金額を計上する（図1-2を参照）。貸方に計上されるのは，ある国にとって資産の減少あるいは負債の増加を生ずる取引，すなわち輸出や借入れなど当該国にとって貨幣（＝現金）の受取りになる取引である。また借方に計上されるのは，資産の増加あるいは負債の減少を生ずる取引，すなわち輸入や貸付けなど当該国にとって貨幣（＝現金）の支払いになる取引である。ただし，援助や賠償などのような一方的取引は二面性がないので，移転収支という実態のない対応項目を設ける。国際収支表では貸方を左側に，借方を右側に配置することである。これは貸借対照表や損益計算書の貸方・借方の並べ方と正反対である。以下，実際の例によってこれを述べておこう。

（ケース A）

日本の貿易会社は商品20万ドルをアメリカの取引先へ輸出し，その代金をそのままアメリカの銀行に預金したとしよう。商品輸出の代金は日本の経常収支表の受取側に計上され，外国銀行への預金は資本収支表の資産の増加（本邦資本の流出）に計上される。その仕訳は以下のように表される。

14

表1-2　国際取引の国際収支表への記録

(単位：万ドル)

	貸方（＋）	借方（－）
輸　　出	(A)　20	
輸　　入		(B)　30
輸　　出	(C)　40	
輸　　出	(D)　10	
（小計）	70	30
対外資産		(A)　20
対外負債	(B)　30	
対外資産		(C)　40
（小計）	30	60
無償移転の給与		(D)　10
（合計）	100	100

　　　　（受取または貸方）　　　　　　　（支払または借方）

　　財貨・用役の輸出　$200,000　　対外資産の増加　　$200,000

（ケースB）

　日本の貿易業者は商品30万ドルアメリカの取引先から輸入し，日本の貿易業者はアメリカの取引銀行に開設しているドル建預金勘定から30万ドルを引き落としてアメリカの業者に支払う。

　　　対外負債の増加　　$300,000　　　財貨・用役の輸入　$300,000

（ケースC）

　日本の会社が外国へ実物投資40万ドルを行った。

資本財の輸出があるので，それは経常収支表の受取側に計上されるが，他方対外資産がそれに見合って増加する。

　　　財貨・用役の輸出　$400,000　　対外資産の増加　　$400,000

（ケースD）

　日本政府は発展途上国に10万ドル相当の物資を援助した。

援助物資は輸出として記帳されるが，それに見合った取引がないので，無償移

転という実態のない対応項目を設けて支払い側に同額を計上する。

　　　財貨・用役の輸出　$100,000　　　　無償移転の給与　　　$100,000

以上のように，財貨・用役ならびに金融項目が外国人へ提供された場合には，それらが売られたものであろうと，物々交換されたものであろうと，無償で供与されたものであろうと，「受取または貸方」に記入され，反対にこれらが取得された場合には「支払いまたは借方」に記入される。ケースAからケースCの取引は表1-2のように記帳される。

3．国際収支表の構成

　先に触れた日本の国内形式（2014年1月に改定，表1-1）の国際収支表の各項目を説明しておこう。表1-1にもとづき日本の国際収支の過去から現在のトレンドを示したのが表1-3である。国際収支は，経常収支，資本移転収支，金融収支，誤差脱漏から構成される。

(1) 経 常 収 支

① 貿易・サービス収支

　貿易収支は「財貨」の国際間取引（輸出入）をFOB（Free On Board）価格で計上する項目であり，一般商品，加工用財貨，財貨の修理，輸送手段の港湾調達財貨および非貨幣用金を含んでいる。輸出は受取に，輸入は支払いにそれぞれ計上される。輸出商品は輸出によって商品という居住者の資産が減少する取引，あるいは商品代金としての現金の受け取りになる取引という意味で貸方に計上される。輸入はその逆で，商品という居住者の資産を増加させる取引，あるいは商品代金の支払いとしての現金の支払いになるという意味で借方に計上される。

　サービス収支とは，運輸，旅行，通信，建築，保険，金融，情報，特許権使用料，その他営利業務，文化，興行，公的その他サービスに分けられる。

　輸送には，居住者と非居住者の間に行われた旅客の運搬，財貨の移動，乗員を含む輸送手段のチャーターなど全ての輸送に関する取引を計上したものである。例えば，本邦自動車会社が車をアメリカ向けに輸出するとき，アメリカの船会社に輸送業務を依頼することにより本邦の対アメリカ輸送支払いが発生する。[2]

（単位：億円）

表1－3　日本の国際収支総括表（データ期間：1996年-2013年，暦年）

暦年	経常収支 (a＋b＋c)	(a)貿易・サービス収支	貿易収支	輸出	輸入	サービス収支	(b)第一次所得収支	(c)第二次所得収支	資本移転等収支	金融収支	直接投資	証券投資	金融派生商品	その他投資	外貨準備	誤差脱漏
1996	74,943	23,174	90,346	430,153	339,807	-67,172	61,544	-9,775	-3,537	72,723	28,648	37,082	8,011	-40,442	39,424	1,317
1997	115,700	57,680	123,709	488,801	365,091	-66,029	68,733	-10,713	-4,879	152,467	25,910	-41,402	7,166	153,133	7,660	41,645
1998	149,981	95,299	160,782	482,899	322,117	-65,483	66,146	-11,463	-19,313	136,226	22,141	57,989	-1,035	67,118	-9,986	5,558
1999	129,734	78,650	141,370	452,547	311,176	-62,720	64,953	-13,869	-19,088	130,830	10,604	30,022	3,305	-1,064	87,963	20,184
2000	140,616	74,298	126,983	489,635	362,652	-52,685	76,914	-10,596	-9,947	148,757	36,900	38,470	5,090	15,688	52,609	18,088
2001	104,524	32,120	88,469	460,367	371,898	-56,349	82,009	-9,604	-3,462	105,629	37,001	56,291	-1,853	-35,175	49,364	4,567
2002	136,837	64,690	121,211	489,029	367,817	-56,521	78,105	-5,958	-4,217	133,968	24,331	131,486	-2,630	-77,189	57,969	1,348
2003	161,254	83,553	124,631	513,292	388,660	-41,078	86,398	-8,697	-4,672	136,860	29,643	114,731	-6,074	-216,728	215,288	-19,722
2004	196,941	101,961	144,235	577,036	432,801	-42,274	103,488	-8,509	-5,134	160,928	35,789	-23,403	-2,590	-21,542	172,675	-30,879
2005	187,277	76,930	117,712	630,094	512,382	-40,782	118,503	-8,157	-5,490	163,444	51,703	10,700	8,023	68,456	24,562	-18,343
2006	203,307	73,460	110,701	720,268	609,567	-37,241	142,277	-12,429	-5,533	160,494	70,191	-147,961	-2,835	203,903	37,196	-37,280
2007	249,490	98,253	141,873	800,236	658,364	-43,620	164,818	-13,581	-4,731	263,775	60,203	-82,515	-3,249	246,362	42,974	19,016
2008	148,786	18,899	58,031	776,111	718,081	-39,131	143,402	-13,515	-5,583	192,482	89,243	287,867	-24,562	-192,067	32,001	49,279
2009	135,925	21,249	53,876	511,216	457,340	-32,627	126,312	-11,635	-4,653	161,859	57,294	205,053	-9,487	-116,266	25,265	30,587
2010	190,903	65,646	95,160	643,914	548,754	-29,513	136,173	-10,917	-4,341	222,578	62,511	132,493	-10,262	-89	37,925	36,017
2011	101,333	-33,781	-3,302	629,653	632,955	-30,479	146,210	-11,096	282	132,284	93,101	-129,255	-13,470	44,010	137,897	30,669
2012	46,835	-83,041	-42,719	619,568	662,287	-40,322	141,322	-11,445	-804	49,158	94,999	32,215	5,903	-53,445	-30,515	3,126
2013	32,343	-122,521	-87,734	678,290	766,024	-34,786	164,755	-9,892	-7,436	-16,310	130,237	-254,838	55,516	14,271	38,504	-41,217

（注）　1．合計は四捨五入により合わないことがある。
　　　　2．金融収支のプラス（＋）は純資産の増加。マイナス（－）は純資産の減少を示す。
（出所）　財務省資料より筆者作成。財務省HPに2014年8月4日アクセス。

旅行は，旅行者が自己で使用するために旅行先の経済圏から取得した財貨およびサービスを計上したものである。ただし，渡航時の旅客運賃は旅行収支ではなく，輸送収支に含まれる。旅行者が取得する財貨・サービスは様々であるため，旅行は特定の形のサービスでなく，旅行者によって消費される財貨・サービスの集まりであると定義される。具体的には，宿泊費，食事代，娯楽費，土産代，出張費等である。本邦の海外旅行が増えれば，海外での消費により所得移転が生じるため，旅行部門の支出増加となる。

建設サービスは，本邦企業が外国において，または外国企業が本邦において，請け負った建設・据え付け工事に関する費用を計上する。特許等使用料は，居住者・非居住者間の特許権，商標等の工業所有権，著作権などに関する権利の使用料の受取・支払いを計上する。

② 第 1 次所得収支

所得収支には，居住者・非居住者間の「雇用者報酬」と「投資収益」の受取・支払いを計上する。雇用者報酬は，居住者による非居住者労働者に対する報酬の支払いと，居住者労働者が外国で稼得した報酬の受取を計上する項目である。投資収益は，居住者・非居住者間における対外金融資産・負債に係る利子・配当金等の受取・支払いを計上したものである。ただし，対外金融資産・負債について実現したキャピタル・ゲインあるいはロスは除かれている（資本収支の中に含まれる）。投資収益は，投資の内容に従って，直接投資収益，証券投資収益およびその他投資収益に区分される。

③ 第 2 次所得収支

経常移転による所得の再配分を計上する。「移転」とは「交換」と対比される取引の概念であり，当事者の一方が経済的価値のあるもの（財貨，サービス，金融資産，非金融非生産資産）を無償で相手方に提供する取引を指す。国際収支表は複式簿記の原理にもとづくので，実物資産（財貨・サービス）あるいは金融資産などの無償取引（経済的価値の一方的な受払）を，国際収支表に複式計上方式で記録するための見合い項目である。

経常移転は，相手国の経常支出となる「経常移転」と資本形成に貢献する「資本移転」に区分され，前者が第2次所得収支に，後者が後述する「資本移転等収支」に含まれる。経常移転には，「資本移転」以外の全ての移転を計上

し，個人または政府間の無償資金援助，国際機関への拠出金，労働者送金，生命保険以外の保険金の受払を含んでいる。

(2) 資本移転等収支

「資本移転」と「非金融非生産資産の取得処分」を計上する。資本移転は，① 資産（現金，在庫を除く）の所有権移転を伴う移転，② 当事者の少なくとも一方が資産（現金，在庫を除く）を取得した，または処分する義務を負う移転（例えば，いわゆる贈与）および ③ 債務免除を計上する。

もう1つは，非金融非生産資産を計上する項目であり，特許権，著作権，商標権，譲渡可能な契約，大使館あるいは国際機関による土地の取得・処分を含んでいる。

(3) 金融収支

対外金融資産負債に係る取引を計上する。金融収支は，「直接投資」，「証券投資」，「金融派生商品」，「その他投資」および「外貨準備」に区別され，それぞれを資産と負債に区分される。資産とは「本邦資本」（資産）の部——居住者がもつ在外資産（わが国居住者の非居住者に対する債権）の変化を示し，負債とは「外国資本」（負債）の部——非居住者がわが国においてもつ資産の変化（わが国の居住者が非居住者に対して負う負債）を示す。それぞれ増減の差引額が計上されるが，資産の純増あるいは負債の純減を資本流出（支払い），資産の純減あるいは負債の純増を資本流入（受取り）として処理する。

「金融収支」には，「経常収支」と異なり，ある資産について一定の期間中に発生した取得と処分の差額（ネット）を計上する。したがって，例えば，非居住者による日本の国債の売買は，非居住者による国債の購入と売却を合算したネットについて，プラスであれば（非居住者の取得超）負債の増加として，マイナスであれば（非居住者の処分超）負債の減少として計上する。

① 直接投資

直接投資は，自己の経済圏以外で事業を営む企業に対して永続的な権益を取得する（経営に対して重要な発言権を持つ）ために行われるものであり，IMFマニュアルでは直接投資家（親会社）が直接投資企業（子会社・関連会社，支店等）の普通株または議決権の10%以上を所有する場合，あるいはこれに相当する場合の投資を直接投資と定義している。

直接投資は，当初の株式取得等だけでなく，直接投資家と直接投資企業との間でその後発生する貸付，債権投資等の全ての企業間取引が含まれているほか，再投資収益による持ち分の増減も直接投資として計上されている。なお，居住者（非居住者）による海外（国内）不動産の取得処分についても，当項目に計上される。

　② 証券投資

　証券投資は株式（持ち分権証券）や債券（負債性証券）を計上する項目であり，中長期債（原契約上の満期期間が 1 年超の各種債券）および短期債[3]（満期までの期間が 1 年以下の TB, CP など）を含んでいる。非居住者による邦銀発行 CD の取得は，その他投資（現預金）に含まれる。一方，居住者による海外発行 CD（外為法上証券とみなされる）の取得は，証券投資に含まれる。「主要国・地域ソブリン債への対外証券投資」における「ソブリン債」には，国債，政府機関債，地方債が含まれる。なお，証券投資の計上時点は，2005年 1 月以降，従来の決済時点に代わり，約定時点に変更された。

　③ 金融派生商品

　金融派生商品には，オプション取引，先物および先渡し取引，ワラント，通貨スワップの元本交換差額，金利スワップの取引に係る利子等が計上される（補論 3 を参照）。

　④ その他投資

　「直接投資」，「証券投資」，「金融派生商品」および「外貨準備」のいずれにも該当しない全ての資本取引を計上する。「その他投資」は，「持分」，「現・預金」，「貸付／借入」，「保険・年金準備金」，「貿易信用・前払」，「その他資産／その他負債」および「特別引出権（SDR）〈負債のみ〉」に区分される。

　⑤ 外貨準備

　外貨準備増減は通貨当局（政府および中央銀行）の管理下にあるすぐに利用可能な対外資産の増減を計上する項目である。貨幣用金，外貨資産，SDR，IMF リザーブポジションが含まれる。国際収支の黒字（赤字）による自国の為替相場の上昇（下落）を抑制するために，通貨当局が外国為替市場で外国為替の買い介入（売り介入）を行うことによって，通貨当局の準備資産は増加（減少）する。

⑷ 誤差脱漏

　経常収支と資本移転収支の合計は，金融収支と一致するようにしているが，全てのデータを把握することは不可能で，推計に頼らざるを得ない部分があり，また，計上時点のズレや計上価格の評価の相違などもあって，離齬が生じざるを得ない。そのような統計上の不都合を調整するための項目として誤差脱漏が設けられている。

　以上全体を取りまとめて，国際収支全体の関係を示せば，次の通りである。

　　経常収支＋資本移転等収支－金融収支＋誤差脱漏＝0……⒜

　この式により，表1-3の国際収支総括表における2013年の各収支の関係は，

　　3兆2343億円－7436億円－（－1兆6310億円）＋（－4兆1217億円）＝0

となる。

　⒜式について，資本移転収支と誤差脱漏を除けば，次の恒等式が成立する。

　　経常収支－金融収支＝0……⒝

　⒝式が成立する理由は，例えば日本企業が輸出してドル代金を受け取ると，輸出が経常収支の黒字と記録され，ドル代金受領による金融資産の増加が同額の金融収支の黒字となるため，符号を考慮した合計はゼロとなるからである。

　なお，IMFマニュアル第5版では，表1-1が示すように，外貨準備増減が資本収支から独立した勘定として記され，経常収支と資本収支の合計をファイナンスしている内容となっている。第5版における国際収支全体の関係を示せば，次のようになる。

　　経常収支＋資本収支＝外貨準備増減±誤差脱漏……⒞

　この場合の外貨準備増減の表記は，増が－，減が＋となる。

第1章　国際収支とは　　*21*

第2節　国際収支の黒字・赤字とは
──国際収支のとらえ方と種類──

　複式簿記の方式による計上の結果，国際収支の受取項目（プラス項目）の合計と，支払い項目（マイナス項目）の合計は常に一致することになる。国際収支の均衡・不均衡は項目ごとに，あるいはいくつかの項目群の受取項目の合計と支払い項目の合計の差額として算定されることになる。よく利用されるものを述べてみよう。

1．貿 易 収 支

　貿易収支は一国の最も基本的な対外経済取引である商品輸出入の収支尻を表す。これはまた，当該国の基本的な国際競争力を示すものである。日本の貿易収支は1980年代前半から2010年まで一貫して黒字＝輸出超過（輸入金額＜輸出金額）を計上した。このことは，日本の財の国際競争力の相対的な高さを物語っている。2008年のリーマンショックを契機としたアメリカ発世界金融危機によって，輸出が減少する一方で，原油・天然ガス等エネルギー価格の高騰を背景に輸入金額は低下しなかったため，貿易収支は2009年，2010年と黒字額は縮小した。そして，2011年にはエネルギー価格の高騰が続く中で輸入が増加したことにより，貿易収支は赤字に転化し，2012年も貿易赤字は続いた。

2．経 常 収 支

　貿易収支にサービス収支，所得収支および移転収支を加えた収支尻を経常収支という。経常収支の動きは国民総可処分所得との関連でいえば「国民経常余剰」として国民総生産の一部を構成することから，その持続的黒字（赤字）は国内の雇用や所得水準に影響を及ぼす。つまり，経常収支黒字（赤字）は，国内の財・サービスの輸出（輸入）超過により居住者の生産と雇用が増加（減少）し，海外からの所得の流入（流出）を示している。持続的な経常収支黒字（赤字）はストックとしての国際貸借を変化させる。つまり，経常収支が黒字（赤字）であれば対外債権（負債）が発生し，すなわち，対外純資産（負債）は増加

する。また，経常収支が黒字（赤字）であれば，対外投融資により利子・配当の受取（支払い）が発生するため，対外純資産（負債）は増加する。

日本の経常収支は1980年代前半から貿易収支黒字を反映して黒字が続いていたが，2008年から貿易収支黒字が大きく減少する一方で，所得収支は増加した結果として，経常収支黒字は緩やかに減少した。2000年代以降，所得収支が増加する背景には，対外投資による利子・配当の増加に加えて，知的財産権の特許権や著作権などによる海外から収入が増加したことがある。しかし，2011年にエネルギー価格が高騰し，2013年から円安が進んだことにより，円建ての輸入金額が急激に膨らんだため，増加する貿易赤字は経常収支黒字を縮少させた。

3．外貨準備増減

表1−1で示したように，日本の発表形式（IMFマニュアル第5版にもとづく）では，外貨準備増減が資本収支から独立した勘定として記され，経常収支と資本収支の合計を補てんしている内容となっている。すなわち，

経常収支＋資本収支＝外貨準備増減±誤差脱漏

となる。日本は1980年代以降，恒常的な経常収支黒字を抱えてきたため，対外純資産を保有してきた。マクロ経済的観点から為替相場を円安・ドル高に導くべきと通貨当局が判断すれば，円売り・ドル買い介入を行う。こうして通貨当局に買い取られたドルが外貨準備である。逆に，日本が対外純負債を負う債務国に転ずれば，非居住者保有の円建て資産が売却されて為替相場は円安・ドル高に向かう可能性がある。これに対して，通貨当局が為替相場の安定性を重視して，円買い・ドル売りの為替介入を行えば，外貨準備は取り崩される。

経常収支の赤字が資本収支の黒字で持続的・安定的に穴埋めされているかぎり，外貨準備資産は枯渇しないから，経常収支の赤字は直ちには問題とならない。しかし，経常収支赤字の補てんは長期的に持続できるものではない。赤字の補てんは，その資本流入がいつまで維持されるか，また，いかなる資本が流入するかによって左右される。いずれにしても，経常収支の赤字を資本収支の黒字で穴埋めし続けると，やがて（純）債務国に転落し，外貨準備は枯渇する。そうなると，その国に対する信用が揺らぎ，資本収支の黒字を維持するのは困

難となり，当該国の為替相場は一挙に下落する可能性がある。

第3節　国際投資ポジション

　国際収支が一定期間における一国の対外取引を示すフローの統計表を示すのに対し，国際取引の結果として発生した一定時点の対外的資産・負債残高を捉えたものが**国際投資ポジション**（あるいは**国際貸借，対外資産負債残高**）である。国際貸借残高は一国の対外的な「貸借対照表」であり，一定時点の残高を示すストック統計である。国際貸借残高の変動は国際取引と密接に関係しているが，資産・負債の時価評価や為替相場などによっても変動する。

　国際投資ポジションは，まずもって過去のフローとしての資本取引（準備資産の増減を含む）の結果である。項目ごとに，例えば直接投資についてみると，対外直接投資は対外直接投資残高を増加（＝対外資産増）させ，対内直接投資

表1-4　2012年末　本邦対外資産負債残高

(単位：10億円)

資　　産		負　　債	
1．直接投資	89,813	1．直接投資	17,808
2．証券投資	305,112	2．証券投資	180,504
株　　式	59,475	株　　式	83,556
債　　券	245,637	債　　券	96,948
中長期債	243,335	中長期債	49,504
短 期 債	2,302	短 期 債	47,444
3．金融派生商品	4,623	3．金融派生商品	5,326
4．その他投資	152,891	4．その他投資	161,950
貸　　付	87,314	借　　入	101,944
貿易信用	4,793	貿易信用	2,517
現・預金	15,301	現・預金	12,133
雑 投 資	45,483	雑 投 資	45,356
5．外貨準備	109,464		
資産合計	661,902	負債合計	365,588
		純資産合計	296,315
		公的部門純資産	41,357
		民間部門純資産	254,958
		うち銀行部門	53,059

（出所）　財務省 HP の本邦対外資産残高より筆者作成。

表1-5 対外資産負債残高の推移

(単位：10億円)

各年末時点	資産残高	負債残高	対外純資産
1999年	303,613	218,878	84,735
2000年	341,206	208,159	133,047
2001年	379,781	200,524	179,257
2002年	365,940	190,631	175,308
2003年	385,538	212,720	172,818
2004年	433,864	248,067	185,797
2005年	506,191	325,492	180,699
2006年	558,106	343,024	215,081
2007年	610,492	360,271	250,221
2008年	519,179	293,271	225,908
2009年	554,826	286,580	268,246
2010年	560,215	304,308	255,906
2011年	581,509	316,083	265,426
2012年	661,902	365,588	296,315

(注) 1. 証券貸借取引を除く計数。
2. IMF Balance of payments Manual 5th base
(出所) 財務省HPの本邦対外資産残高より筆者作成。

は対内直接投資残高（＝対外負債増）を増加させる。

経常収支の黒字（＝資本収支の赤字）の場合，当該国の資産残高は増加する。この状態が継続すれば，純資産残高が生じる。逆に，経常収支の赤字（＝資本収支の黒字）の場合，当該国の負債が増加し，この状態が続けば純債務残高が発生し，債務国化するであろう。

国際貸借残高は対外資産負債残高表に示され，2012年末時点での日本の対外資産残高は661兆円，対外負債残高は366兆円であり，その差額の純資産合計は296兆円である（表1-4）。表1-4に示されている通り，日本は直接投資，証券投資，外貨準備において巨額の対外資産を有している結果，2012年度末時点の対外純資産は約296兆円に達している。対外純資産の推移は，2002年度末から2012年度末までの10年間で約70％も増加した（表1-5）。国際収支の貿易・経常収支黒字の年々の黒字が資本収支・外貨準備の年々の赤字，すなわち対外資本流出＝対外資産形成となって積み上がり，日本は今日世界最大の対外債権国としての地位を占めている。しかし今後，2011年から減少傾向にある経常収支黒字が赤字に転化し，経常収支赤字が定着すれば日本の対外債権は縮少するであろう。

第1章 国際収支とは 25

補論1　マネタリー・ベースとマネー・ストック

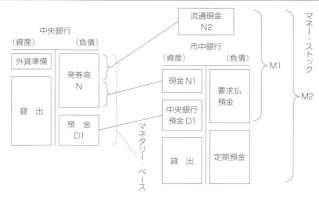

　マネー・ストックとは，「一般法人，個人，地方公共団体などの通貨保有主体（詳細後述）が保有する現金通貨や預金通貨などの通貨量の残高」である。通貨（マネー）としてどのような金融商品を含めるかについては，国や時代によっても異なり，一義的には決まっていないが，我が国の場合，対象とする通貨および通貨発行主体の範囲に応じて，M1，M2，M3，広義流動性の4つの指標を以下のように作成・公表している。

> M1＝現金通貨＋全預金取扱機関に預けられた預金通貨
> 　　　現金通貨：日本銀行券発行高＋貨幣流通高
> 　　　預金通貨：要求払預金（当座，普通，貯蓄，通知，別段，納税準備）
> 　　　－調査対象金融機関保有小切手・手形
> 　　　対象金融機関（全預金取扱機関）：M2対象金融機関，ゆうちょ銀行，その他金融機関（全国信用協同組合連合会，信用組合，労働金庫連合会，労働金庫，信用農業協同組合連合会，農業協同組合，信用漁業協同組合連合会，漁業協同組合）
> M2＝現金通貨＋国内銀行等に預けられた預金
> 　　　対象金融機関：日本銀行，国内銀行〈除くゆうちょ銀行〉，外国銀行在日支店，信金中央金庫，信用金庫，農林中央金庫，商工組合中央金庫
> M3＝現金通貨＋全預金取扱機関に預けられた預金
> 　　　内訳として，M1の他に，準通貨とCD（譲渡性預金）を作成。
> 　　　準通貨：定期預金＋据置貯金＋定期積金＋外貨預金
> 　　　対象金融機関：M1と同じ
> 広義流動性＝M3＋金銭の信託＋投資信託＋金融債＋銀行発行普通社債
> 　　　　　　＋金融機関発行CP＋国債＋外債

補論2　新たな国際収支標準項目

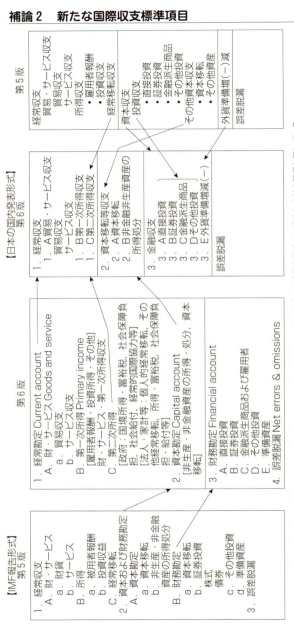

補論3　デリバティブ取引の成長

　金融商品には株式，債券，預貯金・ローン，外国為替などがある。これら金融商品のリスクを低下させる手段，あるいは，リスクを覚悟して高い収益性を追及する手法として考案されたのがデリバティブである。デリバティブはそれぞれの元となっている金融商品と強い関係があるため，デリバティブ（derivative）という言葉は，日本語では一般に「金融派生商品」とか「派生商品」などと訳されている。

　こうしたリスク管理や収益追及を企図したデリバティブの取引には，基本的なものとして，その元になる金融商品について，将来売買を行うことをあらかじめ約束する取引（先物取引）や将来売買する権利をあらかじめ売買する取引（オプション取引）などがあり，さらにこれらを組み合わせた多種多様な取引がある。

　デリバティブの利用方法（目的）としては，主にリスクヘッジと投機がある。株式や債券などの金融商品は，日々その価格が変動しているため，それらを将来売買しようと思っても，価格がいくらになるかわからない，あるいは，保有している資産の価値が下落してしまうかもしれない，といったリスクがある（このようなリスクをマーケット・リスク（市場リスク）という）。すなわち，リスクとは将来の不確実性のことで，この不確実性をできるかぎり排除しようとするのがリスクヘッジの考え方である。

　デリバティブは投機（スペキュレーション）の手段としても利用される。投機とは，純粋にデリバティブ価格の値上がり，値下がりを見込んで取引を行い，短期間で利益を得ようとする取引のことである。デリバティブは，必ずしも原資産の価格変動と同一方向に価格が変動するものばかりではない。原資産の価格が下落したときに利益が得られるもの，あるいは，原資産の価格が大きく動かないときに利益が得られるようなタイプのデリバティブもあり，様々な投資戦略を可能としている。

　デリバティブの利用形態には，(a)先渡取引，(b)先物取引，(c)スワップ取引，(d)オプション取引などの種類がある。それぞれの取引を簡単に述べておこう。

　(a)先渡取引（forward exchange）とは，「ある金融商品を一定期日に一定の価格で受け渡すことを前もって約定しておく取引」のことである。すなわち，将

来のある時点において金融商品を売買することを現時点で約束する取引である。先渡取引は「店頭取引」として行われ，当事者間で自由に条件を決めて取引を行うことができる。例えば，先渡為替取引（forward exchange）は，為替銀行と対顧客の相対取引（OTC, over-the-counter）であり，現物引き渡しが条件である。

（b）先物取引（future transaction）は「取引所」で取引される規格化された取引である点で，先渡取引とは異なる。また，現物決済を伴う先渡取引とは異なり，先物取引は決済日前に転売や買戻しを行って差額決済ができる。それは，先物市場が流動性の高い市場であるからである。例えば，通貨先物（currency future）は，一定の証拠金積立を条件に不特定多数が参加し，取引単位や決済期日等の取引条件は全て規格化・標準化された取引所取引である。清算にあたっては現物引き渡しを行わない差金決済となる。

（c）スワップ取引とは「キャッシュ・フロー」（資金の流れ）をあらかじめ定めた方法で相互に交換する取引のことをいう。典型的なスワップ取引としては，固定金利での支払いと変動金利での支払いの交換を行う「金利スワップ」，ドル建ての支払いと円建ての支払いの交換だけでなく債務の交換を行うなど，異なる通貨間の交換を行う「通貨スワップ」などがある。このようなスワップ取引が成立するのは，当事者間の間に金融ニーズの違いや資金調達力の優位性の差（比較優位）があるためである。

（d）オプション取引とは，ある金融商品をあらかじめ決めた価格で将来の一定の期限までに売買する権利の取引のことである。オプションの買い手は，プレミアムを支払って権利（オプション）を手に入れるが，その権利を行使する義務はない（市場価格が自分にとって有利な場合にのみ，権利行使を行えば良い）。一方，オプションの売り手は，買い手が権利を行使しなければ，受け取ったプレミアムがそのまま利益となるが，買い手が権利を行使した場合には，これに応じる義務を負う。

　以下，デリバティブの例として通貨オプションと先渡為替取引を述べておこう。

　通貨オプションは，ある特定の通貨を，予め定められた期間または期日（権利行使期間）に，予め定められた価格（権利行使価格）で，買う権利（コールオプ

ション）または売る権利（プット・オプション）を売買する取引をいう。例えば，
いま 1 ドル＝100円の直物為替相場で，期間 6 カ月500万円，5 万ドル分のドル
建投資を行ったとしよう。しかし，期間中急激な円高・ドル安の為替リスクも
懸念されるため，自身の損益分岐点となる為替相場を 1 ドル＝98円と設定し，
期間中この為替相場を超えて円高・ドル安となったら，直ちに円買・ドル売を
行うプット・オプション権利を購入する。こうした権利の売買がデリバティブ
取引であり，そこに取引需給を反映した売買価格が成立する。そこでいま円
買・ドル売の権利価格が 1 ドル当たり 2 円であるとすると，2 円×5万ドル＝
10万円がここで為替リスクに対するヘッジ・コスト＝オプション手数料になる。
そして半年後，懸念した通り，為替相場は円高・ドル安に転じ 1 ドル＝98円と
なった場合，この円買・ドル売のプット・オプションの権利を行使することに
なる。その結果，このドル投資の円建受取金は490万円で，為替差損を10万円
に抑えることができる。そして，為替相場が 1 ドル＝98円以上となった場合で
も，円建受取金は490万円で変わらない一方で，このオプション取引に相対し
た取引者には，1 ドル＝98円を越えて進む円高・ドル安局面でも常に 1 ドル当
たり98円を支払うことになり，巨額の為替リスクを引き受けることになる。

　逆に，予想に反して，1 ドル＝125円の円安・ドル高となった場合，円買・
ドル売のプット・オプション権利は行使されないままとなり，オプション手数
料は放棄することになるが，1 ドル当り 5 円の為替差益が転がり込んでおり，
その差額が収益となる。

　こうして，この種の通貨オプションでは，権利を買う側がオプション手数料
を支払うことから，権利を売る側の最大収益はこのオプション手数料である一
方で，売る側の最大損失は権利行使価格と権利が行使された際の実額との差額
となり，その規模は無限大にまで膨らむことになる。

　先渡為替取引は投機を目的として，例えば，次のような取引が行われる。将
来の為替相場が値上がりするとの予想をもとに，商品の先物価格と将来の実際
の直物価格との差を利益にする取引である。例えば，いま 1 カ月物先渡為替相
場 1 ドル＝120円で円売・ドル買のアウト・ライト契約を結んだとしよう。そ
こで決済日までの期間中，直物で円売・ドル買の取引の圧力が急増するより，
決済日に例えば 1 ドル＝125円まで円安・ドル高となったとする。この為替相

場で反対の円買・ドル売の直物取引を行って，先渡し契約を合わせた清算取引を行えば，すなわち，1ドル＝120円でドル買い→1ドル＝125円でドル売りを行えば，1ドル単位当り5円の為替差益が転がり込む。

注
1）厳密には，国際貸借残高の変動は国際取引と密接に関係しているが，資産・負債の時価評価や為替相場などによっても変動する。
2）関連する取引項目の中で，輸送から控除されるのは，貨物保険（保険サービスに含まれる），輸送手段（船舶，航空機）が外国の港湾・空港などにおいて調達した財貨および輸送設備の修理（財貨に含まれる），港湾・空港施設などの修理（建設サービスに含まれる），乗員を含まない輸送手段のチャーター（いわゆるオペレーショナル・リース，その他営利サービスに含まれる）である。
3）TB（Treasury Bill，財務省証券）は財務省から資金調達のために短期で発行される債券，CD（Certificate of Deposit: 譲渡性預金）は金融機関によって発行される大口の預金，CP（Commercial Paper）は企業が短期資金の調達を目的に，オープン市場で割引形式にて発行する無担保の約束手形のことをいう。

参考文献
鳥谷一生・松浦一悦『グローバル金融資本主義のゆくえ』ミネルヴァ書房，2013年。
日本銀行ウェブサイト（http://www.boj.or.jp/statistics/outline/exp/exbpsm6.htm/）「国際収支統計（IMF 国際収支マニュアル第6版ベース）」の解説。
三橋規宏・内田茂男・池田吉紀『日本経済学入門』日本経済新聞社，2012年。

第2章

世界貨幣と外国為替制度

　国際取引における決済手段はそれ自体一般的普遍的な価値をもち，一般的な受領性をもつものでなければならない。そうした機能を果たすのは世界貨幣としての貴金属，なかでも金であった。しかし，世界貨幣金の空間的移動による支払い決済には，梱包費・輸送費・危険負担費用といったいわゆる金現送費——貨幣取り扱い手数料——を要する。そこでこの現送費用を節約すべく，国際決済の手段として外国為替が利用されるようになった。以下，第1節で貨幣発生の理論と世界貨幣について述べる。第2節で外国為替の原理，外国為替銀行の役割，外国為替の種類と外国為替相場を説明する。

第1節　貨幣の生成と世界貨幣

1．貨幣の生成

　商品経済の長い歴史の中で，特定の商品が一般的等価物として現れて，それが貨幣として機能することになる。貨幣は，①価値尺度機能，②流通手段機能，③「貨幣としての貨幣」の諸機能を果たす。③「貨幣としての貨幣」の諸機能は退蔵貨幣，支払い手段，世界貨幣としての機能である。これらの貨幣の機能を説明するのに先立ち，貨幣の生成過程を述べておこう。

　貨幣を媒介としない物々交換において，X量の商品A＝Y量の商品Bの交換が成立するのは，2つの商品はそれぞれ異なる有用性（商品としての使用価値）をもつためであって，商品所有者は相手が保有する商品の有用性を互いに必要とするからにほかならない。それと同時に，有用性の異なるX量の商品AとY量の商品Bが交換されるのは，共通の基準となるものの量が等しいからである。その共通の基準となるものが商品の価値であり，これは商品を生産

するために社会的に必要とされた平均的労働時間によって決まる。したがって，商品は，有用性という意味での使用価値とその商品生産に社会的に必要とされた平均的労働時間の長さによって規定される価値をもつ。

　しかし，商品は自分の価値を自分では表現できないので，他の商品と等値されることによってはじめて，自分の価値を表現できる。これを比喩的に言えば，ある人の体重測定のために，天秤の片方にその人を置き，別の片方に１俵の米俵を置いてバランスをとるようなものである。天秤のバランスが取れるとき，その人の体重は米俵１俵と表現することができる。商品の価値を表現するにあたり，例えば，１着の上着が２足の靴と交換されることを前提に，上着１着＝靴２足と等値されるとき，上着１着の価値は靴２足によって表現されている。上着の価値は靴を用いて相対的に表示されているので，左辺の上着は「相対的価値形態」に立つものである。これに対して，右辺の靴は左辺の上着の価値を表現する材料として働いているという意味で「等価形態」に立つものである。相対的価値形態と等価形態とは，同じ価値表現における対立的な両極をなす。

　上着１着＝靴２足において，上着は自分の価値と等しい価値をもつ靴を「等価形態」に置くことにより，上着自らの価値を表現する。このとき，靴は「等価物」としての役割を果たすだけで，自らの価値を表現することができない。これと同様に，あらゆる商品は自らの価値を表現するため，自分以外の商品を「等価形態」に置くとき，「等価物」となる商品は自らの価値を表現することができない。そこで，商品群が自らの価値を表すためには，特定の商品にあらゆる商品と等値可能な「一般的等価物」としての地位を与えざるを得ない。特定の商品を「一般的等価物」とすることによって，商品群は自らの価値を相対的に表現できる。この「一般的等価物」としての役割を果たす商品が貨幣である。

　現実の交換過程において，どの商品所有者も，自分の欲望を満足させる使用価値をもつ別の商品と引き換えできなければ自分の商品を手放そうとしない。他方では，どの商品所有も自分の欲望を満たすことができる同じ価値の他の商品であれば，相手の商品所有者にとって彼自身の商品が使用価値を持っているかどうかに関わりなく，商品交換によって自分の商品の価値を実現しようとする。こうした交換過程の矛盾——いわゆる「欲望の二重の一致」——を克服させるために，ある特定の商品が一般的等価物として普遍的な交換手段となる。

２．貨幣の機能

　一般的等価物として適切な属性を備える商品が貨幣商品となる。歴史的には家畜，貝殻，穀物などが貨幣として利用されたが，商品経済の発達とともに，次第に金が貨幣として利用されるに至ったのはそのためである。金が一般的等価物としての地位を得ると，他の全ての商品は一定量の金によって表現される。例えば，上着１着＝金 10 g，カバン１個＝金８g，本１冊＝金２g というように，自らの価値が特定金量によって表現される。このときの貨幣金量は諸商品の貨幣形態，すなわち価格である。こうして，貨幣金は諸商品の一般的な価値表現の材料として役立っている。つまり，貨幣は一般的な**価値尺度**としての機能を営む。

　ただし，金に一般的等価物としての機能――貨幣としての機能――が固着するためには近代国民国家による本位貨幣の制定が必要であった[1]。つまり，国家が，金を本位貨幣として法定し，**価格の度量標準**を定めることによってはじめて，金が固定的・独占的に貨幣としての諸機能を果たすことができた[2]。本位貨幣の制定によって，貨幣は金属の自然重量単位ではなく，金の一定重量と各国固有の国内通貨の１単位と結び付けて表示される。例えば，純金２g を価格の単位と定め，これに円という貨幣名を与えると，金 10 g は５円という貨幣名で呼ばれる。そして，金を含む金鋳貨が発行され，５円金鋳貨は純金 10 g を含むものとして流通する。こうして，商品は各国の国民的制服を着た単位において表示され，上の例でいえば，上着１着＝金 10 g ＝金鋳貨５円という表現形式を得ることになった。金鋳貨５円は上着１着の価値表現であり，その前提には金＝貨幣の価値尺度としての機能が前提となっている点は留意すべきである。

　次に，商品Ａは金鋳貨５円と交換された後，金鋳貨５円は商品Ｂと交換されるという一連の形態変換（商品Ａ―金 10 g―商品Ｂ）をみておこう。商品Ａ―金 10 g において，金鋳貨は商品Ａの価値を実現しながら，商品Ａを売り手から買い手へ移し，同時に金鋳貨は商品Ａの買い手から売り手へ遠ざかる。そして，金 10 g―商品Ｂにおいて，金鋳貨は商品Ｂの価値を実現しながら，商品Ｂを売り手から買い手へ移し，同時に金鋳貨は商品Ｂの買い手から売り手へ遠ざかる。こうした商品流通を媒介する上で貨幣は**流通手段**として機能す

る。商品流通を商品の売り手（＝商品所有者）と買い手（貨幣所有者）の視点から見ると，商品の売り手が商品を販売する反対には，常に買い手による商品の購買がある。換言すれば，商品が貨幣へ転化（販売）する反対には，貨幣による商品の購買がある。このとき，商品の買い手にとって貨幣は**購買手段**として機能する。

　まず，貨幣は一般的等価物であって，社会的一般的な価値の体化物として一般的な直接交換可能性をもつ。一般的等価物としての貨幣は，諸商品の価値尺度機能と流通手段機能を担う。流通手段として機能する貨幣であっても，時には流通過程から引き上げられて，一時的にせよ商品流通界を離れ貨幣所有者の手元に蓄えられる貨幣が存在する。これが**蓄蔵貨幣**の機能である。蓄蔵貨幣として機能する貨幣は，**支払い手段**，**世界貨幣**としての機能も担う。これらの機能を「**貨幣としての貨幣**」の機能という。貨幣の概念に対して通貨の概念について一言しておけば，貨幣は流通手段（支払い手段を含む広義の流通手段）として市場内を流通するとき，この流通手段として貨幣が実際に機能するにあたって取る形態規定を通貨という。

　さて，貨幣が購買手段として機能する場合，商品の譲渡と価格の実現が同時に行われる。しかし，商品流通の発展とともに，商品の譲渡と価格の実現とが時間的に分離する事態が発生してくる。いわゆる商品所有者間の掛け売り・掛け買いであって，商品の流通過程を終結させ完了させるために，貨幣は**支払い手段**として機能する。そして，支払い手段としての貨幣の機能を前提として，商業手形，銀行手形，中央銀行券などの信用貨幣が流通する。これらの信用貨幣は，貨幣の実体を完全に備えた金鋳貨と並び，通貨として流通する。

　各国国内市場は中央銀行を頂点とする統一的な貨幣信用制度の下の統一市場であって，そこでは固有な国民通貨が流通する。19世紀初期に成立した貨幣制度である金本位制下では，価格の度量標準と固有の貨幣名が法定され，それに従って鋳造された金鋳貨が流通し，さらにそれを支払い手段とする信用貨幣たる中央銀行や章標貨幣である補助貨幣やときには政府紙幣も金鋳貨の代用貨幣として流通した。

　ところで，世界市場とは，独立した国民国家によって境界を画され，個々固有の国民通貨をもつ諸国民経済によって構成される複合市場である。したがっ

て，国際取引は異種通貨の交換を必然的に伴い，しかもそこでの支払い手段は
それ自身普遍的な価値を持ち，一般的な受領性を持つものでなければならない。
換言すれば，国際決済においては，世界的に普遍的な交換価値の独立的な定在
たる**貨幣＝金**による支払い決済が必要となる。こうして，貨幣金は，ここに**世
界貨幣**として新たな機能規定を受けることになる。

　ただし，世界貨幣金は世界市場では流通手段としては機能しない。なぜなら
ば，国際的商品流通においては，一方的な販売（輸出）と購買（輸入）とが行
われ，両者は分離されているからである。したがって，世界貨幣金は，一般的
購買手段として機能するか，あるいは国際的債権債務関係の決済手段（＝国際
決済手段）として機能することになる。

　国際決済においては異種通貨の交換（＝両替）と世界貨幣金の現送（＝国際決
済）が不可避である。そのための費用（＝金現送費）は取引当事者にとっては単
なる空費であって，可能なかぎりその節約がはかられなければならない。その
国際決済に固有の貨幣流通空費節約の機構として，外国為替取引が発展した。
以下，節を改めて次にみていこう。

第2節　外国為替制度

1. 為替の原理

　資本主義世界市場の形成期では，「絶対的致富」の形態たる金・銀等貴金属
が，国際収支の差額決済の手段として使用された。しかし，決済手段として貴
金属を使用する際に，他国へ輸送するためには輸送費用や天災による遭難や盗
難などの危険に備えた保険料などの費用——これら諸費用を金現送費用（貨幣
取扱費用）という——を要する。この金現送費用は，決済されるべき国際取引
金額とは別に負担されるべき費用である。そこで，この金現送費用を節約すべ
く，国際決済を要する取引業者間で取り組まれるのが外国為替取引であり，そ
のための手段が外国為替手形である。

　為替の基本原理は，自己の相手に対してもつ債権をもって債務を相殺決済に
持ち込むことにある。いま隔地間で反対方向に2つ債権債務が存在すれば，為
替取引を取り組むことによって，債権・債務の相殺が可能となる。外国為替取

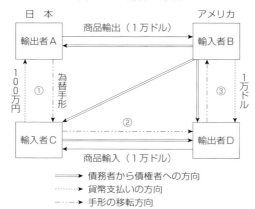

図 2-1 為替の原理

外国為替取引の手段としての外国為替とは振出人が名宛人に対して行う外貨建ての支払い指図のことで，その所有者にとっては外貨建ての債権を示し，名宛人（被支払い人，あるいは支払い人とも言う）にとっては外貨建ての債務を示す。

引とは，この為替の原理を土台に，幣種の異なる2国間の債権債務を人為的に結びつけ，各国内の自国通貨建相殺決済に持ち込む取引である。その結果，本来なされるべきであった遠隔地間の金現送は回避され，したがってまた金現送費も節約される。

図2-1により少し具体的な例で説明しておこう。日・米両国の間の貿易取引に伴う債権・債務の決済（＝代金の取立・送金）を想定してみよう。取引は全てドル建てで行われ，為替相場を1ドル＝100円と仮定する。日本の輸出者Aはアメリカの輸入者Bに1万ドル相当の商品を輸出し，その結果，日本の輸出者Aは輸入者Bに対し代金請求権（債権）を所有する。同時に，日本の輸入業者Cはアメリカの輸入業者Dから1万ドルの商品を輸入し，その結果，輸入者Cは輸出者Dに対し代金支払い義務（債務）を負っているとしよう。

この場合，日本のAはアメリカのBから1万ドルを取り立て，逆に日本のCはアメリカのDに対して1万ドルを送金する必要がある。最初に，①日本のAはアメリカのBを支払い人とする額面1万ドルの為替手形を振り出し，Cに円と引き換えに売却する。次に，②Cは入手したドル為替手形をD宛に送付する。最後に，③Dは受領したドル建て為替手形をBに提示して引き受

けを求め，手形の満期日にＢから１万ドルの支払いを受ける。

　ＡのＢに対する債権が，ＣによるＡからの手形買い取りにより，ＣのＢに対する債権に置き換わる。手形はＣからＤへ送付され，Ｂは手形の支払い代金をＤに支払うと，ＣのＤに対する債務はＣのＢに対する債権と相殺される。このような手続きによって，本来無関係なＡのＢに対するドル債権とＣのＤに対するドル債務が関連付けられて相殺され，本来なされるべき国際的な貨幣支払いは国内での貨幣支払いに振り替えられることになる。この一連の取引で国際的な債権債務が相殺されるかぎりにおいて，世界貨幣＝金現送は回避され，したがってまた金現送費用は節約される。

２．外国為替銀行の役割

　以上では外国為替取引は国際経済取引当事者の間の直接取引で行われるものとした。しかし，これは抽象的な想定であって，取引当事者関係の下での外国為替取引の成立は偶然にとどまる。というのは，第１に，外国為替の供給者と需要者との出会いがあっても，個別具体的な国際取引にもとづいて振り出される外国為替の額面と支払い期日は個別的で雑多で，送金需要者の求めるそれと一致することはむしろ例外的である。第２に，外国為替の振出人と名宛人がともに一般の私的な取引業者である以上，その支払い履行の確実性には不安があるため，外国為替取引は成立しにくい。第３に，名宛人は遠近の外国の居住者であるので，支払い能力の確認は困難である。そこで，社会的に広く貨幣を受け入れ集中管理する貨幣取扱資本としての銀行がここに介入し，国際間の債権債務関係を国内の債権債務関係に振り替えて，決済を行うようになる。ここに外国為替業務に携わる外国為替銀行（略して，為銀）が成立する。

　為銀は，国際決済を必要とする各種企業・個人から広く外国為替手形を買い取る（取立為替）一方，自らの勘定で外国為替手形を振り出して，これを送金需要者に売却する（送金為替）。例えば，輸出業者の振り出した輸出手形を買い取る一方で，それとは独立に，輸入業者の求めに応じて輸入代金の送金手段として外国為替手形を振り出して売却するのである。このように，為銀が代金取立のための**取立為替**（逆為替）と送金のための**送金為替**（並為替）とを相対的に分離して営むことができるのは，為銀が社会的に広く貨幣取引業務を営むこと

によって貨幣を集中管理し，その結果として形成される遊休貨幣をもって為替取引の支払い決済を行いうるからである。

　こうして為銀には様々な額面と支払い期日の外貨建ての債権と債務が集中され，そこに相殺決裁の可能性が生まれ，為替銀行の金庫内には，差し当たり遊休化する貨幣が滞留することになる。為替銀行は，そうして滞留する貨幣をもって，改めて様々な為替取引に取り組むことになるのである。

3．取立為替と送金為替
　最初に，取立為替と送金為替を説明するための仮定を設定しておこう。

①日本・アメリカ間の貿易取引に伴う債権・債務の決済（＝代金の取り立て・送金）を想定する。取引は全てドル建てで行われ，為替相場を1ドル＝100円と仮定する。

②日本の輸出業者Aはアメリカの輸入者Bに1万ドル相当の商品の輸出を行い，日本の輸入業者CはアメリカのDから2万ドル相当の商品の輸入を行ったとする。

③この結果，日本のAはアメリカのBに対し輸出債権1万ドルを持つ一方，日本のCはアメリカのDに対して輸入債務2万ドルを負うことになる。

④したがって，日本のAはアメリカのBから1万ドルを取り立て，逆に日本のCはアメリカのDに対して2万ドルの送金をする必要がある。

⑤この時，日本の為銀甲は，自己勘定で，外国為替（＝外貨建ての為替のこと）の売買を行う。この事例では，ドル為替を買い取る一方，自らドル為替を振り出して売却する。また，日本の甲銀行はアメリカの乙銀行との間で外国為替取引に伴う業務を行うのに必要な契約を結んでおくことが必要である。つまり，支払い委託，取立委託，甲・乙両行間の債権債務の決済方法，当座預金形態の為替決済勘定の開設，信用（「当座貸越」）の限度額などについて，予め契約を結んでおく必要がある。これをコルレス契約といい，コルレス契約の相手先銀行をコルレス銀行とよぶ。

　取立為替は外国からの代金取り立てのための為替取引であって，銀行にとっては買為替（外国為替の買取引）になる。以下，取立為替を図2－2によって説明しておく。

第2章　世界貨幣と外国為替制度　*39*

　日本の輸出業者 A は，アメリカの B 宛に 1 万ドルの為替手形を振り出して，これを甲銀行に持ち込んで，100 万円と引き換えに買い取ってもらう（①）。甲銀行は，A 振出のドル為替手形をアメリカの乙銀行に送って，B からの代金取立を依頼する（②）。アメリカの乙銀行は為替手形の支払い日に，B に手形を引き渡して，1 万ドルの代金を受け取ると同時に，自行（乙銀行）に開設された甲銀行名義の当座預金の口座に 1 万ドルを入金する（③）。

　取立為替取引（甲銀行の買為替取引）が行われた場合，甲銀行の円資金が減少する（マイナス 100 万円）一方，ドル債権が増加する（プラス 1 万ドル）。支払い日に取り立てが完了すると，甲銀行名義のドル当座預金口座に振り込まれ，残高が増加する。こうして日本の A のアメリカの B に対する個別取引に生じた国際的債権債務関係は，アメリカの乙銀行に置かれた日本の甲銀行のドル建甲銀行名義決済勘定に置き換えられることになった。

　次に，同じく図 2-2 によって送金為替について述べよう。送金為替とは，外国への送金のための為替取引であって，銀行にとっては売為替（外国為替の売り取引）ということになる。

　日本の輸入業者 C は，甲銀行に 200 万円を支払って，甲銀行がアメリカの乙銀行（＝支払委託先）宛てに振り出したドル為替（ドル為替の額面は 2 万ドル，支払期日は輸入代金の決済日と同一）を買い取って（④），これをアメリカの D に郵送する（⑤）。

　アメリカの輸出業者 D は受け取った 2 万ドルのドル為替を，アメリカの乙銀行に提示し，支払い期限日にそれと引き換えに 2 万ドルを受け取る（⑥）。アメリカの乙銀行は，甲銀行が振り出したドル為替（送金為替）を支払うと同時に，自行（乙銀行）に開設された日本の甲銀行名義の当座預金口座から 2 万ドルを引き落す。

　送金為替取引（甲銀の売為替取引）が行われた場合，甲銀行の円資金が増加する一方，ドル債務が増加する。それは，ドル為替の満期日に，甲銀名義のドル当座預金から引き落とされて，その残高が減少することになる。

　こうして個々の取引当事者間の国際的な債権債務関係は，為替銀行に肩代わりに集中されて，銀行間の債権債務に転嫁され，決済期限の到来とともに為替決済勘定の貸借記帳によって決済されることになる。

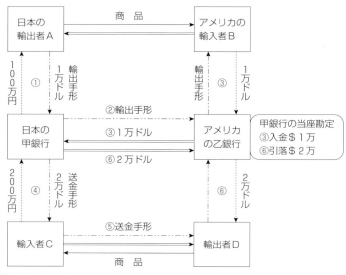

[為替銀行による] 買為替（＝取り立て為替）と売為替（＝送金為替）取引
[取引経過]
1）取立為替　銀行による自己勘定での外国為替取引
　①日本の為銀（甲銀）は，対米輸出債権1万ドルを持つ輸出者Aが振り出す額面1万ドルの外国為替を，100万円と引き換えに買い取る（取立為替取引）。②買い取った取立為替をアメリカ所在の乙銀行に送付し取立を委託する。③為替の支払い期日に乙銀行は輸入者Bから取り立て（この結果，当初Aが持っていた1万ドルの輸出債権は甲銀行の乙銀行に対する債権に転化），乙銀行に開設された甲銀行名義の当座預金勘定に入金し，預金残高は増加する。

2）送金為替
　④ドル建て輸入債務をもつ輸入者Cの求めに応じて，自ら2万ドルの外国為替を振出して，200万円と引き換えに売却する（送金為替取引）。⑤輸入者Cは，アメリカの相手先Dに送付する。⑥満期到来日に，乙銀行は甲銀行に代わって，額面2万ドルの為替手形代金，2万ドルを支払い（その結果，当初Cが負っていた2万ドルの輸入債務を甲銀行の乙銀行に対する債務に転化），乙銀行に開設された甲銀行名義の当座預金勘定から引き落しされ，預金残高は減少する。

　もっとも，取立為替取引においては，売り手である日本のAは，外貨債権を回収したかに見えるが，その時点では，AのアメリカのBに対する債権がAから日本甲銀行へ移転しているに過ぎず，この取引自体は貿易金融としての国内金融取引である。国際決済が問題となるのは，甲銀行によって買い取ら

れた手形の決済期限の到来後のことであり，その時点ではじめて，国際決済の取り立ての必要がでてくる。この段階で，取り立てられた外貨建債権は，国際的銀行間債権・債務に転じ，その支払い決済が求められる訳である。それは，先の対顧客送金為替の振り出しか，銀行間市場で売為替取引のいずれかによって行われる。ここで送金為替は，顧客の個別具体的関係を集約した銀行間の国際的債権・債務関係を改めて相殺決済に持ち込む手段として機能しているのであって，取立為替に対する送金為替の国際決済手段としての機能の高次性はここにある。換言すれば，国際的債権債務関係は，送金為替によってはじめて最終決済に持ち込まれるのである。

4．外国為替手段の分類と為替相場の種類

⑴　外国為替手段の分類

　外国為替取引の手段には為替手形・小切手・書信為替（郵便為替）・電信為替がある。為替手形とは取引当事者間の取引完了後，一定期間後に現金の支払いを約束する信用証書（信用証券）である。小切手とは銀行宛てに振出した一覧払為替手形のことをいう[3]。為替手形と小切手は，証券に記載された債務額が確実に支払われることを前提に記した信用証券であるのに対し，書信為替と電信為替は書信あるいは電信の形で行う第三者への支払い指図書である[4]。これらは，いずれも原理的には為替手形と変わるところはない。

　送金為替の方法として，① 送金為替手形または送金小切手，② 書信為替（郵便指図），③ 電信為替が用いられる。先述したように，① 送金為替の方法とは，本邦為替銀行が海外の本支店またはコルレス先（為替取引契約先）宛に小切手または一覧払為替手形を振り出して送金依頼人に交付し，依頼人がこれを海外の受取人に郵送のうえ，受取人が支払い銀行にそれを呈示して資金を受け取る方法である。② 郵便指図とは，本邦銀行が送金依頼人に小切手などを交付する代わりに，海外の本支店やコルレス先宛に一定金額を受取人に支払うことを郵便で指図する方法である。③ 電信為替は指図の方法が電信で行われるだけの違いである。

　取立為替の方法としては，為替手形が最も広く利用されているが，それは為替手形が有価証券として手形当事者の債権債務関係が明確であり，流通性があ

るため外国為替の手段として利便性が高いからである。

　外国為替手形をその支払い期日条件から大別すれば，1つは一覧払為替手形（sight bill）——手形所持人が支払い請求のために銀行に呈示した日を支払い期日にする手形であり，もう1つは期限付為替手形である。送金為替には一覧払為替手形や小切手が，貿易手形には期限付為替手形が一般に用いられる。

(2)　為替相場の種類

　外国為替取引は，本来，国際決済に固有の金現送費を節約するための外国為替の売買であるため，為替相場は，金現送費の節約手段としての外国為替の売買相場として形成される。外国為替取引の別の側面をみると，外国為替取引が自国通貨を対価とした外貨建為替手形の売買である以上，売買にあたっては異種通貨間の交換比率が設定される。つまり，外国為替相場とは，国際的貨幣流通空費を節約する手段としての外国為替の売買相場として形成される「異種通貨の交換比率」である。現実の為替相場は，為替取引の種類と取引対象となる外国為替の種類とによって，次の2つの観点で区別される。

　1つは，取引相手による区分であり，銀行間取引と対顧客取引とに分かれる。銀行間取引は，銀行の対外取引決済に伴う外国為替の需給が集約される場である。銀行間市場全ての取引は電信仲値為替相場（Telegraphic Transfer Middle Rate, TIM）——電信による送金為替であるため，時間的契機に伴う貸付利子はもとより，手数料も一切徴収されない純粋な為替相場である。この銀行間市場での為替相場は当該国の基準となるべき為替相場であり，銀行間市場は外国為替市場の中心部分を構成している。

　他方，対顧客取引相場は，この銀行間電信為替相場を基準に，銀行から見ての電信売為替相場（Telegraphic Transfer Selling Rate, TTS）と電信買為替相場（Telegraphic Transfer Buying Rate, TTB）が形成される。その場合，銀行の仲介手数料・為替相場変動に対するリスク負担料・売買される外国為替の種類（信用状の有無・支払い期限の長短・郵送期間の有無等）によって，適用される為替相場は変わってくる。

　例えば，一覧払為替売相場は，顧客に一覧払為替を売る場合に適用される相場である。ここでは為替が一覧払であっても，支払い地への郵送に日数を有することから，為替取引にあたっての銀行の邦貨の受取と一覧払為替にもとづく

外貨の支払いとの間に期間が介入する。そこで，ここでの相場には貸付に伴う利子が加わるため，理論的には，電信売相場に比べて，この期間に相当する利子分だけ安くなる。

　一覧払手形買相場は，海外から一覧払送金為替が仕向けられたとき，あるいは輸出為替などの一覧払手形を買い取るときなどに適用される相場である。ここでは，為替が一覧払であっても，為替の支払い地への郵送に日数を要することから，銀行の国内での邦貨の支払いと一覧払為替にもとづく海外での外貨の受取との間に期間が介入する。そこで，この相場には貸付を伴う利子が加算されるため，理論的には，期間に相当する利子分だけ電信買相場に比べて安くなる。また，輸出為替は，信用状の有無により相場に差が生じ，信用状のないものは，信用状のあるものに比べて安くなる。

　期限付手形買相場は，一覧払手形買相場と比べて，手形の支払い期限までに期間が介在することによる貸付利子が加算されるため，理論的にはこれらの期間に相当する利子分だけ安くなる。

　もう１つの区分は，為替取引契約成立とその契約履行日との関係という観点から行える。外国為替の売買契約時点と契約履行時点（対顧客取引においては即日，銀行間取引においては２営業日以内）が同時である取引を**直物為替取引**という。これに対し，契約成立後将来の一定期日もしくは期間内に受渡が実際に行われる取引を**先渡為替取引**という。そして各々の取引に適用される為替相場が直物為替相場，先渡為替相場である。先渡為替取引は，現時点において将来の為替の売買を予約し，その金額と為替相場を約定するもので，（先渡）為替予約とも呼ばれる。先渡相場の形成にあたっては関係二国間通貨建金利差が決定的要因として作用する。

　なお，先渡為替取引は，変動する為替相場のリスク回避に使われる一方で，先渡為替予約のみを行う投機目的にも利用される[5]（先渡為替相場の決定については，第３章**補論１**を参照）。

　ただし，金本位制下あるいはブレトン・ウッズ体制下の固定相場制では両通貨の価値関係で決まる**為替平価**（第３章第１節で後述する）を基準にする狭い範囲以内に為替相場が決定されるため，為替リスクを回避する必要性が小さかったことから，先渡為替取引市場は成長することはなかった。先渡為替取引が発

図2-3　為替銀行の外貨建資産・負債残高

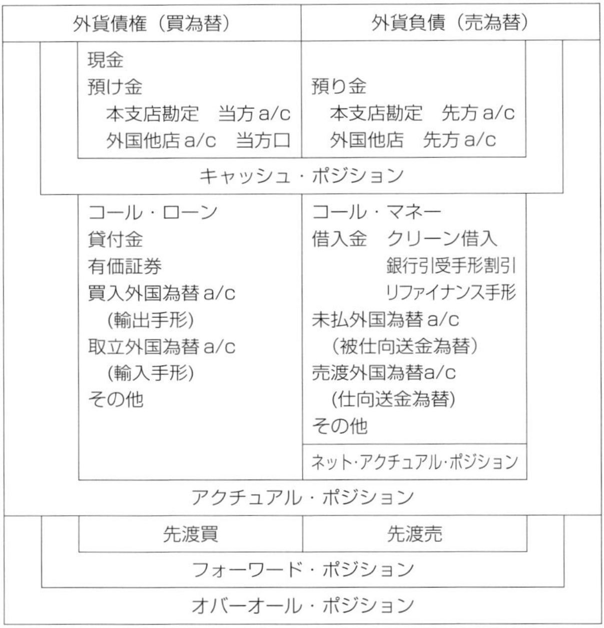

外貨債権（買為替）	外貨負債（売為替）
現金 預け金 　本支店勘定　当方a/c 　外国他店a/c　当方口	預り金 　本支店勘定　先方a/c 　外国他店　先方a/c
キャッシュ・ポジション	
コール・ローン 貸付金 有価証券 買入外国為替a/c 　（輸出手形） 取立外国為替a/c 　（輸入手形） その他	コール・マネー 借入金　クリーン借入 　　　　銀行引受手形割引 　　　　リファイナンス手形 未払外国為替a/c 　（被仕向送金為替） 売渡外国為替a/c 　（仕向送金為替） その他 ネット・アクチュアル・ポジション
アクチュアル・ポジション	
先渡買	先渡売
フォーワード・ポジション	
オバーオール・ポジション	

達し，重要な意味をもってくるのは1970年代初頭の変動相場制への移行後である点は留意すべきであろう。

5．為替持高操作と為替資金操作

　為替銀行は邦貨および外貨形態の為替資金をもち，邦貨資金で外国為替を買い取り，仕向け先の国の銀行に対してその取立を依頼する一方で，外貨資金を引き当てに送金需要者の必要に応じた条件の送金為替を振り出し，その支払い代行を仕向先銀行に依頼する。為替銀行はそのために予め相手国の銀行との間に為替取引契約（「コルレス契約」）を結び，為替取引の結果として生ずる銀行間の債権債務関係を決済するための自行名義の為替決済勘定（「コルレス勘定」）を開設し，外貨建為替資金として一定の残高を保有する。銀行は，このコルレス預金勘定をもって，対顧客取引を通じて種々の雑多な手形金額・支払い期日を具えた取立為替と送金為替を個々別々にして取り組むのである。その結果とし

第2章　世界貨幣と外国為替制度　*45*

表2-1　為替銀行の外国為替取引に伴う為替・資金ポジションへの影響

			為替ポジション （外貨債権・債務）	資金ポジション	
				円 資 金	外貨資金
直物為替	電信為替	売為替 買為替	債権の減少 債権の増加	即時増加 即時減少	即時減少 即時増加
	その他 の為替	売為替 買為替	債権の増加 債務の増加	即時増加 即時減少	事後減少 事後増加
先物為替	電信為替	売為替 買為替	債務の増加 債権の増加	事後増加 事後減少	事後減少 事後増加
為替スワップ	電信為替	直物買・先物売 直物売・先物買	不　変 不　変	即時減・事後増 即時増・事後減	即時・事後減 即時減・事後増

　直物は直物為替（為替取引契約の成立と同時に外国為替とその代価の受渡しが行われるもの），先物は先物為替（取引契約成立から一定期間後，ないし将来の一定期間内に受け渡しが実行されるもの）のことで，先渡為替ともいう。売買予約であるから厳密には先物為替の売買契約と同時に銀行にとっての外貨債権ないし債務が生じるわけではないが，実質的にはそのように見なすべきものである。為替スワップとは，直物と先物の同額反対の取引を同時に行うことである。
　その他の為替とは期限付為替，参着為替あるいは書信為替等，電信為替以外の全ての為替手段のこと。
　即時増加（減少）とは為替取引の成立と同時に，事後増加（減少）とは為替取引（先物為替の場合には契約成立）から遅れて為替の満期日（履行時）に増加（減少）する，という意味である。

て，図2-3のような外貨建資産・負債とが形成される。

　為替銀行の外貨建資産負債残高は，現金化した外貨建資金勘定・直物為替取引と国際金融取引の勘定・先渡取引勘定の三段階から構成されている。そして，各段階で捉えた資産・負債残高が，キャッシュ・ポジション，アクチュアル・ポジション（キャッシュ・ポジションを含む），フォワード・ポジションであり，これらを総合したものがオーバーオール・ポジション（直先総合持高）である。

　為銀の対顧客為替取引は本来受動的な取引であるから，買為替（外貨債権）の合計と売為替（外貨債務）の合計との間には絶えず不均衡が生じてしまう。その残高差額が**直先総合持高**であり，前者が後者を上回っている場合を**買い持ち**，逆の場合を**売り持ち**，差額がゼロの場合を**スクウェア**という。買い持ちあるいは売り持ちがある場合，為銀にとっては為替リスクの発生を意味するから，買い持ち（売り埋め）に対しては売り埋め（買い持ち）によって持高を均衡させる必要がある（「**為替持高操作**」）。

　さらに，国内取引と比べて外国為替取引には，邦貨資金と外貨資金の過不足

を同時に調整しなければならない。これは，先述のキャッシュ・ポジションの調整であり，この調整のための取引が**為替資金操作**である（為替銀行の外国為替取引に伴う為替・資金ポジションへの影響については表2−1を参照）。外国為替取引には直物と先渡があり，また，為替の手段は外国為替手形，郵便指図，電信指図と多岐にわたるので，為替取引の契約時点と契約履行時点には資金流出入にはタイムラグが生じる。さらに，外国為替手形には一覧払為替手形と期限付為替手形があり，期限付手形の売買の場合，手形の売買時点と邦貨資金の受け払い・外貨資金の受け払い時点とにタイムラグがあるので，ただちに現金化することはできない。そのため，為替銀行は為替リスクのヘッジを目的とする持高操作を行うと同時に，外貨資金と邦貨資金の過不足の調整を目的とする資金操作を行う必要がある。こうした為替持高および資金操作を目的に為銀がお互いに為替売買を行う銀行間為替市場，それが通常いうところの外国為替市場である。

　いうまでもなく，一国全体として国際収支が均衡していない場合には，為銀全体として買い持ち（売り持ち）あるいは外貨資金の過剰（不足）が存在することになるから，為替市場での為替操作による調整は不可能である。国際金融市場での外貨資金の運用ないし調達，あるいは金本位制下であれば金現送によって調整するしかない。いずれに帰着するかは金利や為替相場の動向，あるいはそれに規定されて生ずる国際短期資本移動の動きにかかっている。

　注
　1）「金は生まれながらにして貨幣ではないが，貨幣は生まれながらにして金である」
　　（K.マルクス）といわれる所以もここにある。
　2）価格たる金分量を計算するための単位・基準として定められた特定金分量が価格
　　の度量単位であり，さらにこの度量単位が分割・細分化されて全体として価格の度
　　量標準が形成される。わが国の貨幣法（明治30年）によれば，純金2分（750mg）
　　を価格の度量単位と定め，これに「円」という貨幣名を与えた。金は，価格の度量
　　標準に応じて一定の品位，一定の重量，および一定の形状をもって鋳造され，流通
　　手段としての機能において鋳貨の形態をとる。貨幣の計算名である円，ドル，ポン
　　ド等で表された一定品位の金の重量部分を含んでいることをその刻印と形状で示し
　　ている金片が金鋳貨である。

3）安東，1957年，85頁。

4）為替手形は手形法によって手形当事者間の権利・義務が明確に規定され，手形権利者に手厚い法の保護が加えられている反面，それ自体が流通性をもった有価証券であるため，紛失・延着等の場合の法的処理が複雑である。それに対して，書信為替および電信為替は為替銀行の信用の上に成り立つ単なる為替銀行間の支払い指図書ないし通知書にほかならない（安東，1957年，93頁）。

5）従来 forward exchange は先物取引，その際に適用される為替相場が先物相場として日本で広く定着してきた。しかし，forward exchange の場合，現物引き渡しが条件であり，future exchange の場合，清算にあたっては現物引き渡しを行わない差金決済である。そのような取引の実態と用語を照応させて，forward exchange は「先渡し」，future exchange が「先物」と記している（鳥谷，2010年，57頁）。

参考文献

安東盛人『外国為替概論――その機構と機能――』有斐閣，1957年。

木下悦二『外国為替論』有斐閣，1991年。

鈴木芳徳『金融・証券論の研究』白桃書房，2004年。

平勝廣「国際収支と外国為替」鈴木芳徳編『金融論』ミネルヴァ書房，1995年。

平勝廣『最終決済なき国際通貨制度』日本経済評論社，2001年。

鳥谷一生『国際通貨体制と東アジア――「米ドル本位制」の現実――』ミネルヴァ書房，2010年。

第3章

国際通貨と国際決済

　国際通貨は自国と相手国間ばかりでなく，第三国間における債権債務の決済手段としての機能を果たすべきものである。第1節で国際通貨の概念と国際通貨の形成過程および国際通貨の機能について説明する。第2節では外国為替相場の決定要因を述べ，第3節で外国為替相場を国際決済との関連で述べておこう。

第1節　国際通貨と国際通貨制度史

1．国際通貨とは

　国際決済においては，世界的に普遍的な交換価値である貨幣＝金による支払い決済が必要となる。こうして金は世界貨幣としての機能規定を受けることになる。世界貨幣金の現送に関わる費用を削減する方法が外国為替取引であった。外国為替が国際的債権・債務の相殺の手段として機能し，金はもっぱら相殺された後の支払い差額の決済手段として機能する。

　第2章で述べたように，外国為替業務を行う銀行（略して為銀）は，取引相手国所在の銀行との間で為替取引契約（コルレス契約）を結び，当座預金形態の為替勘定（コルレス勘定）を開設する。この当座預金勘定の上での振替記帳によって，すなわち，銀行に対する取引当事国通貨建当座預金債権（銀行にとっては預金債務）の移転によって，国際間の支払い決済は行われる。この場合の外国為替手形はこの預金債権の移転の手段にほかならない。

　第2章では，2国間取引を想定し，国際的な商品取引はいずれかの国の通貨建で契約され，また通常は表示に用いた通貨で決済が行われることを想定してきた。しかし，現実には，各国はそれぞれ多くの国と取引を行う中で，ある特

定国の国民通貨建で取引が行われるようになる。なぜなら，周辺国の為銀が特定国の銀行に開設し維持する当座預金勘定を用いて，債権債務関係を決済することにより，中心国と周辺国の国際的な債権債務の相殺の多角化と高度化が実現されるからである。[1] ある特定中心国の国民通貨が，第三国間を含めて広く，国際経済取引の決済手段として使用される場合，このような国民通貨が一般には「**国際通貨**」と呼ばれる。

　特定中心国通貨が国際経済取引の決済手段として使用されるようになると，中心国とその他周辺諸国の間だけでなく，周辺諸国の間で取り結ばれる国際的な債権債務も全て，周辺諸国為替銀行の為替取引によって肩代わりされて，周辺諸国銀行と中心国銀行との間の債権債務に集約される。そして，国際経済取引の決済は，周辺諸国銀行が中心国銀行において持つ当座預金債権形態の為替決済勘定の振替記帳によって行われる。広く世界貨幣金に代わって国際決済手段として機能する特定国銀行の当座預金債務が国際決済手段としての国際通貨の実体であって，かかる国民通貨を一般に国際通貨と呼ぶ。歴史的に言えば，金本位制度下ではポンド・スターリング，そして第2次世界大戦後にはアメリカのドルが中心的国際通貨として機能してきた。

　米ドルが国際通貨として機能している場合，アメリカと日本の二カ国間で貿易，国際貸借や対外投資などの国際取引を行う際に，アメリカの通貨建で契約され（**契約通貨**としての機能，**表示通貨**ともいう），日本の為銀がアメリカの為銀に保有するアメリカの通貨建預金勘定において決済を行う（**決済通貨**としての機能，**取引通貨**ともいう）（図3-1を参照）。そして，日本とイギリスとの国際取引においても（アメリカにとっては第三国間貿易），米ドル建で契約され，日本の為銀とイギリスの為銀がアメリカの為銀にもつドル建当座預金形態の為替決済勘定の振替記帳によって決済される（図3-2）。このような第三国間の国際取引においても表示通貨，決済通貨としての機能を果たすに至った特定国国民通貨が国際通貨である。

　金本位制度の下では，国民通貨は，基底に金貨幣を置き，それを最終的支払い手段現金とする中央銀行券，さらにそれを支払い準備とする預金通貨の形態をとるが，それらの流通は国内に限定される。その国民通貨が国際通貨として流通する場合，国際決済手段としての国際通貨の実体は特定国の銀行に対する

第3章 国際通貨と国際決済　51

図3-1　中心国と周辺国との国際決済

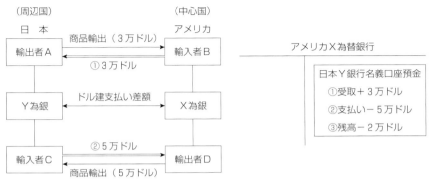

⟹ 債務者から債権者への方向を示す

　日本の輸出者Aはアメリカの輸入者Bに対して3万ドルの商品を輸出し，アメリカの輸出者Dは日本の輸入者Cに対し5万ドルの商品を輸出したとする。

　日本の輸出業者Aはアメリカ輸入業者Bに対し3万ドルの債権をもち，日本の輸入業者Cはアメリカの輸出者Dに対し5万ドルの債務をもつとする。このとき，①BはアメリカのX為銀を通じて3万ドルを日本のAに送金する。このとき，アメリカのX為替銀行に開設された日本のY銀行口座について受取3万ドルとなる。②Cは日本のY銀行を通じて5万ドルをアメリカのBに送金すると，支払い5万ドルとなる。③これらの振替記帳により，残高マイナス2万ドルとなる。

図3-2　第三国間の国際決済

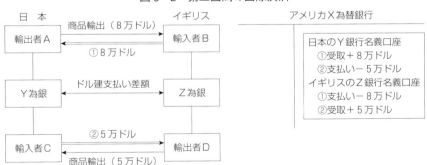

　日本の輸出業者Aはイギリスの輸入業者Bに対し債権8万ドルをもち，日本の輸入業者Cはイギリスの輸出業者Dに対し債務5万ドルを保有しているとする。①AとBの間の債権債務関係を決済するために，Y銀行はX銀行から8万ドルを送金してもらえば，アメリカX銀行に開設しているY銀行口座に受取8万ドル，Z銀行の口座で支払い8万ドルとなる。CとDの間の債権債務関係を決済するために，Y銀行はZ銀行に対し5万ドルを送金すれば，X銀行におけるY銀行の口座預金から支払い5万ドル，X銀行口座に受取5万ドルとなる。

国民通貨建預金債権であるから，それは直接的には世界貨幣＝金に対する請求権ではなく，まずもって当該国民通貨たる中央銀行券がそれにとっての支払い手段現金ということになる。

しかし，国際通貨は世界貨幣金の支払い手段を前提として成立する「国際的信用貨幣」であって，国際通貨国にとっての「金債務」である。なぜならば，国際通貨の流通といっても，それが絶対的に貨幣として機能するのは，それぞれの時点で決済されるべき国際的債権債務のうち相殺される部分にかぎられるからである。確かに国際通貨国の国際収支が支払い超過になっても，それが大幅かつ長期的でないかぎりは，周辺国為替銀行保有のコルレス残高の増加，さらには中心国金融市場での短期的運用（＝国際通貨国にとっては短期資金の借入）という形での決済繰延がされうるが，その最終決済は世界貨幣金で行わざるをえない。

国際通貨制度の歴史を振り返ると，19世紀後半から第1次世界大戦までの国際金本位制下ではポンドが国際通貨として機能した。金本位制とは，金をもって本位貨幣 standard money とする貨幣制度であり，具体的には通貨1単位を一定の金分量と法的かつ制度的に結び付けた制度である。

イギリスでは1816年の貨幣法は純金7.99 g を価格の度量単位と定め，これにポンドという貨幣名を与えた。この法定価格にもとづき，金貨の自由鋳造，金の自由溶解を認めることにより，ソブリン金貨が法貨として流通することとなる。そして金鋳貨の流通を前提として，商業銀行が発行する銀行手形が流通した。その後，1844年ピール条例の施行により，イングランド銀行（BOE）のみが中央銀行券の発券業務を担い，BOE は居住者か非居住者にかかわりなく中央銀行券と金を一定比率で兌換する義務を負うことになった。こうした貨幣制度により，金の自由兌換と金の自由輸出入が認められた。以上のように，金本位制下では，通貨1単位が代表する金分量（＝「価格標準」，ないし通貨の代表金分量）を法定し，金の自由鋳造・自由溶解，中央銀行券と金との自由兌換，金の自由輸出入が制度的な条件とされた。

では，金本位制を採用している多くの国の中で，特定国の国民通貨が国際通貨となり得るための条件とは何であろうか。① 当該国民通貨の価値安定性，② 当該国が世界経済（貿易）における中心国であること，③ 世界金融センタ

ーを有すること，以上の３点である。

先ず，当該国民通貨の価値安定性について。ある国の国民通貨が国際通貨として利用される条件は，国民通貨が金本位制国通貨であることは言うまでもない。中央銀行券と世界貨幣金との固定比率での兌換が維持されていることは，その通貨の保有者にとって金による最終決済が保証されていることを意味し，それと同時にその通貨価値が保証されていることを示している。なお，通貨の金兌換が保証されるためには，国際通貨国の国際収支は黒字ないし均衡により中央銀行の金準備が維持されなければならない。

第２に，特定国が世界的な再生産の中心となることにより，その国を一方の当事国とする国際取引だけでなく，第三国間の国際取引においてもその国の通貨が支払い手段として機能することができる。なぜならば，特定国を中心とする貿易・投資関係は，国際通貨流通の物的基盤を成すからである。なお，その国が世界的な物的生産関係の中心に位置するためには，特定国に相対的に高い国際競争力が備わっていることが必要であった。

第３の条件は，自国通貨を国際通貨として世界市場に供給できる国際金融市場が存在することである。例えば，中心国が周辺国に対して十分な為替資金調整の便宜をはかることができるかどうかは，中心国と周辺国の間の貿易を成長させる要因である。貿易金融についての信用供与は短期資本であるが，中心国から海外へ供給される長期資本の拡大もまた特定通貨の国際的利用を促進するものである。ただし，国際金融市場の機能はその国民通貨の国際通貨としての流通に支えられているという側面は看過してはならない。中心国の国際的信用供与は中心国信用制度の「信用創造」にもとづくが，この「信用創造」は非居住者が借入れあるいは受領した中心国通貨を即座に金に替えて自国に持ち帰ることなく，その通貨の形態のままで利用し，あるいは保有するかぎりのことである。その意味において，国際通貨国の国際金融市場機能は，その国の通貨の国際通貨としての流通を前提にしている。

２．国際通貨制度史と国際通貨機能の変化

19世後半ともなると，イギリス以外にも，フランス（1878年），ドイツ（1873年），アメリカ（1879年）といった列強も相次いで金本位制を確立させ，ここに

表3-1　国際通貨制度の変遷

1844年	イギリスのピール条例
1870年代から	先進諸国が次々に金本位制を採用
1914年	第1次大戦により金本位制は崩壊
1925年	イギリス再建金本位制
1928年	フランスが金本位制に復帰
1930年	日本が復帰
1931年9月	イギリスが金本位制を離脱
1934年3月	アメリカの金本位制停止
1936年	フランス等の金ブロック諸国も離脱
1944年	IMF・世界銀行創設（ブレトン・ウッズ体制創設）
1968年	金の二重価格
1971年8月	ニクソンショックによる金ドル交換停止
1971年12月	スミソニアン合意による固定相場制
1973年3月	総フロート制へ移行
1985年9月	プラザ合意

（出所）　筆者作成。

国際金本位制が成立した（第4章表4-1を参照）。金本位制度下では，金の自由
兌換と金の自由輸出入という通貨制度により，各国通貨の同じ金分量で計算さ
れる**金平価**——例えば，1ポンド・スターリングは113グレーンの純金と等し
く，1ドルは23.22グレーンの純金と等しかったので，**為替平価**は£1＝$4.866
——を基準にして，為替相場は金現送点というごく狭い範囲に維持された。為
替相場が狭い範囲に収まるかぎり，為替相場は為替平価（＝金平価）からの乖
離を是正する仕組みが備わっていた。したがって，各国は金本位制を採用する
ことにより，自然必然的に固定相場制が成立したのである。だが，不換通貨制
下ではそうした仕組みは存在しないため，通貨当局の固定維持のための管理や
介入がないかぎり，為替相場は必然的に変動相場制となる（この点は後述する）。
　19世紀後半に成立した国際金本位制は固定相場制を維持しつつ，上記の3つ
の条件をポンドが満たすことにより，ポンドが国際通貨として機能した。しか
し，国際金本位制は1914年の第1次世界大戦を契機に終止符を打った（国際通
貨制度の変遷について，表3-1を参照）。第1次大戦後，アメリカは生産だけでな
く貿易や投資においてもイギリスを凌ぐ存在となり，戦前の債務国から戦後は
債権国に転化した。また，金のアメリカへの集中・偏在が一段と進み，アメリ
カは1919年に金本位制に復帰した。こうして，ドルは国際通貨としての条件を

備える通貨となったが，両大戦間はポンドとドルが拮抗しながらも，ポンドは第1の国際通貨としての地位を維持した。

　1925年にイギリスはポンド過大評価の中，旧平価（金1オンス＝4.24ポンド，1オンス＝20.67ドル，1ポンド＝4.86ドル）で金本位制に復帰した。もっとも，国内での中央銀行券と金との自由兌換は認めず，対外的な金兌換について輸出量に制限を課すという条件付き金本位制であった。その他の諸国は，金本位国通貨ドルとポンドのいずれかを自国の中央銀行準備として保有し——基軸通貨としてのポンドやドルに対する自国通貨の為替相場の安定化をはかる——，国内の兌換を維持するという**金為替本位制**をとった。

　アメリカとイギリスの他に，1924年にドイツ，26年にカナダ，27年にイタリア，そして28年にはフランスも金本位制に復帰した。なお，インフレが激しかったドイツやフランスは平価を切下げて復帰した。日本は1930年1月に旧平価で金本位制に復帰するが，1931年12月には離脱することになる。この時期に復帰した制度は「**再建金本位制**」と呼ばれている。

　ポンドが国際通貨として第1の地位を保持できたのは，① イギリスの生産力は相対的に低下したとはいえ，貿易総額では依然とし最大であり，なおも世界貿易の中心であったこと，② 旧平価での復帰によってポンドに対する信認を維持することができたこと，③ シティが第1の国際金融センターとしての地位に留まりえたことがあげられる。

　1920年後半，引き続きポンド建流動性が供給されることで，世界経済は「相対的安定期」を迎えた。だが，1920年代後半の再建金本位制は短命に終わる。1929年10月，アメリカのNY証券取引所での株価大暴落をきっかけとして恐慌が始まり，その影響が世界経済へ蔓延していった。1930年代に入ると，イギリスは不況が深刻化する中で貿易赤字の拡大と国内雇用の低下に直面したため，1931年9月に金とポンドの兌換を停止し，ポンド切り下げと低金利政策を行った。ドイツ，デンマーク・スウェーデン，ノルウェーも相次いで金本位制から離脱した。アメリカは1933年3月に国内金兌換を停止し，同年4月に金輸出の全面的禁止を行うことによって金本位制を離脱した。各国は金兌換停止と金輸出入の制限することにより，金平価と金現送点が消滅し，したがって為替平価が不確定となることから，為替相場は大幅に変動することとなった。

そして金本位制度に最後まで踏み止まったフランス，ベルギーなどの金ブロック諸国も1936年遂に金本位制を離脱した。各国は他国への輸出ドライブを目的とする為替の引下げ競争に走り，また為替投機を目的に国際短期資本が激化することにより，為替相場の変動幅はいっそう拡大した。アメリカへの金集中が進んでも，アメリカは貿易金融や海外投資において国際金融センターとしての役割を果たすことができなかったため，ドルはポンドに代わる国際通貨の地位を得ることはなかった。

1930年代と40年代前半の国際金融・通貨の混乱期を経て，1944年 7 月，連合国の代表はアメリカ・ニューハンプシャー州のブレトン・ウッズに集まり，国際通貨金融会議を開いた。そこで制定されたブレトン・ウッズ協定は IMF および世界銀行の設立を含んでおり，IMF によって秩序付けられた戦後の国際通貨制度を**ブレトン・ウッズ体制**（＝旧 IMF 体制）と呼ぶ。

ブレトン・ウッズ体制は，アメリカ・ドルを国際通貨とする国際通貨制度として展開することとなる。この為替相場制度は，固定相場制であっても，中央銀行通貨が金との交換性を断った不換の**管理通貨制度**への移行を前提としていた。さらに，IMF 協定は，平価主義を採用し，加盟国に対し自国通貨の「平価」の表示を義務づけた。具体的に言えば，「共通通貨たる金，もしくは1944年 7 月 1 日現在の量目と純分を有する合衆国ドルによって表示する」というのが，IMF 協定の規定であった。現実には，アメリカは金を基準に，そして，その他加盟国はかかるアメリカ・ドルを基準として，それぞれ自国通貨の平価を表示し，後述するように加盟国は対ドル平価の固定化を求められたが，貿易・経常収支が構造的に赤字である国に対しては為替平価の調整を認めるという「**調整可能な釘づけ相場制度**」であった。

国際金本位制下のポンドと比べて，旧 IMF 体制下のドル国際通貨の機能には次のような特徴がある。アメリカ財務省が金 1 オンス＝35ドルの公定価格で各国の中央銀行に対する金ドル交換を保証する代わりに，各国は自国通貨の対ドル相場を為替平価の±1 ％以内に収まるように，通貨当局の為替市場介入をもって為替相場を安定化させた。アメリカが外国の通貨当局に対して 1 オンスの金＝35ドルという公定価格で金・ドル交換に応ずる一方，その他の諸国はドルを対外準備とし（**準備通貨**），自国通貨の為替平価をドルで表示し（**基準通貨**），

それを基準にドルの売買操作によって為替相場を維持した（**介入通貨**）。以上の国際通貨としての３つの機能は公的国際通貨機能といわれ，各国の通貨当局の国際決済過程への介入によって生じた公的レベルでの機能である。こうした公的レベルでの国際通貨の機能を果たす場合に，その通貨を**基軸通貨**という。ブレトン・ウッズ体制下でドルはその代表であり，基軸通貨として機能した。国際金本位制下では，金の自由兌換と自由輸出入が保証されたため，ポンドは各国の為銀によって運用残高（working balance）として保有されたが，中央銀行によって準備通貨としては保有されなかった。したがって，古典的国際通貨ポンドを基軸通貨とよぶ論者もあるが，本章で定義する基軸通貨機能が全面に開花するのは，公的介入が制度化されるブレトン・ウッズ体制以降の国際通貨ドルについてである。

　1960年代以降，アメリカの基礎収支（経常収支＋満期１年以上の長期資本収支）が赤字を計上するようになると，海外諸国の通貨当局保有のドル準備がアメリカの公的金準備を上回ることにより，金・ドル交換の不安が高まった。その帰結が**ドル危機**であり，ロンドン金市場において金需要の増加による金価格の高騰として現れた。「金プール協定」の下，先進各国は金投機の波が押し寄せたロンドン金市場の価格を抑制すべく，金準備の拠出・売却を求められた。だが，ゴールドラッシュは収まらず，アメリカをはじめ各国当局も投機的短期資本移動の激しい攻勢に抗しきれず，ついに金価格の支持を断念し，ここに金の二重価格制（アメリカの金公定価格と金自由市場価格の二重価格制）が敷かれることとなった。

　しかし，これでドル不安・危機がおさまることはなかった。アメリカの貿易収支も弱体化するに及んで1971年８月にアメリカは遂に金ドル交換停止を発表し（ニクソン・ショック），これをもって旧 IMF 体制下の固定相場制は崩壊した。その後，71年12月のスミソニアン合意（先進10カ国会議）にもとづき，ドルの対金平価の切り下げを伴う固定相場制の再建が試みられた。ただし，引き続きドルの金交換は停止されたままであった点は留意すべきである。激化する短期的・投機的国際資本移動に対し，各国通貨当局は為替相場を安定させるべく市場介入で対抗したが，対内均衡への配慮から為替平価の維持を断念せざるを得なかった。その結果，1973年３月以降，為替相場制度は再び変動相場制へ移行

した。

変動相場制への移行は，民間業者間の国際取引における契約通貨の選択に影響を及ぼさずにはおかなかった。民間業者間の貿易あるいは投資における契約通貨の選択は，2国間関係では企業間の為替リスクをどちらが負担するのか，および金融市場における資金調達の利便性の程度に依存する。この点でドルは必ずしも契約通貨として選ばれる必要はなく，ドル以外の通貨が契約通貨として選択される場合が生じたのである。こうして，契約通貨と決済通貨の多様化が進むこととなった。

しかしながら，民間取引において契約通貨・決済通貨の多様化が進むと，為銀間市場においてはドル取引の集中が進んだ。これは，銀行レベルの国際通貨の機能としての**為替媒介**という点から説明できる。非銀行部門による種々の国際取引によって，各国の銀行は多種の通貨で為替持高，為替資金のアンバランスをもち，インターバンク・外国為替市場で持高調整取引，為替資金調整取引を行うことが必要になる。この時，2つの通貨の間で直接に調整を行うよりも，ある特定通貨を仲介して為替取引を行う方が為銀にとって取引コストを低く抑える場合が生じる。この時，この仲介に使用される通貨が**為替媒介通貨**である。

ドルの為替媒介通貨としての機能は，引き続きドルが事実上の基軸通貨（基準通貨，介入通貨，準備通貨）として機能していることに拠る。変動相場制へ移行した後，諸国は為替相場の変動を放置したのではなく，為替相場の変動による国際経済取引や国内経済への影響を緩和するため，自国相場の安定化をはからざるを得なかった。つまり，諸国の通貨当局は対ドル相場を目安として，ドルによる市場介入を継続する結果として，ドル準備資産が積み上がる。ドルを事実上の基軸通貨とする為替市場介入の結果として，民間の為替銀行レベルでドル建ての売り為替と買い為替の出会いが容易となり，かつドル建ての取引コストを引き下げたため，ドルが為替媒介通貨として支配的に利用されるに至ったのである。

ところで，ドルの国際通貨の機能として，あるいはドルの国際通貨としての流通根拠として，為替媒介通貨を強調する見解がある。しかし，ドルの為替媒介通貨機能は，周辺国がドルを事実上の基軸通貨として利用していることに拠る。つまり，通貨当局の為替市場介入による国際支払い差額の肩代わり，すな

わち，アメリカにとっては支払い決済の繰り延べは，周辺国が自国通貨の対ド
ル相場の安定のためにドルを基準通貨として利用している結果である。そして，
ドルが為替媒介通貨として利用される条件は，ドル建て取引の出会いの容易さ
と取引コストの低さとなり，その前提となるのはアメリカの国際収支の赤字に
よるドルの世界市場への供給である。それゆえ，ドルの媒介通貨機能を強調す
る議論は，アメリカの貿易・経常赤字をいわば正当化することになり，したが
って，アメリカ貿易・経常赤字の拡大が国際通貨ドルの流通を支えるという主
張になりかねない。また，アメリカ貿易・経常赤字によるドル供給がドル価値
の安定性を損なうという点を不問にすることになる。

第2節　外国為替相場

　第2章第2節で述べたように，外国為替取引は，本来，国際決済に固有の金
現送費を節約するための外国為替の売買であるため，為替相場は，金現送費の
節約手段としての外国為替の売買相場として形成される。外国為替取引の別の
側面をみると，外国為替取引が自国通貨を対価とした外貨建為替手形の売買で
ある以上，売買にあたっては異種通貨間の交換比率が設定される。つまり，外
国為替相場とは，国際的貨幣流通空費を節約手段としての外国為替の売買相場
として形成される「異種通貨の交換比率」である。

　このように外国為替相場とは，外国為替の売買取引に際して成立する「2つ
の国民通貨の間の交換比率」として現れる。外国為替相場には銀行間為替相場
と（銀行の）対顧客為替相場とがあり，対顧客相場は銀行間相場を基準に決め
られる。外国為替相場は外国為替の「売買相場」として成立するが，通常の
「商品の相場」（ないし価格）と決定的に異なる。外国為替相場は，より原理的
に言うと対外的な「価値基準」ないし「計算基準」として機能する。それゆえ，
為替相場の変動は，対外経済取引に影響するばかりでなく，国内経済したがっ
てまた国民経済全体に対して様々な影響を及ぼす。

　為替相場は2つの要因——両通貨の価値と外国為替に対する需給関係——に
よって決定される。まず，両通貨の価値について述べておこう。それぞれの通
貨はそれぞれの大きさの価値を持ち，2つの通貨の価値関係がちょうど等しく

なるような，両通貨の間の交換比率（これを「価値比率」と呼ぼう）——この交換比率は「為替平価」parity of exchange or par value of exchange と呼ばれる——が為替相場の基準となる。外国為替相場は外国為替の売買相場として形成されるから，「為替平価」を基準にして，外国為替に対する需給関係によって「為替平価」からいくらか乖離した水準に定まる。かくて，為替相場は次のように示すことができる。

為替相場＝「価値比率」±α＝「為替平価」±α

なお，αは為替平価からの乖離幅で，その大きさは外国為替の需給関係によって定まる。それゆえ，為替相場は，① 両通貨の間の「為替平価」が変動するか，あるいは ② 外国為替に対する需給関係が変動するか，のいずれかの場合に変動することになる。

両通貨の間の「為替平価」は，いずれか一方の側の通貨の価値の変化，あるいは両通貨の割合の異なる（あるいは逆方向への）価値の変動によって変動し，それに応じて為替相場も変動する。為替平価が変動した場合，論理的には，新たな為替相場は為替平価の変化に見合う水準に落ち着くはずである[2]。

次に，為替相場はまた，外国為替に対する一切の需給関係の変動によって変動し，需給が一致した水準に定まる。為替平価が一定と仮定すると，これまでの為替相場水準において外国為替に対する需給不均衡（「事前的需給不一致」）が生じた時に為替相場が変動し，その変動が即時的に為替需給を変動させることによって，やがて為替需給が一致（「事後的需給一致」）した水準に，新たな為替相場が定まる。

以上のように，現実の為替相場の変動はこの 2 つの要因の複合として生じるのであるが，両者は区別されるべきものである。第 1 の為替相場の変動は，貨幣の側の原因にもとづく，純粋に名目的なものである。つまり，為替平価そのものの変動に関わる一切の要因による変動を**名目的為替相場変動**という。それに対して，第 2 の為替相場の変動は，一国の経済活動に起因するものである。つまり，当該国の経済活動によって生じる貿易と対内対外投資が国際収支を規定することで，為替相場は変動する。その点において，第 2 の為替相場の変動は**実質的為替相場変動**といえよう。

ところで，外国為替に対する需給要因とはその時々の一切の国際取引に伴う対外的な受取りと支払いにより生じるものである。国際取引は大別すると，経常取引（商品貿易，サービス取引，その他）と資本取引（直接投資，証券投資，銀行等の借款，預金取引，裁定，投機，その他）である。歴史的に言えば，国際経済取引においては，かつては貿易取引を中心とする経常取引のウエイトが高かったが，次第に資本取引のウエイトが高まってきた。なかでも，変動相場制移行後，ことに1980年代後半以降になると，為替リスクの回避のための，あるいはそれ以上に，キャピタル・ゲイン目的の証券取引など，短期的で投機的な利益（「鞘取り」）を目的とする資金移動取引が為替需給の支配的要因となってきた。なお，これらの取引は，為替相場の変動によって，直接かつ即座に影響される取引であって，実体的な国際経済取引に伴う国際決済と直接には関係の無い取引である。

　実体的な国際経済取引に伴う国際決済とは直接には関係のない，為替相場の変動によって直接かつ即時に影響されうる為替取引＝為替の需給要因として具体的には，① 為替銀行による為替調整操作，② 金利裁定（国際間の金利格差による利鞘の取得を目的とした資金移動取引のこと。いわゆる「円キャリー・トレード」がその典型的な事例である），③ 為替投機（為替相場の変動を利用して，その売買差益を獲得する目的で行われる為替取引）や為替裁定（異なった為替市場における為替相場の間の格差（「為替相場の場所的不均衡」）を利用して利鞘を稼ぐ目的で行われる取引）がある。為替投機と為替裁定は，いずれも鞘取りを目的とする為替売買取引である点で変わるところはない。しかし，為替裁定が一定時点における為替相場の開きを利用した取引であって，売りと買いタイミングがずれないかぎり，逆鞘（損失）の危険は全くないのに対して，為替投機は，将来における為替相場の上昇ないし下落を期待して行われる思惑的な取引であるから，常に思惑違いによって逆鞘が発生する危険がある。

第3節　外国為替相場と国際決済

1．金本位制下の為替相場

金本位制下では，為替平価はそれぞれの通貨が代表する金分量によって定ま

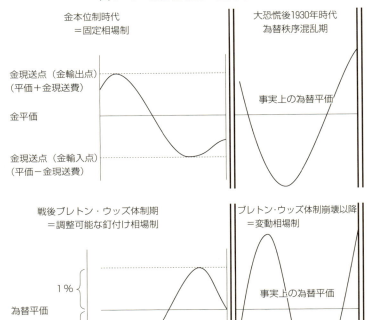

図3-3 為替相場制の歴史的変遷

る。金本位制の場合には、各国通貨はそれぞれの国の定める法定金分量を代表し、その比率での金兌換が維持されているから、それぞれの法定代表金分量によって定まる交換比率、いわゆる金平価（法定価格）が両替相場となる。1ポンド・スターリングは113グレーンの純金と等しく、1ドルは23.22グレーンの純金と等しかったので、金平価は £1 = $4.866 であった。金本位制下の為替相場は金平価を基準として、通常はそれからいくらか乖離した水準に定まった。つまり、為替相場＝金平価±αと表すことができ、① 金平価が変動するか、② 外国為替の需給関係が変化するか（国際支払い差額の発生）のいずれかによって変動する。金本位制下では、金現送によってその変動幅（＝金平価からの乖離

幅）αは限定されている。なぜなら，金本位制下では，為替による国際決済のほかに，金現送による国際決済も許されているからである。為替相場が金現送点（金平価±金現送費）を超えると，為替決済よりも金決済が有利になるので，結局為替相場は金現送点を超えることはない（図3－3を参照。金本位制下の為替相場の変動については第4章で述べる）。

2．不換通貨制下の為替相場

(1) 不換通貨制下の為替相場

1930年代に欧州諸国およびアメリカは金本位制を次々と離脱し，不換通貨制へ移行していった。不換通貨制下では，価格の度量標準は固定化されず，したがって金平価も存在せず，為替平価は不明示的で不確定となった。しかし，各国通貨は，一定時点において国内で流通するに当たっては，一定の価値をもっており，それぞれの通貨の価値の間で成立する価値比率が為替相場の基準となる。それは「法定平価」ではないが，「事実上の為替平価」ということができる。それゆえ，為替相場は「事実上の為替平価」±αで示される。

不換通貨制下の為替相場は，両通貨間の価値比率の変動と外国為替の需給関係の変化（＝その時々の国際的支払い差額の変動）によって，為替相場は絶えず変動する。「事実上の為替平価」は，両通貨のうちいずれかの側の価値の変動，あるいは両通貨の程度の異なった価値変動によって絶えず変動するため，明確には捉えがたいものである。ここから，不換制下の「事実上の為替平価」を算定するものとして，**「購買力平価」説**が登場した（補論2を参照）。

金本位制下では，為替相場が「金現送点」というごく狭い範囲内に維持されているかぎり，為替相場は為替平価（＝金平価）からの乖離を是正する仕組みが存在していた。一国の国民通貨が国内で流通するにあたって代表する金分量を通貨の対内価値，外部経済（＝対外経済取引）に対して代表する金分量を対外価値と言うならば，為替相場が金平価に一致するとき，それぞれの通貨の対内価値と対外価値は一致し，両通貨は等価の関係に置かれる。金平価はすなわち為替平価である。

ところで，為替相場は為替平価から乖離するということの意味を通貨の対内・対外価値という視角からみると，国民通貨は国内において一定の法定金分

量を代表しながら，外部経済に対しては異なった金分量を代表するという事態を意味する。なぜそうした事態が生じるのか。それは，それぞれの国民通貨は，それぞれの自国内の商品価値をはかり，それを国民通貨建て価格として表示するが，一国の国民通貨が他国の諸商品に関係するのは，あくまでもその国の国民通貨を介してのことだからである。兌換制下での為替相場は，それぞれ通貨の法定代表金分量を前提としつつも，それとは独立に外国為替市場の需給関係によって定まり，その結果，それぞれの通貨の現実具体の対外価値，つまりは現実に対して代表する金分量が定まる。為替相場が「金現送点」のごく狭い範囲内に維持されているかぎり，為替相場が為替平価から乖離したとしても，それによって外貨債権の取立需要者，あるいは送金需要者にとっての「費用負担」は国際取引を営むにあたって本来負担すべき貨幣流通費の範囲内とみなしうるから，この範囲内であれば，実質的には通貨の対外価値と対内価値とは一致していたといえる。

　だが，不換通貨制下ではそうした仕組みは存在しないため，通貨の対内価値と対外価値の乖離が常態化し，通貨当局の固定維持のための管理や介入がないかぎり，為替相場は必然的に大きく変動する。そして，為替相場が不安定化すると，短期的かつ投機的な資本移動を激化させて，それが為替相場の不安定化をさらに激化させることとなる。為替相場の過大な変動は実体的な国際取引を攪乱させ，国内物価水準へ影響するため，金本位制の崩壊とともに，当局は本格的な為替政策を行わざるを得ない。このことは，不換通貨制下においても，完全自由変動相場制の採用は不可能であって，可能なかぎり為替相場の安定が維持されることが必要であることを意味している。

(2)　ブレトン・ウッズ体制下の為替相場

　1930年代の国際的通貨・為替秩序の混乱を経て，戦後，米英を中心とした各国は安定的な為替相場制へ復帰した。ただし，戦後 IMF 協定によって規定された外国通貨制度は「調整可能な釘づけ相場制」と呼ばれた。アメリカ以外の加盟国は平価表示を次のような規定によって義務付けられた。すなわち，加盟国は，自国通貨の平価を「金もしくは1944年7月1日現在の量目と純分を有する合衆国ドルで表示しなければならい」と定められ，平価の変更は基礎的不均衡の調整手段としてのみ認められた。また，加盟国は平価の上下1％の範囲以

内への為替相場の維持を義務付けられた。そして，為替相場の安定維持の義務
は，為替平衡操作（または市場介入）——為替市場での外国為替の需要・供給を
均衡させるための操作——や金融・財政政策等の経済政策によって果たされた。
加盟国における市場介入による米ドル建準備の形成は，国際的支払い差額が通
貨当局によって肩代わりされたことを意味した。

実際に成立したのは，米ドルを基軸通貨とする固定的な為替相場制であった。
アメリカは外国の公的所有ドルについて，1オンスの金＝35ドルという比率で
の金交換を保証し，その他諸国は，唯一金交換可能なドルを基準として平価を
設定し，為替市場でのドル為替の売買操作によって為替相場の安定・維持（平
価上下1％）の義務を果たした。

アメリカの対外支払いおよび対外投融資によって供給されたドルが国際通貨
として非居住者銀行部門に渡り，それがその時々で決済されるべき国際収支の
支払い差額，換言すれば一国の為替銀行全体のドル建資産・負債残高として集
約されることにより，為替相場が変動する。為替相場が一定範囲を超えて変動
すれば，各国の通貨当局は為替市場介入によって支払い差額を引き継ぐ結果と
して，その最終決済は公的次元での対米金交換に委ねられることになった。つ
まり，諸国通貨局がドルの売買により自国通貨の対ドル相場の安定操作を行う
ことは，その結果として国際的支払い差額は国家によって肩代わりされ，その
最終決済は国家によって遂行されるということを意味する。逆に言えば，公的
所有ドルの金交換という形での対米最終決済の道が保証されていたので，各国
当局はドルの売買により自国通貨の対ドル相場の安定をはかったのである。そ
の意味では，この段階でのドルの国際通貨としての流通根拠は，究極的にはア
メリカの公的金準備に支えられていた。

⑶ 「ドル本位制」下の為替相場

スミソニアン合意が崩れた1973年3月以降「（管理された）変動相場制」が採
用され，現在に至っている。変動相場制へ移行して，為替管理や資本移動規制
の緩和・撤廃も加わることにより，短期資本移動が活発化し，為替鞘取取引の
比重が大きくなった。その結果，外国為替取引は（第2章第2節で先述），本来
の目的である国際的貨幣流通費節約の手段たる性格から大きく乖離したものと
なり，外国為替の売買取引としての性格が強くなった。

先述したように，外国為替相場は外国為替の市場売買相場として形成されるが，形成された為替相場は「異種通貨間の交換比率」としての意味をもつ。例えば，円の対米ドル為替相場が1ドル＝100円の場合には，この1対100の比率でドルと円が交換できることを表す。この為替相場はその時々において為替市場で成立する**名目為替相場**と呼ばれる。名目為替相場と対比して，関係2国間の物価水準の変化を反映させて求められる為替相場，換言すれば，名目為替相場から関係2国間の物価変動格差による分を除去したものを**実質為替相場**と呼ぶ。[3]

ところで，円の対ドル名目為替相場は上昇しているが，対ユーロ名目為替相場は下落している時，果たして日本の円の為替相場が本当はどのような状態なのか直ちには分からない。そこで当該国の主要貿易相手国通貨を1つのバスケットに入れ，基準年を100とし指数化したものが**実効為替相場**である。実効為替相場は貿易取引に応じたウエイト付けを施して算出される。例えば，円のユーロと米ドルに対する貿易額（輸出と輸入の合計）に対する円の実効為替相場を計算する場合には，次のような指数を使うことが考えられる。

円の実効為替相場＝（日ユーロ圏貿易額×ユーロの円価格＋日米貿易額
×ドルの円価格）÷（日ユーロ圏貿易額＋日米貿易額）

貿易額は基準年の円金額を用い，ユーロの円価格とドルの円価格は，基準年を100とする指数を使えば，上の式により円の実効為替相場を計算できる。実効為替相場は，あるいくつかの通貨に対する名目為替相場を加重平均したものである。

そこで，この実効為替相場に物価変動部分を考慮して算出されたものが**実質実効為替相場**である。実効相場の上昇・下落は，通常の邦貨建名目為替相場での上昇・下落が意味するところとは反対に，基準年を100とした指数の上昇は為替相場が増価していることを，逆に指数の下落は為替相場が減価していることを意味する。代表的な指数として，BISが毎月公表している実質実効為替相場指数がある（第8章図8-1を参照）。

変動相場制へ移行する際に，一部のエコノミストは為替相場の変動による国際収支の自動調整作用が働く完全自由変動相場制を主張した。つまり，外国為

替相場の決定を為替市場に委ねる為替市場への介入を一切行うことがない「完全自由変動相場制」である。この為替相場制度では，できるだけ公的な市場介入を行わずに，民間レベルでの外国為替取引によって国際決済が行われる。このことは，外国為替に対する需要・供給が一致するまで為替相場の変動を放置し，同時に，為替相場の変動による経常収支の調整効果が期待されることを意味する。しかし，実際に出現した為替相場制は裁量的な公的介入を伴う「管理された変動相場制」であった。

　多くの国は過大あるいは無秩序な為替相場の変動を放置することができず，アメリカ・ドルを事実上の基軸通貨として利用し，為替市場介入により自国通貨の対アメリカ・ドル相場の安定化をはかった。周辺国通貨当局の市場介入によって形成されるドル建ての外貨準備は，通貨当局による国際収支差額の肩代わりを意味する。

　以上のように，変動相場制への移行は，国際決済のメカニズムとしていえば，諸国の中央銀行・通貨当局の為替市場介入を制度的に取り外し，国際決済を私的民間のレベルで完結せしめようとするものであった。その結果，短期的には民間の短期資本移動により最終決済の可能なかぎりの繰り延べがはかられるとともに，為替市場に通貨当局が介入することによる最終決済の肩代わりがなされることになった。

　この「最終決済なき基軸通貨制度」＝「ドル本位制」の存続により，アメリカの国際収支赤字に対する制度上の歯止めがなくなった状況が今日も続いている。いかにアメリカの国際収支赤字が拡大しても，ドルが事実上の基軸通貨として利用されるかぎり，アメリカの国際収支赤字はファイナンスされる機構がつくられている。その帰結が，世界的な不均衡の拡大であり，過剰ドルの一方的な累積である。この問題については第8章で取り上げる。

補論1　直物為替相場と先渡為替相場

　直物為替相場と先渡為替相場の開きを直先スプレッドという。それは通常金利裁定取引により関係両国間の金利差に収斂する。もし，直先の乖離幅が両国間の金利水準の差を反映していなければ，2国間に「金利裁定取引」が行われ，この結果，直先スプレッドは最終的に金利差に一致するからである。

例えば，ドル（対円）直物相場が100.00円，6カ月先渡相場が98.00（ドル先渡ディスカウント）とすると，6カ月先渡で直先の開きが2.00円である。これは年率に直せば4.0%である（2.00×12÷6）÷100＝0.04）。日本での6カ月物の資金の借入金利が年率5.0%であり，アメリカのそれが9.0%であったとすると，この直先スプレッドはほぼ均衡水準にある。

もし日本の金利が変わらず5%で，アメリカの金利が0.5%だけ引き上げられ9.5%となり，直先スプレッドが変わっていないとすると，円を借り入れ（コスト5.0%），これを対価にドルを買い入れてドルで運用（利回り9.5%）する。そのとき，ドルの買持ちリスクを先渡ドル売りによるスワップをかける（コスト4.0%）ことによって，為替相場の変動の危険を避けつつ0.5%（金利差の5.5%－5.0%）の利益をあげることができる。

これがいわゆる「金利裁定取引」である。このような裁定取引が行われることによって，ドルの直物買い取引，それに対する先渡売りという形でのスワップ取引に対する需要が増大してスプレッドが広がり，理論的には年率4.5%（日米金利差）まで広がったところで均衡点に達する。円建金利＜ドル建金利の場合には，直物為替相場に対し金利差相当分（％）の円高・ドル安（ディスカウント）の**先渡為替**相場となる。逆に，円建金利＞ドル建金利の場合には，直物為替相場に対し金利差相当分（％）の円安・ドル高（プレミアム）の先渡為替相場が形成されることになる。このように先渡為替相場の形成には関係2国間の金利差が関与してくるところから，次のようにまとめることができる。

先渡為替レート（e_f）と直物為替レート（e），日本の金利（r）と米国の金利（r^*）との関係は，$r-r^*=(e_f-e)/e$ となる。この関係式を短く表現すれば**直先スプレッド**＝金利差となり，ケインズが定式化した**金利平価説**がこれである。

補論2　購買力平価説

金本位制下では，金平価（＝為替平価）は価格標準にもとづいて自動的に定まり，為替相場の水準はごく狭い金現送点の範囲に維持された。不換制において，為替相場の基準となる為替平価が不確定となることにより，為替平価そのものの変動に関わる名目的為替相場変動が，国際収支の変化によって変動する実質的為替相場と区別して問題とされるようになった。また，対外不均衡の調

整作用の存在が問題とされるようになると，為替相場は対外均衡達成のために操作可能な手段であるとみなされるようになった。ケインズやヌルクセの「均衡相場論」がそれである。「均衡相場論」の一種であるカッセルの「購買力平価説」もそのような背景をもって登場した。カッセルは，正常な為替相場水準，すなわち国際貿易が全体として均衡状態にあった時期の為替相場水準を基準として，それを両国のインフレ格差で修正して均衡的為替相場を導こうとした。

　2つの通貨間の交換比率として表れる為替相場は長期的には通貨の購買力が等しくなるように決まるという考え方を購買力平価説という。購買力平価説では，2カ国の物価の相対的な水準が，為替相場の均衡水準を決定すると考える。例えば，同じ上着の値段が，ニューヨークで100ドル，東京で1万2000円なら，円とドルの間の購買力平価レートは1ドル＝120円になる。もし現実の為替相場がこの購買力平価レートから大きく乖離し，仮に1ドル＝90円になっていれば，この財を安い米国で100ドル（＝9000円）で買って，高い日本で1万2000円で売れば，3000円の利益を上げることができる。この裁定取引が行われれば，アメリカの物価は上昇し，日本の物価が下落するとともに，ドル買い・円売りにより，ドルの対円相場は上昇し，購買力平価を成立させるように働く。この購買力平価説の考え方は，全ての商品について国際的に裁定取引が行われ，一物一価の法則が成り立つことが前提となる。この購買力平価は一時点で決まる物価水準の比率により為替相場の水準を説明するものを**絶対的購買力平価説**という。

　これに対して，ある一定期間におけるインフレ率格差（物価上昇率格差）によって為替相場の変化率を説明するものを**相対的購買力平価説**という。相対的購買力平価では，まず為替相場が二カ国の通貨の購買力にほぼ見合っていたと考えられる基準時点を選ぶ。次に，この基準時点から現在までに，2カ国の一般物価水準がどれくらい変化しているかを測定する。そして，基準時点の名目為替相場が2カ国のインフレ率格差分だけ変化した場合の実質為替相場を計算したものを購買力平価レートと呼ぶ。

　例えば，邦貨建円ドル購買力平価レートの計算式は日米間について，円の対ドルレートを e，日本の物価水準を P，アメリカの物価水準を P^* とすれば，

$$P = eP^*$$

という関係が成立している。これを書き換えて，

$$e = P \div P^*$$

と表現できる。

　物価の代わりに物価指数を用いると，式の関係は次のように書き直すことができる。

$$e^*_{95} = (P_{95,85} \div P^*_{95,85}) \times e_{85}$$

　ただし，e^*_{95} は95年の購買力平価レート（理論値），e_{85} は85年の実際の為替レート，$P_{95,85}$ は85年を基準とした95年の日本の物価指数（例えば卸売物価指数），そして $P^*_{95,85}$ はアメリカの物価指数である。すなわち，95年の購買力平価レートは85年の実際の為替レートに日本の物価指数とアメリカの物価指数に比率をかけることでもとめることができる（伊藤元重『国際経済学入門』日本経済新聞社，2003年，126-127頁を参照）。

　注
1）特定国の国民通貨が「国際通貨」として機能する理由を次のように述べることができよう。外国為替取引において少数の通貨に集中すればするほど，外国為替による国際決済を効率的に行うことができ，これによって国際的な支払い・決済に不可避な費用が節約できる。また，為銀にとって，国際決済のための外貨資金を管理や調達・運用を容易かつ効率的に行うこと——貨幣取引費用の節約——ができるからである。
2）ただし，「平価」と為替相場の有り様や関係，変動等は，金本位制の場合と不換通貨制の場合とは異なる。この点後述する。
3）名目為替相場とは実際の市場相場であるのに対して，実質為替相場は名目為替相場から両国間の物価変動価格による分を除去したものである。この点で，名目為替相場と実質為替相場の関係は為替相場と「購買力平価」との関係に近いといえる。ここで言う，通貨の「購買力」とは物価の逆数として捉えられたものであって，一般に利用される「相対的購買力」は，ある時点を基準とした物価指数と基準点の為替相場にもとづいて算定される。なお，「購買力平価」と「事実上の為替平価」と

は次の点で異なる。すなわち，「事実上の為替平価」は，金本位制下の為替平価（＝金平価）に相当する概念であって，いわば通貨の「事実上の代表金分量」にもとづいて定まる「事実上の金平価」である。したがって，「事実上の為替平価」では，通貨価値の変動にもとづかない，実質的な物価変動は排除されるのに対して，「購買力平価」では，実質・名目の区別なく，全ての物価変動が含まれることになる（平，2001年，99頁を参照）。

参考文献

Lindert, P. H. (1969). 'Key Currencies and Gold 1900-1913', *Princeton Studies in International Finance NO. 24.*

鈴木芳徳『金融・証券論の研究』白桃書房，2004年。

平勝廣「国際収支と外国為替」鈴木芳徳編『金融論』ミネルヴァ書房，1995年。

平勝廣『最終決済なき国際通貨制度』日本経済評論社，2001年。

深尾光洋『国際金融論講義』日本経済新聞社，2010年。

第4章

国際金本位制の構造

　本章では，第1節で19世紀後半に成立した国際本位制の実態について述べ，第2節では前章で述べた国際通貨の成立条件をポンドについてより詳しく説明する。第3節では金本制の機能を為替相場の安定と国際決済の視点から述べる。第4節で国際収支の調整作用に関する従来の諸説を紹介する。

第1節　国際金本位制とは

　イギリスは西ヨーロッパの中で先駆けて産業革命に成功し，19世紀前半に金本位制の採用により通貨・信用制度を整備した。さらに，世界市場における国際競争力の優位性と軍事力を背景に，貿易と海外投資を活発化することによって国際的産業連関の中心となり，ポンドを国際通貨として利用する国際決済制度を構築していった。やがて，ドイツ，フランスやアメリカなどもイギリスに追随して金本位制を採用し，19世紀後半には金本位制採用国同士が形成する国際金本位制度が形成されていった（表4-1を参照）。この時期にドイツ，フランスでは中央銀行券と金の自由兌換と金の自由輸出入が認められ，また，アメリカには中央銀行は存在しなかったが，個々の民間銀行が発行する銀行券と金との兌換を保障することにより，金の自由な輸出入が保証されていた。その他の国では，金を対外決済手段としてのみ用いて，国内では銀貨，政府紙幣，兌換可能な銀行券などを流通させる金塊本位制があり，またインドのように政府機関は金準備を持たず，金本位国宛ての金為替を外貨準備として保有する金為替本位制も存在した。

　19世紀後半から20世紀初頭までの国際通貨制度は，各国が金本位制度を採用し，各国の金平価にもとづく為替平価によって為替相場が固定化され，国家間

表 4 - 1　各国の金本位制の成立時期

国	金本位制成立	特　　　徴
イギリス	1816	貨幣法，ソブリン金貨１ポンドの流通開始
カ ナ ダ	1867	
ド イ ツ	1871	
スウェーデン	1874	
ノルウエイ	1874	
デンマーク	1874	
オランダ	1874	
フィンランド	1874	
フランス	1878	「跛行金本位制」を採用
ス イ ス	1878	「跛行金本位制」を採用
ベルギー	1878	「跛行金本位制」を採用
アメリカ	1879	

(注)　1. 1865年にフランス，ベルギー，スイス，イタリアによるラテン通貨同盟が形成される。金貨と銀貨を法貨幣として同盟内で流通させる。
　　　2. 跛行金本位制とは，通貨当局の裁量において銀行券が法制上金貨または完全法貨の銀貨に兌換される制度。
(出所)　Kenwood, A. G., and Lougheed, A. L., (1989). pp. 106-118, Bloomfield, A. I., (1956). Chapter. 2.

の債権債務の最終決済が金で行われる点において，国際金本位制度であった。一方で，イギリスは世界経済の中心に位置し，国際金融市場を有し，スターリング・ポンドが国際通貨としてイギリスと周辺国の間また周辺国間で利用されるという意味において，当時の国際金本位制度はポンド体制とも呼ばれた。

第2節　ポンドの国際通貨化の条件

　第3章で述べたように，特定の国民通貨が国際通貨となるための条件は，① 通貨価値の安定性，② 当該国が世界経済（貿易）における中心国であること，③ 世界金融センターを有することであった。金本位制下では，① 通貨価値の安定性は，国民通貨が金本位制国通貨であることによって保証された。ここで留意すべき点は，通貨価値の安定性が保証されることにより，特定国通貨が国際通貨として流通したのであり，それを前提として特定国が世界金融センターとして機能することができたことである。① 通貨価値の安定性については既に第3章で述べているので，本節では，② 当該国が世界経済（貿易）における

第 4 章　国際金本位制の構造　*75*

中心国であること，③世界金融センターであることについて，より詳細に述べておこう。

1．世界経済の中心

特定国通貨が国際通貨として流通するための前提条件は，特定国をハブとする財・サービス取引を通じた物的生産関係の連結が形成されていることである。特定国を中心とする物的生産関係の存在は，国際的決済制度の形成と不可分に結びついており，そして，国際的決済制度の形成と共に，特定国通貨の国際通貨化への要請を促進するものといえる。すなわち，特定国が多くの国と輸出入取引を行うことにより，世界的な物的生産関係の中心に位置している場合，その国を一方の当事国とする取引ばかりでなく，その国以外の第三国間取引においても，特定国通貨が国際決済手段として（国際通貨として）機能することが要請されるのである。

世界に先駆けて産業革命を経たイギリスは，19世紀中頃には「世界の工場」としての地位を確立し，貿易でも世界一のシェアを占める中心国となった。そして1870年代に入ると，交通・通信革命（航路・鉄路・電信網の形成）が本格化し，貿易の飛躍的な増大をもたらした。交通・通信革命は時間距離の短縮や取引コストの大幅な低下をもたらすことによって，周辺国，特に発展途上国や植民地・自治領の目覚ましい経済開発を促し，一次産品貿易の拡大をもたらした。[1]

1870年代頃から始まる国際金本位制の時期にイギリスは，一方でフランスやドイツなどの欧州大陸の主要先進国にとって中心的な貿易相手国であり，他方で大英帝国の植民地および自治区との緊密な交易を行っていた。[2] このことは，イギリスを結節点とする世界的な再生産上の連結が形成されていたことを物語っている。このイギリスを中心とする世界貿易ネットワークの存在が，ポンドを国際通貨として周辺国が利用する多角的決済システムの物的条件となったのである。[3]

世界貿易ネットワークの中心たるイギリスの位置を示せば，世界工業生産に占めるイギリスのシェアは1890年において20.8％であったが，1913年には15.8％へ低下した。そして，世界の工業品輸出に占めるイギリスのシェアは1890年に38.3％であったが，1913年には31.8％へ低下した。このようなイギリ

表 4 − 2　イギリスの世界への輸出

(単位：1000ポンド)

		1909年		1910年	
植民地向け		金　額	比　率	金　額	比　率
東インド		49,078	38.6	52,889	35.9
オーストラリア		31,350	24.6	36,260	24.6
カ ナ ダ		16,298	12.8	20,646	14.0
南アフリカ		15,074	11.8	20,281	13.8
西インド		2,332	1.8	2,370	1.6
香　　港		3,567	2.8	3,616	2.5
西アフリカ		4,380	3.4	5,249	3.6
東アフリカ		470	0.4	541	0.4
合　計（その他の植民地を含む）	a	127,238	33.6	147,318	34.2
海外諸国向け		金　額	比　率	金　額	比　率
ロ シ ア		10,954	4.4	12,405	4.4
ド イ ツ		32,256	12.9	36,922	13.0
オランダ		11,718	4.7	12,711	4.5
ベルギー		10,607	4.2	10,866	3.8
フランス		21,438	8.5	22,500	7.9
イタリア		12,142	4.8	12,552	4.4
エジプト		7,982	3.2	8,721	3.1
中　　国		8,446	3.4	9,178	3.2
日　　本		8,353	3.3	10,110	3.6
アメリカ		29,757	11.9	31,418	11.1
チ　　リ		4,632	1.8	5,464	1.9
ブラジル		8,471	3.4	16,438	5.8
アルゼンチン		18,684	7.4	19,088	6.7
スウェーデン		6,187	2.5	6,699	2.4
ノルウエイ		3,447	1.4	4,035	1.4
デンマーク		5,225	2.1	5,630	2.0
ポルトガル		2,320	0.9	2,873	1.0
スペイン		4,857	1.9	4,890	1.7
オーストラリアの領地		3,537	3.0	3,996	3.0
ギリシア		1,481	0.8	1,545	0.8
ト ル コ		7,611	0.1	8,634	0.1
メキシコ		2,106	0.8	2,398	0.8
コスタリカ		169	7.2	217	7.4
ウルグアイ		2,342	0.9	2,945	1.0
合　計（その他の諸国を含む）	b	250,942	66.4	283,272	65.8
総　　計	a＋b	378,180	100.0	430,590	100.0

(出所)　*The Economist*, Feb. 18, 1911, Commercial History & Review of 1901.

スのシェア低下は，他の列強諸国の追い上げを反映しており，例えば，同期間にドイツについて，世界工業生産に占める割合は15.1％から18.4％へ，世界の工業製品輸出に占める割合は20.3％から25.6％へと成長したことの結果である。[4]だが，20世紀に入ってもなお，イギリスが世界貿易の中心に位置していたことは変わりなかった。

　他方，イギリスは植民地と貿易において深く結びついていた。P. バーロの研究によれば，1913年時点でイギリスの対植民地貿易の占める比重は輸出37.1％，輸入20.5％であり，また，同国にとっての植民地貿易の比率は他の欧州諸国と比較して際立って高かった[5]。The economist によれば，1910年時点でイギリスの植民地貿易の占める比率は34.2％であった（表4-2）。その背景には，イギリスが19世紀に列強との植民地獲得競争において圧倒しており，拡大した面積と人口の点で群を抜いたことから窺える[6]。

2．ロンドン金融市場の役割

(1)　ロンドン手形交換取引所の成長

　国際通貨を供給する中心国の決済制度は，国際通貨制度のいわばインフラストラクチュアである。イギリスの決済制度の確立と整備は，集中決済機構の効率化をはかることによりイングランド銀行（Bank of England, 以下 BOE と略す）が保有する金準備＝世界貨幣金を節約する点で，中央銀行券の金兌換の維持に資する。その決済制度とは手形交換制度を指すので，以下，ロンドンの手形交換所の形成について述べておこう。

　第3章で述べたように，1844年のピール条例の施行により，BOE のみが中央銀行券の発券業務を負い，BOE は中央銀行券と金を一定比率で兌換する義務を負うことになった（**BOE** については補論1を参照）。こうして中央銀行券は金準備を資産とする中央銀行債務として発行された。中央銀行券は企業間の産業的貨幣流通域および企業―家計間の一般的流通域にまで浸透していったが，近代国民経済の拡大にともない，国内遠隔間取引も活発化し，そのための支払い決済にあたっては，ロンドンの市中銀行に預託した銀行預金の振替決済が普及するようになった（**ロンドンの市中銀行**については補論2を参照）。後述するが，イギリスでは，1773年にはロンドンに手形交換所を発足させ，1864年には全て

表 4 - 3　ロンドンの手形交換所における清算金額の変化と
イギリスの貿易

（単位：1000ポンド）

年	手形交換所の清算金額	変化率	輸出と輸入の合計金額	変化率
1885	5,499,731		642,372	
1890	6,025,970	1.10	684,568	1.07
1895	7,592,883	1.26	642,887	0.94
1905	12,287,935	1.62	895,295	1.39
1910	14,658,863	1.19	1,109,030	1.24
1913	16,436,404	1.09	1,294,495	1.17

変化率は 5 年前の金額に対する変化率を示す。
（出所）　貿易額について，*The Economist*, Jan. 1, 1887, p. 1210, Sep. 24, 1887, p. 1210, Feb. 21,
1891, p. 33, Feb. 21, 1911, p. 260, Feb. 21, 1914, p. 414.
　　　清算金額について，*The Economist*, Jan. 1, 1887, p. 16, Feb. 21, 1891, Jan. 6, 1906, p.
10, Feb. 18, 1911, p. 6, Feb. 21, 1913.

の個人銀行（private bank）と株式銀行（joint stock bank）が中央銀行たる BOE
に預金口座を開設し，預金口座の振替で支払い決済を完了させる手形交換制度
を完成させた。

　19世紀前半には地方振出の国内手形が大部分を占めたが，19世紀後半に入り
海外との貿易が発展するにつれ，イギリス業者がロンドンで振り出す外国業者
宛ての手形（イギリスから見て輸出手形）や外国で振り出されるイギリスの業者
宛て手形（イギリスから見て輸入手形）──**ロンドン宛手形 the Bill of London**
──が流通するようになり，こうした貿易手形が手形交換所で取引・精算され
ることになる。さらに，先述したイギリスを中心とする多角的貿易関係が形成
されると，諸外国の貿易業者の取引銀行は代金決済をイギリスの銀行制度で行
う必要性と利便性から，ロンドンのコルレス先銀行に資金を預託した。ロンド
ンの市中銀行に預託された預金を銀行間で振り替えて支払い決済を完了させる
制度として，手形交換制度が発達したのである。手形交換制度において，商業
銀行は BOE に預金口座を開設し，預金口座を通じた集中的な振替決済によっ
て，国際的債権債務の相殺が実現した。

　表 4 - 3 はロンドンの手形交換所における清算金額の変化と貿易金額の推移
を示している。手形交換所における外国為替手形の清算が効率化することによ
り，国際決済に必要な金準備は一層節約された。このような手形交換所の手形
の精算業務において，株式銀行は19世紀後半に中心的な役割を担うことになる。

表 4 - 4　イギリスの株式銀行の実態 (払い込み資本金, 創業年, 支店数) 1914年 5 月時点

	Name of Bank.	払い込み資本金 (単位：ポンド)	創業年	支店・営業所 の数
1	Bank of England	14,553,000		
2	Bank of Liverpool	11,300,000	1831	139
3	Bank of Whitehaven	295,590	1837	9
4	Barclay avd Co	7,200,000	1896	570
5	Baring Bros. and Co	1,025,000	1896	none
6	Bradford District Bank	860,000	1862	15
7	British Mutnal Banking Co	200,000	1857	none
8	Capital and Counties Bank	8,750,000	1877	280
9	Civil Service Bank	48,187	1892	none
10	Coutts and Co	600,000		none
11	Crompton and Evans Union	1,250,000	1877	47
12	Equitable Bank	34,400	1900	3
13	Glvn, Mills, Currie and Co	1,000,000	1885	none
14	Guernsey Banking Co	250,000		1
15	Halifax Com. Banking Co	400,000	1836	17
16	Halifax and District Permanent Banking Co	30,000	1909	4
17	Isle of Man Banking Co. L	150,000	1865	8
18	Lancashure & Yorkshire Bank Lincoln & Lindsey Bkg. Co	1,725,320		129
19	Lloyds Bank	26,304,200	1865	679
20	London and Hanseatic Bank	1,500,000		none
21	London & Liverpool Bank of Commerce	600,000	1871	none
22	London and Provincial Bank	2,000,000	1851	224
23	Lond,& South-Western Bk.	3,000,000	1862	196
24	London City and Midland	20,873,520	1836	867
25	Lond. County & Westminster	14,000,000	1836	342
26	London Joint-Stock Bank	19,800,000	1836	304
27	Manchoster & County Bank	5,460,200	1862	115
28	Manchester and Liverpool District	9,480,000	1829	208
29	Martin's	1,000,000	1891	12
30	Metrop.(of England & Wales)	5,500,000	1866	156
31	Middlesex Banking	50,000		none
32	National Provincial Bank of England	15,900,000	1833	324
33	Northmptnshire Union Bank	1,080,000	1836	22
34	North-Eastern Banking Co	1,285,560	1872	99
35	Nottingham and Notting hamshire Banking Co	1,440,000	1834	37
36	Palatine Bank	500,000	1899	9
37	Parr's Bank	11,023,000	1865	275
38	Sheffield Banking Co Sheffield and Hallam. Bank	1,154,500	1831	27
39	Union of London & Smiths	22,934,100	1839	113
40	Union Bank of Manchester	1,250,000	1836	88
41	United Counties Bank	5,966,660	1836	206
42	West Yorkshire Bank	1,000,000	1829	34
43	Williams Deacon	7,812,500	1836	115
44	Willts & Dorset Banking Co.	3,500,000	1835	118

(出所)　*The Economist*, Banking Number 1204, May 23, 1914.

イギリスの貿易業者が輸出によって国内業者が振り出した手形あるいは外国で振り出された手形（ロンドン宛手形 the Bill of London）は引受商会という資格で**マーチャント・バンク***によって引き受けられ，それらの手形は**ビル・ブローカー***（または手形割引商会）あるいは株式銀行によって割り引かれた。ここで，株式銀行はマーチャント・バンクが引き受けた手形を割り引くためにビル・ブローカーが必要とする現金を供給し，また銀行自身も手形の割引を開始した。さらに，株式銀行は19世紀第Ⅳ四半期には，マーチャント・バンクの専売特許であった外国手形の引受業務にも参入し，20世紀末にクリアリング・バンク（ロンドン手形交換所加盟銀行，clearing bank）の手形引受規模はマーチャント・バンクを凌ぐほどになった。[7]

こうして株式銀行は外国手形の割引業務と引受業務を拡大していくのであるが，それを可能にしたのは，株式銀行が数多くの支店網をもち，そして次第に手形交換所への加盟を実現することによって，決済制度を拡充させたことに因る。株式銀行は手形交換所への加盟が認められて，クリアリング・バンクへと転換することによって，手形交換所自体は地理的に拡充した。この手形交換所とそれにもとづく銀行の決済制度の拡充は，BOE における現金節約機能をいっそう向上させることになった（**株式銀行**については補論３を参照）。

1864年には株式銀行が手形交換所の交換残高を BOE 口座で決済するという習慣が始まった。[8]この時期から，株式銀行がクリアリング・バンクとして成長する条件は整えられたといえる。ロンドンにおける株式銀行の創業年と当時の支店・営業所の数は表４－４から窺える。株式銀行は外国手形の引受業務と割引業務に参入し，手形交換所の会員になる一方で，数多くの支店網を開設した。このことは，手形交換制度の拡大による銀行間の決済制度を充実させることによって，中央銀行券を節約する効果を生み出し，ひいては BOE が保有すべき現金準備を最低限に引き下げることを可能にした。

(2)　中心国の貿易金融の提供

第３章で述べたように，中心国が国際金融センターを有することは，特定国通貨が国際通貨になるための条件の１つである。しかし，中心国による国際的信用供与は国際通貨の流通を前提としている点に留意すべきである。そして，国際通貨ポンドの流通の根拠は，中央銀行の保有する金準備を基に金の一定重

量とポンドとの兌換が保証されていることであった。こうしてポンドは価値安定性を得ることで，国際通貨として周辺諸国に広く受領されることになり，世界中の為替銀行がロンドン所在の商業銀行に決済勘定をおき，あるいは同地域に支店を開設した。

　ところで，非居住者がイギリスの銀行にポンド建預金債権を保有することになる重要な契機が，荷為替制度における引受信用（＝銀行の信用状発行による貿易手形に対する支払保証）と割引信用（＝貿易手形の買取り）であった。そこで，貿易金融に関わる外国為替手形の引受と手形割引市場の役割について述べる。

　19世紀後半のイギリスでは，海外との貿易において外国で振り出されるポンド建外国為替手形が引受商会という資格でマーチャントバンカーによって引き受けられ，その手形が商業銀行などによってロンドンの割引市場で取引された。ロンドンの引受商会あるいは外国為替銀行が外国為替手形の引受ないし支払いを保証することにより，外国為替の振出人たる輸出者は，その手形を満期日に先立って，容易にかつ有利な条件で，為替銀行によって買い取ってもらうことができた。こうした荷為替信用制度の発達を背景にして，周辺国の貿易業者による中心国ポンド建て貿易決済の利用が容易となり，ポンドの国際決済手段としての利用が拡大したのである。

　図4-1によってアメリカ人の輸出者Aがイギリスの輸入者Bへ商品を輸出する場合の貿易決済の具体例を示しておこう。輸出者Aは輸入者Bを名宛人（支払い人）とする期限付き為替手形（輸出手形）を自ら振り出して（④），アメリカの甲銀行に買い取ってもらえば，結果として代金を回収できる（＝手形割引による現金化）（⑤）。甲銀行による期限付輸出手形の買い取りは，その手形の売り手たる輸出者にとっては，外貨建輸出債権の，支払い期日に先立つ，自国通貨での回収を意味するから，取立為替と貿易金融とが一体化した取引しての意味をもつ。

　乙銀行が輸出為替を買い取るに当たって問題となるのは，その支払い確実性いかんである。そこから輸出為替に船積み書類を添付する荷為替制度が，さらに，取引商会による手形の引受あるいは支払いを保証する制度が生み出された。この制度の手段が商業信用状である。このケースでの商業信用状は，貿易取引に際して輸出者が輸入者宛に振出す輸出手形を，引受商会が手形の引受あるい

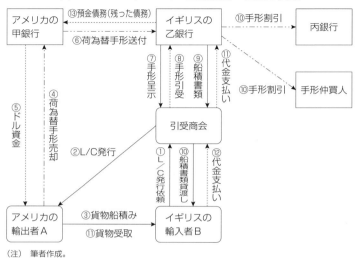

図 4-1 シティにおける金融機関の種類と機能

(注) 筆者作成。

は支払いを保証することを認めた書状のことである[9]。この仕組みによって、輸出者は安心して輸出を行えるばかりでなく、その手形を満期日に先立って、容易にかつより有利な条件で、甲銀行によって買い取ってもらうことができる。こうして成立したのが**荷為替信用制度**である。

外国為替手形が甲銀行によって買い取られた後、その為替手形はイギリスの乙銀行(甲銀行とコルレス契約を結んでいる)に送付され(⑥)、乙銀行から引受商会に呈示される(⑦)。引受商会は呈示された手形の引受に同意した後、引き受けられた手形は乙銀行に戻されると(⑧)、船荷書類が引受商会に引き渡される(⑨)。引受商会は船荷書類を輸入者Bに貸し渡し(⑩)、これによって輸入者Bは商品を引き取る。

この後に残っているものは、輸入者Bによる代金支払いである。もし、乙銀行は手形満期まで待ち、輸入者Bが期日までに支払いを行えば、乙銀行の甲銀行に対する債務が残される。あるいは、イギリスの乙銀行は手元資金を増やすために満期前の引受手形の割引によって、現金の回収ができる。引受手形の割引が行われる場合に、銀行の貸借対照表にどのように記帳されるのかを示したのが図4-2である。乙銀行はイギリスの丙銀行に対し引受手形を売却す

第4章　国際金本位制の構造　*83*

図4-2　引受手形の割引における市中銀行の貸借対照表

（資産）　　アメリカの甲銀行　　（負債）	
為替手形の買入れ	A名義預金　←A振出の手形を割引した時点
乙銀行に対する債権	←取立手形を送付した時点

（資産）　　イギリスの乙銀行　　（負債）	
取立外国為替	甲銀行名義預金　←取立手形を受け入れた時点
（Bに対する債権）	
現金	丙銀行名義預金　←丙銀行に対する手形割引の時点

（資産）　　イギリスの丙銀行　　（負債）	
取立外国為替	甲銀行名義預金　←乙銀行から手形を買い入れた時点
（Bに対する債権）	

ると，乙銀行において資産側：現金，負債側：丙銀行の当座預金となり，乙銀行は引受手形を現金化できる。他方，手形割引を行う丙銀行においては，資産側：取立外国為替（輸出者Bに対する債権），負債側：甲銀行の当座預金となる。乙銀行の負債側では預金名義の振替が生じるだけであり，新たな預金が創出されているわけではない。

　このような引受商会により引き受けられた外国為替手形は，為替銀行やビル・ブローカーによって割引かれ，そうした取引がロンドンの割引市場を形成していた。ロンドン金融市場における手形引受と手形割引の利便性と取引費用の低さが，周辺国からイギリスへの商品輸出を促進していたのは想像するに難しくない。

　そして，アメリカの甲銀行から取り立てられた手形の決済期限が到来し，イギリスの輸入者Bが丙銀行に対して代金を支払うと，手形代金の支払いが完了する。しかし，アメリカ甲銀行のイギリス丙銀行に対する債権は残されたままであるから，その国際的な取立決済の必要がある。これは，甲銀行による，丙銀行宛外国為替の振出・売却——具体的には対顧客送金為替か，銀行間市場での売為替取引のいずれか——によって行われることになる[10]。

　以上の説明は，イギリスの取引者がアメリカの取引者から輸入する場合であるが，逆に，イギリスの業者が輸出する場合も荷為替信用制度は利用される。イギリスの輸出者が海外の輸入者を名宛人（支払い人）とする期限付為替手形を振り出し，引受商会ないし為替銀行が輸出手形を引き受けた。そして，イギ

リスの為替銀行が輸出手形を買い取れば，為替銀行にイギリスの輸出者名義のポンド建預金が設定される。

こうして引き受けられるポンド建手形は，資金を流動的なポンド資産に短期的に投資したいという業者にとって魅力的な投資対象となり，手形割引の対象となった[11]。イギリスでの手形引受と手形割引の発達は，イギリス自身の巨額な外国貿易だけでなく，第三国間の貿易の非常に大きな金融も賄った。この意味において貿易金融の発達は，国際通貨ポンドの流通を支える要因の１つである。しかし，貿易に関わるポンド建預金の創出（＝信用創造）は，ポンドの国際通貨としての流通を前提にしている側面を看過してはならない。

第3節　国際金本位制の機能

1. 固定為替相場制の維持と国際決済

(1) 為替相場の変動

金本位制下の為替相場制度は，為替相場が金平価（＝為替平価）を中心に一定の範囲内に収まるように維持されることによる固定為替相場制であった。以下，固定為替相場制の仕組みを述べておこう。

19世紀の貨幣法により，通貨単位であるポンドと金の確定重量が結び付けられ，つまり金の法定価格が固定された。例えば，１ポンド＝金7.99グラムという比率にしたがって，ポンド銀行券は金貨あるいは金地金と交換（兌換）されていた。

ただし，通貨１単位の金純分を定義しても，現実の金価格がこの法定価格と一致する保証はない。そこで，BOEは民間に対し，金を法定価格で無制限に売却し，また，法定価格で無制限に買い上げる用意があることを示す必要があった。すなわち，金の市場価格と法定価格に差が生じれば，裁定取引により市場価格は法定価格に収斂するため，金価格は固定され，標準価格も固定される。こうした民間に対する通貨当局による金の売買は金の自由な輸出入＝金決済を意味した。

これを通じて，１つの金本位国の通貨と他の金本位国の通貨の為替平価も，同時に決定されることになる。例えば，純金１オンス＝20.67米ドル＝4.247英ポン

図4-3 アメリカの外国為替市場におけるドルの対ポンド相場

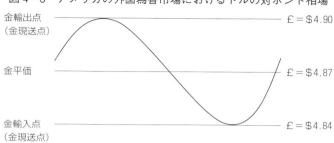

ドと定義されていたので，英ポンドの対ドル為替平価は£1＝\$4.866であった。

金本位制下の為替相場は為替平価の上下に動くが，その動きの幅は金現送に要するコストによって決まる。国際収支赤字の際には，為替相場は平価マイナス現送費（金輸出点）まで下がり，国際収支が黒字であれば，平価プラス現送費用（金輸入点）まで上昇しうる。現実の為替相場が金輸出入点を超えて動けば，金現送することで利益が得られるが，その操作に伴う為替需給の変化は為替相場を再び金現送点の範囲に引き戻す力が働く。金本位制期において輸送コストは一般に引き下げられ，輸出入点はかなり接近した結果，実際には為替相場の変動は為替平価周辺の非常に狭い範囲に収まった。

例えば，ドルとポンドの為替相場は，£1＝\$4.87を中心にして£1＝\$4.84〜4.90の幅に留まる傾向にあれば，アメリカにとって£1＝\$4.84を金輸入点，£1＝\$4.90を金輸出点と見ることができ，\$4.87と\$4.84および\$4.9の差である\$0.03が現送費である（図4-3）。

いま，アメリカの国際収支が赤字である場合，アメリカの外国為替市場において一時的にポンド為替に対する需要超過が生じるから，ドルの対ポンド相場は金輸出点（£1＝\$4.90）を割り込み下落し，例えば，£1＝\$4.92になったとしよう。アメリカの貿易業者はポンド建決済を行う際に，① 決済に必要な1ポンドを\$4.92で為銀行から入手する場合と，② 金現送費\$0.03を負担して金をイギリスに輸送して，BOEから金を£4.87に換える場合（総負担は\$4.9）がある。2つを比較すれば，明らかに金輸出による決済が有利となる。このような金決済が行われるので，アメリカの外国為替市場においてドル売り・ポンド買いは抑制され，ポンドの対ドル相場は金輸出点の範囲内に収まろうとする。[13]

以上のように，世界貨幣＝金による国際決済のためには，金の対外現送のための貨幣取引費用＝金現送費用を別途要する。これを節約するための手段が外国為替手形であった。その際，金本位制下の外国為替相場は，金平価を中心に金現送費用を加減した為替レート——金輸出入点＝金現送点——内の狭い幅で維持されようとした。

(2) 金本位制下の国際決済

為替相場が金平価から大きく外れ金輸出点まで下落して止まるのは，その水準を超えた場合，全ての国際決済は世界貨幣＝金によって行われ，外国為替取引が成立しなかったからにほかならない。したがって，金本位制下の外国為替相場は金平価を中心に金輸出入点内の狭い範囲内で変動したという場合の条件が，世界貨幣＝金による国際決済にあったといえる。

金本位制下の国際決済メカニズムを整理しておくと，次のように整理できる。① 一国の為替相場が金現送点の範囲内に維持されているかぎり当該国の国際決済は全て外国為替によって決済される。② 為替相場が，金現送点を突破したとき，金現送が起こる。これは外国為替によっては決済できない国際支払い差額が生じて，それが金によって決済されたことを意味する。③ 国際支払い差額が世界貨幣金によって決済される結果として，為替相場は金現送点の範囲内に維持されることになる。

そして，金本位制下の中央銀行金準備は，国内預金通貨の支払い準備としてだけでなく，中央銀行の兌換準備としての役割も担っていた。それゆえ，金での国際決済により中央銀行準備が低下すれば，中央銀行通貨による国内信用供給は収縮して，国内金融市場金利は上昇し，国内金融経済は貨幣の側からブレーキがかかっていた。逆に，中央銀行金準備が増加すれば，中央銀行通貨による国内信用供給が膨張する条件が醸成され，国内金融経済にアクセルがかかることもあった。このように中央銀行金準備の変動が景気変動の媒介機構として働くことによって，結果的に対内的にも対外的にも均衡がもたらされる。以下，この点を考察してみよう。

2．国際収支の均衡

国際金本位制の第2の機能は国際収支の調整作用である。国際金本位制下で

は金本位制国の国際収支の大幅かつ持続的な不均衡は生じなかったことから，国際収支の調整メカニズムがどのように作用したのかを巡って研究が積み重ねられてきた。

一国で経常・貿易収支の黒字（赤字）が生じることにより，その時点で決済されるべき国際収支に不均衡が生じた場合，為替相場が従来の水準とは異なったある一定の水準に定まるとしよう。それは，その水準で為替の需給が一致したからであり，その時点の国際収支が均衡したことを意味する。事後的な国際収支均衡は，当面の国際収支の不均衡を埋めるべく新たな短期資本移動が生じたことによるものといえる。

このように国際収支の不均衡が生じた場合に，補整的短資移動による調整作用を期待できるのは一時的な不均衡の場合にかぎられる。ただし，長期的・構造的な不均衡は当該国経済の構造的な要因に根ざすものであって，そうである以上，当該国の経済構造自体の調整によって解消されるしかない。

しかし，金本位制下では国際収支の大幅かつ持続的な対外不均衡は生じなかった。では，どのようにして均衡がはかられたのだろうか。

例えば，経常・貿易収支の赤字による国際収支の持続的赤字があるとき，赤字補てんのための短期資本の流入が必要であり，そのためには大幅な国内金利が引き上げられなければならない。しかし，国内金利の引き上げは国内金融の引き締めを通じて国内経済活動に抑制的に働く。すなわち，生産の縮小＝雇用量の低下（恐慌では企業倒産と失業増加を伴い）→国民所得の低下→購買力低下→物価下落という経過により経常・貿易収支赤字は縮小し，国際収支は均衡する。このような金の国際移動による経済構造の強制的・暴力的な調整作用が働くため，金本位制下では構造的な対外不均衡が生じなかったといえる。

また，国際収支の大幅かつ持続的不均衡が生じる際に，国際決済の観点からみても対外不均衡は調整される。一国において経常・貿易収支赤字による国際収支赤字の場合，多くの銀行は売り持ち状態となる。そこで長期的な経常・貿易収支赤字による国際収支が不均衡の場合，銀行が外貨売り持ちに対して買い埋めによる持高操作を行う必要があるため，自国の為替相場は下落傾向が続く。為替相場が「金現送点」を超えて下落すると，金決済の方が有利になるため，中央銀行の金準備は低下するであろう。このように金本位制の貨幣信用メカニ

ズムを前提として生じる資本主義経済に固有の均衡破壊・均衡回復という自動的循環的連鎖運動機構が，「金本位制の自動調整機構」の実体である[14]。

3．イギリスの国際収支の実際

　1880年代から1914年までにおいて，イギリスの貿易収支は恒常的に赤字であるが，それを上回る貿易外収支の黒字が記録されたため，経常収支は黒字であった（表4-5を参照）。この経常収支の黒字はイギリスの対外ポジションを良好に維持するための基本的前提条件であった。1880年代から1900年代には貿易収支赤字を上回る総合貿易外収支黒字により総合経常収支は恒常的に黒字であった。その間，経常収支黒字を基に直接投資及び証券投資を通じて対外投資が行れた。このイギリスの大規模な対外投資は本国に莫大な投資収益をもたらすことにより，今日の国際収支統計上の経常収支で見れば，経常収支黒字はさらに大きかった[15]。

　国際収支が均衡する過程を景気変動に関わらせてみておこう。表4-6に見られるように，BOE の公定歩合は年によっては頻繁に変化した。そして，その金利変動のタイミングは自行の金準備量の変化に対応していた。

　ブーム期における BOE の金準備低下は，主に小額金貨流通の需要から国内で金が流出したことによるもので，対外的には，むしろ金利の高騰に短期資金が引き寄せられることによって金が流入したので，金準備の低下を緩和するものであった。高金利に引き寄せられて海外から短期資金が流入することによって，イギリスの経常・貿易収支の赤字は補てんされたのである。また，ブーム期には景気拡大による輸入の増加が貿易収支赤字を拡大させたが，ブーム終焉後の恐慌期あるいは景気後退期には，購買力の減少により輸入が減少するため，貿易赤字は是正される傾向にあった。こうして再び，国内の金貨は銀行制度に還流することによって，BOE の金準備は増加したのである[16]。

　ところで，経常収支の恒常的な黒字はイギリスの金準備の維持という点で国際通貨ポンドの流通を支える基底的条件であった。経常黒字を支える背景として，植民地との経済関係は特に強調されるべきである。概して，イギリスの大陸西欧州諸国に対して貿易赤字を抱える一方で，インドとオーストラリアを中心とする植民地に対しては貿易黒字を計上するという多角的な貿易構造が見ら

第4章 国際金本位制の構造　*89*

表4-5　イギリスの経常収支

(単位：100万ポンド)

年	貿易収支	総合貿易外収支	投資収支	総合経常収支	金・正貨
1880	−88	121	58	33	2.6
1881	−62	122	59	60	5.6
1882	−67	128	63	61	−2.6
1883	−83	132	64	49	−0.8
1884	−60	130	67	70	1.6
1885	−69	131	70	62	−0.2
1886	−52	130	74	78	0.6
1887	−50	138	79	88	−0.6
1888	−55	146	84	91	0.6
1889	−70	153	89	83	−2.0
1890	−53	160	94	107	−8.8
1891	−87	159	94	72	−2.4
1892	−95	158	95	63	−3.4
1893	−92	149	95	57	−3.7
1894	−99	149	93	50	−10.8
1895	−93	148	94	55	−14.9
1896	−103	153	96	50	6.4
1897	−115	156	97	41	0.8
1898	−131	160	101	29	−6.2
1899	−115	162	103	47	−9.8
1900	−129	163	104	34	−7.5
1901	−136	155	106	19	−6.2
1902	−141	165	109	24	−5.3
1903	−144	187	112	43	0.3
1904	−140	192	113	52	0.7
1905	−118	206	123	88	−6.2
1906	−106	227	134	121	−1.8
1907	−84	246	144	162	−5.3
1908	−93	243	157	150	6.8
1909	−111	253	158	142	−6.5
1910	−96	270	170	174	−6.7
1911	−75	279	177	204	−6.0
1912	−94	297	187	203	−4.6
1913	−82	317	200	235	−11.9
1914	−120	254	190	134	−29.1

(出所)　Mitchell, B. R. (1992), p. 923.

れた。つまり，植民地貿易による貿易黒字は，イギリス全体の貿易収支の赤字
を相殺する役割を担ったのである。それに加えて，イギリスが植民地諸国から
輸入する商品を世界市場に輸出する，いわゆる「再輸出」は，低価格の輸入商

表4-6 イングランド銀行の公定歩合の変化回数と平均金利

(単位：%)

年	変化回数	最高金利	最低金利	平均金利	年	変化回数	最高金利	最低金利	平均金利
1846	1	5	3	3.6	1880	2	3	4	2.15
1847	9	8	3	5.3	1881	6	5	4	3.9
1848	3	5	3	3.14	1882	6	6	3	4.2
1849	1	3	4	2.18	1883	6	5	3	3.11
1850	1	3	4	2.1	1884	7	5	2	2.19
1851	…	3	3	3	1885	7	5	2	2.18
1852	2	4	2	2.3	1886	7	5	2	3.1
1853	6	5	2	3.13	1887	7	5	2	3.6
1854	2	7	5	5.2	1888	9	5	2	3.6
1855	8	7	5	4.17	1889	8	6	4	3.11
1856	7	7	6	6.1	1890	11	6	3	4.1
1857	9	10	7	6.13	1891	12	5	4	3.6
1858	6	6	4	3.4	1892	4	5	2	2.1
1859	5	6	4	2.14	1893	12	5	4	3.1
1860	11	6	3	4.3	1894	2	3	2	2.2
1861	11	8	3	5.4	1895	…	2	2	2
1862	5	3	2	2.1	1896	3	4	2	2.9
1863	12	8	3	4.8	1897	6	4	2	2.12
1864	15	9	6	7.7	1898	6	4	4	3.4
1865	16	7	3	4.15	1899	6	6	3	3.15
1866	14	10	5	6.19	1900	6	6	3	3.19
1867	3	3	2	2.1	1901	6	5	3	3.14
1868	2	3	2	2.1	1902	3	4	3	3.6
1869	7	4	4	3.4	1903	3	4	3	3.5
1870	10	6	4	3.2	1904	2	4	3	3.5
1871	10	5	2	2.17	1905	3	4	4	3
1872	14	7	3	4.1	1906	6	6	5	3.5
1873	24	9	3	4.15	1907	7	7	4	4.18
1874	13	6	4	3.13	1908	6	7	4	4
1875	12	6	2	3.4	1909	6	5	4	3.2
1876	5	5	2	2.12	1910	9	5	3	3.14
1877	7	5	2	2.18	1911	4	6	3	3.9
1878	10	6	2	3.15	1912	4	5	3	3.15
1879	5	5	2	2.1	1913	2	5	6	4.15

(出所)　The Economist Newspaper Limited, *The Economist*, May 23, 1914, p. 1206.

品に一定のマージンを加算して輸出することによって，貿易による収益が生み出された。つまり，この収益はイギリスにとっては貿易黒字となる。イギリスの輸出と「再輸出」の比率は約4対1であり，「再輸出」による輸出金額の多くは，そのようなマージンを含んでいたと考えられる。[17]

もう1つは，宗主国イギリスが植民地から得ることのできる収益として，経常移転による所得移転が考えられる。これは，本国費（home charge）と呼ばれる植民地統治に必要な諸経費（例えば，軍事費，行政費，鉄道証券の利払い費用）を賄うために，植民地に対する徴税によって宗主国が得ていた収入である。その一部はイギリスへの経常移転として支払われていたと考えられる。ただし，当時の国際収支表には「経常移転収支」は存在しないので，公式の資料のデータではその正確な大きさを論証することが困難である。S. B. ソウルはイギリスを中心とする世界の多角的決済の特徴について，国際収支のそれぞれの収支を見積もって概算している。国際収支の内訳は，貿易収支および金輸出入，利払い・運送費・旅行・送金の貿易外収支を合わせた経常収支，および本国費であるが，本国費がどの程度反映されているか否かは不明である[18]。

第4節　国際収支の調整を巡る諸説

従来の多くの研究は，イギリスの国際収支がどのようにして均衡していたのかという視角から論じられ，イギリスの国際収支を均衡に導くメカニズムに関する理論的かつ実証的な考察が研究の中心であった。

これまでの研究を次のように類型化することができよう。第1に古典派理論に代表される価格効果による自動調整論，第2に所得効果による自動調整理論，そして第3に国際収支のマネタリーアプローチである。

先ず，価格効果による貿易収支の自動調整理論は，貨幣の流出入による国内物価水準が変動することにより，自国の輸出商品の相対価格が変動し，また輸入商品の自国商品に対する相対価格が変化する結果として，貿易収支は均衡されるという理論である。この理論の代表的なものが貨幣数量説である。

貨幣数量説によれば，貨幣価値は流通する商品と貨幣の相対割合によって決定される購買力である。貨幣価値に国際的な不均衡が生じた場合，例えば，ある国が輸入超過で貨幣が国内に流入すると，商品に対する貨幣の相対的増加によって貨幣価値は下落し，すなわち貨幣の購買力は低下する。その場合の貨幣価値の下落は，国内物価水準の上昇をもたらす。その結果，その国の輸入は減少し，逆に貿易相手国の貨幣購買力は増加するので，相手国の輸入は増加（＝

自国の輸出の増加）するため，輸入超過は是正される。

　このような貨幣数量説についての問題点を３つ指摘すれば，第１に，貨幣機能に関して貨幣としての機能の１つである退蔵貨幣機能が看過されているという理論的欠陥がある。そのため，流入した貨幣が市場の外部に退蔵されれば，流通手段としての貨幣量は変化しないので，国内一般物価水準には影響しないという論点が無視されている。[19] 第２に，貨幣の国内流入によって物価水準が上昇する前提として，遊休設備や遊休労働力は存在しないという条件が必要であることから，その特定の条件下でしか両者の因果関係は成立しない。第３に，国際金本位制下での金移動は，自国の為替相場が金現送点を超える場合であるが，為替相場の変動は貿易収支の動向ばかりでなく，資本収支によっても作用される。したがって，価格調整アプローチの議論は資本移動を捨象しているため，現実から遊離した議論と言わざるを得ない。

　この理論に対し所得調整作用を重視する論者は，金本位制採用国間には景気の国際的同調傾向が見られた点を強調して，価格調整作用を限定的なものと評価し，または価格調整作用自体を否定した。つまり，景気変動が同調していれば，物価水準も同様に同方向を向いて変動するので，その過程では国家間の物価格差はそれほど大きくはならない。そのため，国内商品価格と海外からの輸入価格との格差は大きく生じないから，価格調整作用は限定的なものになるか，あるいは生じないと主張する。

　ホートレイによれば，国際収支黒字による中央銀行の金準備増加は，市中銀行の信用量に影響を与える。銀行の貸出は所得を生み，その増加は消費者所得を増大させる。消費者所得の増大はその国の輸入を増加させ，輸出余力を減少させることを通じて貿易収支の悪化をもたらし，逆に銀行の貸出の減少は消費者所得の減少を通じて輸入の減少と輸出の増加を招き，結果として貿易収支は改善されると述べた。[20]

　このような所得調整アプローチは一国の対外投資の他国への効果を含めたモデルへと発展していった。フォードは，中心国の対外投資が投資受入国の輸入誘発効果を生じさせ，貿易収支は調整されるというシナリオを描いた。例えば，イギリスの貿易収支が赤字で，イギリスの対外投資が周辺国に対し行われる場合に，投資受入国で投資誘発効果が生じて，国民所得が増加すると，イギリス

から投資受入国への輸出は増加する。その結果として，イギリスの貿易収支は均衡に向かう。さらに，イギリスの輸出増大から得た収入の増加は，次のような理由でイギリスの輸入増加には直結しないと論じた。つまり，① 輸出増が輸入増によって等しく相殺されるのは，限界貯蓄性向がゼロである場合にかぎるのであって，イギリスには当てはまらない。② イギリスの海外投資は長期的に見て国内投資を犠牲にしていたため，それだけ国内では消費能力が減少していた，つまり，購買力が低下していたからである[21]。

　フォードのアプローチの特徴は，第1に，国際収支の調整が輸出入部門に限定されているため，貿易収支の調整のみが考察の対象とされていることである。第2に，一国の国民所得の変化は景気循環に左右されるのであるが，対外収支の変化が中央銀行の金準備量の増減を引き起こすことを通じて景気循環に影響を及ぼすという観点が欠落していることである。そのような理由から，所得調整作用は貿易収支調整についての皮相的な説明にしかならなかった。この点については，ホートレイの議論は貿易収支の不均衡によって生まれる中央銀行の金準備の増減が景気循環に影響を与える影響を分析している。

　西村はイギリスの貿易収支調整を実証的に検証し，フォードが主張する所得調整作用の効果をさらに展開させた。ただし，上記の第2の欠点を補うために，BOE の金準備の変動は同銀行の信用政策を規定し，信用量の変化を通じて産業の生産量と雇用量に影響を与えるという景気循環の中でイギリスの貿易収支は調整されること主張した。そして，1866年恐慌以降においては，ブーム最終年における BOE 金準備の減少は，主として国内金貨流通の増加によるものであって，対外的な金の流出に拠るものではなかった。すなわち，好況→労賃支払い・小売取引の増加→民間の金貨流通の増加→銀行組織の金準備率低下・金利上昇→信用収縮→物価水準の低下，というメカニズムが作用した。そこで，金利上昇による海外からの金の流入は，むしろ同行の金準備に対する圧迫の軽減要因になっていた[22]。このように金移動を国民経済の景気循環の中で捉え，金移動による中央銀行の金準備変動が信用・貨幣制度を規定することを通じて，金移動は信用恐慌の契機となり，また世界市場恐慌の媒介機能を果たすことを明らかにした。

　ホートリーによる物価・景気の国際的同調論はトリフィンを経て国際収支の

マネタリーアプローチとして発展された。その基本的考えは、一物一価の法則で財市場や資本市場が完全に結合されていることにより、物価や利子率の国際的乖離が生じないため、各国中央銀行は自国の利子率を操作することができないし、また国際的な金移動は国際収支の調整の原因ではなく結果であるというものである。

　トリフィンによれば、国際収支の調整過程は、各国レベルの国際収支経常勘定における均衡化傾向に依拠するものではない。そして、外国為替相場の安定は、国際間の貨幣決済——経常収支と資本収支を合体した総合収支決済——が国内的な貨幣・信用状況に与えた影響に依拠した。そして、安定的な為替相場が維持されるかぎり、全ての競争国間の輸出価格は、大幅で頻繁な貿易・為替制限によって分割されていない1つの国際市場が存在するという事実によって、連携していた。例えば、国内で通貨供給量が経済成長率を上回ると、物価・賃金水準が上昇し商品輸入が増加するので、国際収支は赤字になる。この国際収支赤字は、この時それに見合った国内銀行網から外国銀行への貨幣移転を引き起こし、国内銀行の現金残高を低下させるとともに、信用拡張を取ろうとする銀行の能力を弱めることになる。そうなれば国内の物価・賃金水準は下落して、輸出増加により海外から国内銀行網へ貨幣が移転するので、国際収支は再び黒字となる。[23)]

　このアプローチでは、対外均衡・不均衡の基準を国際収支全体に求め、その不均衡は常に貨幣的なもので、自己完結修正的なものになり、したがって市場メカニズムに委ねるかぎり本来構造的な対外不均衡は生じない。この理論は大筋において古典派と同じ自動調整作用を主張していると理解できる。

用語解説

マーチャント・バンク

　マーチャント・バンクは元々個人銀行であり、外債発行と手形引受のどちらかあるいは両方を営業基盤とした。手形引受とは、貿易業者の依頼を受けて信用状を発行し、それにもとづいて振り出された貿易手形の支払い保証を与え、銀行引受手形という優良手形に改造する業務である。彼らの中でも、引受業務

に特化したのが，引受商会，証券発行に特化したのが発行商会と呼ばれた（チェッコ，M. d.／山本訳，2000年，93頁）。

ビル・ブローカー

　手形割引商会と並んで，手形を扱う業者としてビル・ブローカーがいた。ビル・ブローカーは18世紀以来他人の勘定で手形を扱う業者（手形仲買人）として生成し，一部には，19世紀初頭にロンドンの銀行との間でコール資金の出し入れをする業者も現れた。1830年にBOEはビル・ブローカーに割引勘定の開設を認めるのを契機に，ビル・ブローカーはロンドンの手形市場へ資金を供給する主体として成長を遂げた（宮田，1995年，59頁）。

補論1　イングランド銀行

　イングランド銀行は1694年，直接的にはウイリアム3世の財政窮乏を救うため，設立された。資本金120万ポンドはそのまま国庫への貸上げとなり，その代わりに出資者が株主となって銀行を組織し，銀行券の発行を含む銀行業務を営むことが許された。設立当時のイングランド銀行は，国家財政との結び付きが強く，18世紀に至っても，なお「政府の銀行」であり続けた。また，設立当初から中央銀行であったわけではなく，大口の銀行券がロンドンを中心に流通していたにすぎず，またロンドンの商人との結び付きが強かったから，その意味では「ロンドンの銀行」であるにとどまっていた。

　1833年の銀行条例は，イングランド銀行券に法貨の地位を与え，国民的流通としての特質を法制的に承認し，そのことを社会に広く告知した。

　1839年の恐慌後，金融制度の改革が激しく議論された結果，1844年にピール条例が制定され，次のようなことが定められた。① イングランド銀行に銀行券の独占的発行権が与えられる。② イングランド銀行を発券部と銀行部との2部門に分離し，銀行券の発券は発券部に行わせ，一般の銀行業務は銀行部に行わせる。③ 銀行券発行にあたっては大蔵省債券1400万ポンドを担保とした発券分以外，金準備に拠らねばならないとした。こうした発券制度を保証発行直接制限制度という。この銀行条例は，発券部については厳重な規定を設けたが，銀行部については制限を設けなかった。銀行部は発券部によって発行され

た銀行券の一部を支払い準備として保有するが，その業務は一般の銀行と同様にされるべきであるとされた。ただし，公衆はつねに必要な銀行券を民間銀行から引き出し，銀行はイングランドの銀行部はそれを得ることができるので，銀行部は法に定められた発券限度によって取引額が制約されていた。

　19世紀にはほぼ10年周期で襲来する貨幣金融恐慌に際し，イングランド銀行は保証発行準備の制限を解除することで救済融資を行った。その後，1928年の紙幣及び銀行券条例により，保証発行以外の中央銀行券発行に弾力性を認めた屈伸制限制度へ移行した。

補論2　ロンドンの銀行

　ここでいうロンドンの銀行とは近代的銀行のことである。近代的銀行の特徴は，貸し出すにあたって，通常の場合，現金で貸すのではなく，「自己宛債務で貸す」ところにあるのであって，その意味では「貨幣創出機関」である。イングランド銀行だけが発券銀行としてイングランド銀行券（＝銀行貨幣）を発券し，他の銀行は「預金設定」という貸し方をするようになった。銀行は「預金設定」で貸し付けるとき，銀行は借り手の当座預金口座の金額を，貸付額だけふくらませばよい。当座預金口座の保有者は，その預金口座を商品取引の支払い手段として利用すること，すなわち，預金口座の振替決済により，預金口座は「銀行貨幣」として機能する。個別の商業銀行がイングランド銀行に口座を持つことによって作られた，イングランド銀行を中心とする社会的銀行決済制度が手形交換制度である。

補論3　株式銀行

　産業革命の進展とあい呼応して，18世紀末になると，地方における産業資本の発展に支えられて，地方発券銀行が群生した。その銀行券は，はじめは利子付きの銀行券であったものが，ついに要求払い銀行券（notes payable to bearer on demand）となるに及んで，その流通力は増した。それらの銀行は出資者が少人数の個人銀行（private bank）であった。地方発券銀行はその支払い準備を，鋳貨およびロンドンの代理店銀行への預け金で保有した。他方，ロンドンの金匠銀行——その前身は金匠（ゴールドスミス）——は，イングランド銀行設

第4章　国際金本位制の構造　*97*

立の影響を受けて，預金銀行化の道をたどった。こうして，地方発券銀行，ロンドンの預金銀行，ロンドンの銀行の銀行としてのイングランド銀行という，3系統の金融機関が形成された。

　地方発券銀行は個人銀行（private bank）として始まったのであるが，株式銀行が営業を始めたのは19世紀初頭である。1826年の株式銀行条例によって，地方株式銀行の設立とイングランド銀行の地方支店の開設が許されるようになった。そうしたなかで，地方株式銀行は預金銀行としての活動に重点を置くようになり，地方銀行券の流通はかぎられた範囲のものとなっていった。それに代わって，イングランド銀行券は工業地域の所得流通に入り込み，また，地方流通に進出して，地方銀行の準備金となっていった。ロンドンでは，1830年代，株式預金銀行の設立が盛んとなった。こうした背景の下で，イングランド銀行は中央銀行化し，イングランド銀行券は現金化していった（鈴木，1995年，15頁）。

　1830年代に設立された株式銀行は預金勘定への利払いを開始し，さらに当座預金にも利払いするようになった。株式銀行はロンドンの銀行が加盟するロンドン手形交換所への加盟を申請したが，当初は拒否されたため，加盟できなかった。株式銀行が交換所への加盟を果たすのは，1854年のことである（宮田，1995年，65-66頁）。ちなみに，1856年3月時点で，ロンドンには61の個人銀行が存在し，そのうち25行は手形交換所に加盟し，残りの36行は手形交換所には加盟していなかった（*The Economist,* March 15, 1856, p. 290）。

　1856年3月までに，ロンドン・ウエストミンスター銀行，ロンドン株式銀行，ロンドン・ユニオン銀行，ロンドン・コマーシャル銀行などの6つの株式銀行はロンドン手形交換所への加盟を許可されていた。もっとも，手形交換所はシティの慣習で創設されたものであるため，手形交換所への入所許可は，ロンドンの個人銀行のある種の権利であるという観念が生じていた。そのため，手形交換所への参加を規定する法律は存在せず，1850年代に全ての株式銀行が加盟を許可されていたわけではなかった。しかし，1860年代には株式銀行の手形交換所への加盟が一般化していることが窺える（*The Economist,* June 20, 1863, p. 676 を参照）。

注

1 ）山本，1997年，14頁を参照。

2 ）Saul, S. B.／堀・西村訳，1974年を参照。

3 ）例えば，アメリカにとって，1890年時点でイギリスは最大の貿易相手国であり，
対イギリス向け輸出は 1 億8600万ドル，輸入は 4 億4800万ドルであった。2 番目に
大きい貿易相手国はドイツであり，対ドイツ貿易の輸出は9900万ドル，輸入は8600
万ドルであった。1914年時点で，1890年同じく対イギリス貿易は第 1 位で，輸出は
2 億9400万ドル，輸入は 5 億9000万ドルであった。第 2 位は同じくドイツで，対ド
イツの輸出は 1 億9000万ドル，輸入は 3 億4500万ドルであった（Mitchell, B. R.
(1992). pp. 478-479）。アメリカの製造工業品輸入に占めるイギリスの割合は，鉄
鋼，羊毛製品，綿製品，亜麻・ジュート・大麻に関して1870年代から1890年代を通
して低下しているものの，1890年前半でも欧州全体の割合よりも高かった。

4 ）チェッコ，M. d.／山本訳，2000年，28頁。

5 ）Bairoch, P. (1989a). p. 105.

6 ）Bairoch, P. (1989a). p. 105.

7 ）宮田，1995年，220頁。

8 ）チェッコ，M. d.／山本訳，2000年，91頁。

9 ）信用状の発行は引受商会ないし銀行による引受信用の供与を意味するが，貸付取
引ではない。なぜならば，信用状は，信用状の発行者と輸入者との間で別途支払い
猶予のための取り決めがないかぎり，手形代金は，輸入者が満期日までに信用状の
発行者に払い込むのが信用状発行に当たっての契約条件であるからである（詳細な
説明は，平，2001年，74-75頁を参照）。

10）アメリカ甲銀行のイギリス乙銀行に対する債権は，イギリスにとっては金債務で
ある。したがって，イギリスの国際収支が赤字の場合，アメリカの銀行宛外国為替
の振出・売却によりポンドの対ドル相場が金輸出点を越えて下落しようとするので，
金決済が生じる（この点は後述）。また，イギリスの商品輸入はアメリカ甲銀行の
イギリス乙銀行に対する債権（＝銀行預金）となるので，イギリスの貿易赤字は資
本収支の黒字（＝イギリス銀行の預金債務）によって補てんされている。イギリス
銀行の預金がそのまま保有されれば，イギリスは債務の繰り延べを意味する。これ
は，国際通貨国の発行特権である。しかし，このようにイギリスの貿易収支赤字が
非居住者保有の短期預金債権によってファイナンスされるのは，国際通貨ポンドが
流通していることが前提となる。

11）ブルームフィールド，A. I.／小野・小林訳，1975年，119頁を参照。銀行引受手
形には，貿易取引から発生する輸出入手形ばかりでなく，商品取引を基礎にもたな
い金融手形（finance bill）も含まれた。金融手形とは，マーチャント・バンクが事

前に外国のコルレス銀行に引受信用を与え，一定金額に達するまで自らを名宛人とする白地手形を振り出すことを許すというものであった。

12）西村，1989年，128-129頁を参照。

13）L. H. オフィサーによると，金現送費は船舶料，保険費用，金利などから構成されるが，1870年代において為替平価の上下2.21%，1910年代においては1.10%であったと述べている。ドルの対ポンド相場はこの金現送費用の範囲を中心に変動していたと考えられる（Officer, L. H. (1996). chap. 10 を参照）。

14）平，1996年，187頁。

15）貿易収支＋総合貿易外収支＝総合経常収支となる。

16）西村，1980年，23-32頁を参照。

17）1909年でイギリスの輸出は3億7820万ポンドに対し再輸出は9130万ポンド，1910年に輸出4億3060万ポンドに対し再輸出は1億380万ポンドであった（*Economist,* Feb. 18, 1910）。

18）Saul, S. B. (1960). pp. 55-58 を参照。p. 55 の本文に home charge が言及されているものの，p. 58 の図2に home charge は含まれているのかについては明らかでない。

19）例えば，西村，「第6章 金本位制」小野・西村編，1989年を参照。

20）Hawtrey, R. G. (1928). p. 75，ホートレイに関する研究論文として，吉川，2010年を参照。

21）例えば，Ford, A. G. (1962)，尾上，1996年，「第2章 イギリスの資本輸出と国際収支調整過程」を参照。

22）西村，1980年，「第3章 国際金本位制の英国の国際収支調節」を参照。

23）チェッコ，M. d.／山本訳，2000年，20頁。

参考文献

Bairoch, P. (1982). 'International Industrial Levels from 1750-1980', Journal of European Economic History (Spring).

Bloomfield, A. I. (1959). *Monetary Policy under the International Gold Standard : 1880-1914.* （小野一一郎・小林龍馬訳『金本位制と国際金融——1880-1914年——』日本評論社，1975年）。

Cecco, M. d. (1974). *Money and Empire: The International Gold Standard, 1890 -1914,* Basil Blackwell, Oxford, G. B. （山本有造訳『国際金融と大英帝国』三嶺書房，2000年）。

Ford, A. G. (1962). *The Gold Standard 1880-1914, Britain and Argentine,* Oxford University Press.

Gallatotti, G. M. (1995). *The Anatomy of an International Monetary Regime,* Oxford University Press.

Hawtrey, R. G. (1928). *Currency and Credit,* third edition, Longmans, Green and Co., London.

Keynes, J. F. (1971). *The Collected writing of J. M. Keynes,* Vol. VI, The Applied Theory of Money, Macmillan ST Martin's Press（『ケインズ全集　第6巻　貨幣の応用理論』東洋経済新報社，1980年）.

Mitchell, B. R. (1992). International historical Statistics: Europe, 1750-1988, Macmillan, 1992.

Officer, L. H. (1996). *Between the Dollar-Sterling Gold Ponts,* Cambridge University Press, 1996.

Saul, S. B. (1960). *Studies in British Overseas Trade, 1870-1914.* （堀晋作・西村閑也訳『世界貿易の構造とイギリス経済』1974年，法政大学出版局）.

The Economist Newspaper Limited, *The Economist,* various issues.

Williams, J. (1968). 'The Evaluation of the Sterling System' in Essays in *Money and Banking in honour of R. S. Sayers,* ed. By C. R. Whittlesley and J. S. G. Wilson, Oxford.

尾上修悟『イギリス資本輸出と帝国主義』ミネルヴァ書房，1996年。

平勝廣「第12章　国際収支と外国為替」鈴木芳徳『金融論』ミネルヴァ書房，1996年。

平勝廣『最終決済なき国際通貨制度』日本経済評論社，2001年。

平勝廣「国際通貨」小野朝男・西村閑也編『国際金融論入門（第3版）』有斐閣，1989年。

侘見光彦『国際通貨体制』東京大学出版会，1976年。

西村閑也『国際金本位制とロンドン金融市場』法政大学出版局，1980年。

西村閑也「第2編第6章「金本位制」小野朝男・西村閑也編『国際金融論入門（第3版）』有斐閣，1989年。

深町郁弥「第1編第4章　国際金融市場」小野朝男・西村閑也編『国際金融論入門（第3版）』有斐閣，1989年。

侘美光彦『国際通貨体制』東京大学出版会，1976年。

宮田美智也『ロンドン手形市場の国際金融構造』分眞堂，1995年。

山本栄治『国際通貨システム』岩波書店，1997年。

吉川顕「R. G. ホートレイと国際金融制度」『甲南経済学論集』第50巻第1・2・3・4号，2010年。

第5章

ブレトン・ウッズ体制と変動相場制への移行

　本章では戦後のブレトン・ウッズ体制の成立とその展開過程について述べ，1970年代の変動相場制の実態について説明する。最初に，戦後のブレトン・ウッズ体制＝IMF体制の成立過程と1960年代までの経過を述べる。次に，1971年8月にアメリカは金・ドル交換停止を発表し，対米ドル固定相場制から変動相場制へ移行する国が増える中で，1970年代の変動相場制の実態を概観する。最後に，国際通貨国アメリカと周辺国の国際収支調整負担を巡る「非対称性」問題について考察している。

第1節　ブレトン・ウッズ体制の成立と展開

1．ブレトン・ウッズ体制の成立

　1944年7月，連合国側の代表はアメリカ・ニューハンプシャー州，ブレトン・ウッズに集まり，戦後の世界経済の秩序について国際金融会議を開いた。そこで制定されたのがブレトン・ウッズ協定であり，世界経済はこれを出発点として新しい方向へ踏み出した。それがブレトン・ウッズ体制である。

　新体制の目標は，① 第2次世界大戦の原因ともなった差別的ブロック経済を排し，自由で無差別かつ多国間の世界経済貿易体制を作り上げること，② 戦前にみられたような平価切下げ競争を避け，為替相場の安定化をはかること，③ 高水準の雇用の維持と生活水準の向上をはかるために，経済開発の促進と高い経済成長を達成すること，の3つを掲げた。

　これらの目標を達成するために多くの国際機関が設立された。まず通貨・金融面では，中短期の融資機関として国際通貨基金（International Monetary Fund, IMF），長期貸付機関として国際復興開発銀行（International Bank for

Reconstruction and Development, IBRD, 今日の世界銀行＝World Bank）が設立され，1947年に業務を開始した。また通商面では1947年10月にジュネーヴで「関税と貿易に関する一般協定（General Agreement on Tariffs and trade, GATT）」が成立した。GATT は市場原理を重視して「自由・無差別・多国間主義」を原則とし，そのうち無差別原則については，外国の輸入品と同種の国内品を差別化しない内国民待遇原則と，諸外国を差別しないで平等に扱う最恵国待遇原則から成る。GATT 成立の背景には，イギリス側からみると平均関税率50％にも及ぶ戦前のアメリカのスムート・ホーレイ関税のような保護主義を排除し，他方，アメリカの立場からは戦前から色濃く残るスターリング・ブロックを解体しようとする意図があった。

　以上のように，ブレトン・ウッズ体制とはこれらの国際機関によって秩序付けられた戦後の世界経済体制という意味で，GATT・IMF 体制と総称される。また，こうした大戦後の世界経済秩序も，圧倒的生産力を擁するアメリカの影響を色濃く滲ませたものであったから，戦後の世界経済体制はパクス・アメリカーナ（Pax Americana）ともいわれる。

2．旧 IMF 体制の成立と仕組み

　ところで，旧 IMF 成立にあっては，イギリス全権代表ケインズとアメリカ財務次官補ホワイトとの間で戦後世界経済ヘゲモニーを巡っての厳しい交渉があった。ケインズが提唱した「国際清算同盟案」は，金価値で表示される新しい国際通貨バンコールを創出し，清算同盟に加盟国の中央銀行がその預金残高を保有し，その預金勘定の振替により国際収支の決済尻を決済するという構想（銀行原理）であった。その構想は，換言すれば，一国内で行われている銀行組織の清算機能を世界的規模で実現しようとするものであった。これに対しホワイト案は世界的な規模の為替安定基金すなわち資金プールの設立であり，加盟国は金と自国通貨および政府証券で拠出して国際的な基金を設け（基金原理），国際収支の不均衡に際して，また，為替相場の安定化のために必要な外貨を引き出して支払いに充てる，というものであった。最終的には，ホワイト案の構想が取り入れられて旧 IMF 協定は成立したものの，当時誰もが抱いた共通認識は，1930年代の世界恐慌下の保護主義的関税と為替切り下げ競争——いわゆ

る近隣窮乏化政策——が二度目の世界大戦を招いたという深い反省であった。したがって，こうした歴史的背景を控えて成立したIMFの設立目的は，① 為替切り下げ競争の阻止と為替相場の安定，② 為替管理回避と経常取引に関わる為替取引の自由化（これを通貨の交換性回復という），③ GATTが標榜する「自由・無差別・多角的」貿易取引を実現するための国際決済制度の確立，というものであった。これらを実現すべく，IMFは次の3つの役割を持つことが必要とされた。順にみていこう。

(1) 為替相場の安定

　加盟国は，自国通貨の為替平価を「共通尺度たる金もしくは1944年7月1日現在の量目および純分を有す合衆国ドル」により表示し，金の売買はこの平価を基準に行うと定められた。この規程にもとづき，加盟国はIMF平価を維持するために，自国通貨の為替相場の変動幅をその上・下1％以内に維持することが義務付けられた。これに対し，アメリカは加盟国の通貨当局からドルと金の交換要請があれば，金1オンス＝35ドルの公定価格で金の売却に応じることとなった。

　日本の場合，大蔵省・日銀は，1949年ドッジ・ライン以降，円の対ドル相場は1ドル＝360円を為替平価として，そのプラス・マイナス1％に為替相場が収まるように市場介入を行った。その結果，日本の通貨当局がドル建外貨準備を保有することになり，これをアメリカ財務省に呈示すれば，金1オンス＝35ドルの比率で金と交換することができた。但し，アメリカ財務省は民間取引業者に対しては，金・ドル交換に応じなかった。

　以上のことは，国際収支——といっても，当時はもっぱら貿易・経常収支であるが——の支払い差額を通貨当局が為替市場介入によって引き継ぎ，介入の結果として保有することになったドル建外貨準備が，アメリカ財務省保有の金と交換されるかぎりにおいて，世界貨幣＝金による最終的国際決済のルートが確保されていたことを意味する。そしてこのルートがあればこそ，各国通貨がドルと固定的安定的比率で交換されることをもって，各国通貨の価値もドルを媒介に金によって保証されていることと同値であった。

　とはいえ，第3章第1節で述べたように，1930年代既に，アメリカをはじめ各国は不換の管理通貨制度に移行し，第2次世界大戦後は，いずれの国もすこ

図5-1 IMF体制下の円の対ドル相場の変動幅

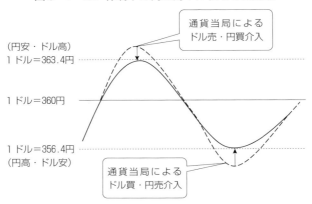

ぶるインフレ許容的となっていた。加えて，旧IMF体制下で金・ドル交換による最終的国際決済が保証されているとはいえ，上記の通り，これもまた極めて迂回的間接的でしかなかった。そのため加盟国が貿易・経常収支黒字の場合，自国通貨高を抑制するために通貨当局は自国通貨売・ドル買介入を行うものの，その結果として国内は過剰流動性が溢れて**輸入インフレ**に悩まされることになった。例えば，日本の貿易・経常収支が黒字のとき，外国為替市場でドル売り・円買い取引が増えることにより，円の対ドル相場が1ドル=356.4円の上限を超えようとする場合を考えよう。通貨当局（日銀・大蔵省）は円高を是正するため，外国為替銀行（=民間の商業銀行）に対して円売り・ドル買い介入を無制限に行う（図5-1を参照）とき，民間の銀行には保有するドル建外国為替手形が現金準備に置き換わる。こうして増加する現金準備をベースに資金需要があれば，国内の過剰流動性が供給されるのである。

他方，貿易・経常収支赤字の場合，当局は自国通貨安を抑制するために，自国通貨買・ドル売を行う。それにより通貨当局保有の外貨準備が不足すれば，外貨の節約ないし外貨獲得のために，輸入抑制のための国内需要の引き下げをはかるべく，緊縮的な財政・金融政策を取らざるを得なかった（これを「国際収支（外貨準備）の天井」という）。このとき貿易・経常収支赤字国にはデフレ圧力がかかるため，経済成長の鈍化，雇用の低下が生じる。このように周辺国は貿易・経常収支の均衡と為替相場の安定性という**対外均衡**を優先させる場合に，

第5章　ブレトン・ウッズ体制と変動相場制への移行　*105*

国内での物価安定・雇用成長および経済成長という**対内均衡**を犠牲にせざるを得ない立場にあった。

(2)　**調整可能な釘付け相場制度（Adjustable Peg System）**

各国の為替平価は原則として固定化されて，加盟国は為替平価を基準に上・下１％のマージンの幅の内に為替相場を安定させる義務を負っていた。ただし，加盟国の経常収支赤字が長期的に続いた場合（これを基礎的不均衡といった），旧IMFに加盟する他の諸国の承認を条件に，為替平価の変更──「調整可能な釘付け為替相場制度」──が認められていた。

もっとも，戦後の復興期には，為替平価の頻繁な変更はなかった。それは次のような理由による。第１に，各国は関税および非関税障壁を通じて貿易を制限することにより，貿易収支の均衡をはかろうとしたからである。つまり，各国は貿易収支赤字の増大を抑制するために，貿易の自由化を段階的にしか行わなかった。第２に，アメリカ以外の加盟国の国際競争力が相対的に弱い段階においては，IMFもGATTも暫定的措置あるいは過渡的条項を設けて，事実上，経常取引や資本取引の制限を容認していたため，加盟国は貿易収支ないし経常収支の赤字を防ぐことができたからである[1]。

なお，旧IMF協定第８条では，為替制限の撤廃を加盟国の一般的義務として課している。併せて，差別的な通貨措置の回避，外国保有残高の交換性などを挙げており，これら為替取引の義務を履行している国をIMF「８条国」という。他方，戦後の過渡期においてこれらの義務を免れている国を「14条国」といった。欧州の主要国が通貨の交換性を回復して，IMF「14条国」から「８条国」へ移行したのは1958年であり，日本は1964年に「８条国」に移行した。

(3)　**短 期 融 資**

IMFは加盟国からの割当額（Quota）を原資として25％を金（ゴールド・トランシュ），残り75％（スーパー・ゴールド・トランシュ）を自国通貨でIMFに払い込み，IMFはこれを原資に上記の基礎的不均衡に陥った加盟国に対し融資を行うのである。その際，加盟国がIMFから受けられる融資限度額は，IMF保有の自国通貨残高が出資割当額の200％に達するまでである。もっとも，出資割当額の75％分は既に自国通貨で払い込まれているので，残りは出資割当額の125％相当額でしかない。この内，ゴールド・トランシュ分はIMFから無条件

に必要とする外貨を引き出すことができ，残り出資割当額に相当する100％分（クレジット・トランシュ）については，自国通貨を払い込むだけでなく，25％毎に厳しくなる貸出条件（conditionality）を受諾することが求められた。

3．旧 IMF 体制下における金とドル

旧 IMF 協定では，金市場における金のドル建価格が金平価1オンス＝35ドルを超えて上昇する場合，IMF 自身が金売却によって市場の金価格上昇を抑制する必要があった。しかし実際には，金のドル建価格の上昇を抑制するために IMF 自身が金を売却することはなかった。また，IMF は加盟国の出資金によって構成されていたため（基金原理），新たな国際流動性を創出する機能を備えていなかった。かくて，市場における金のドル建価格の安定と国際流動性創出という2つの点で IMF の能力はかぎられていた。そこでアメリカは，加盟国通貨の為替平価の根幹を支えるドル建金価格の管理を掌握し，かつ大戦後の国際流動性供給において IMF の不足する能力を逆手にとり，冷戦下自らが描く戦後世界経済戦略に，IMF ひいてはブレトン・ウッズ体制全体を導いて行ったのである。その具体的例が，前者であれば後に記す「金プール協定」であり，後者であれば東西冷戦下のマーシャル・プラン等の援助政策——国際収支では経常移転勘定に分類——であった。

実際，1948年当時，アメリカ保有の金準備額は世界全体の貨幣用準備金の70％を超えており，唯一アメリカのみが各国通貨当局保有のドル建外貨準備と金との交換を保証できた。周辺国通貨当局は，これを前提に自国通貨の対ドル為替平価を基準（基準通貨）に，為替市場でドル為替を売買する市場介入を行ったのである（介入通貨）。もっとも，通貨当局は市場介入の結果或いは介入の前提として，公的対外支払いの準備たる外貨準備のほとんどをドル建資産で保有した（準備通貨）。こうして周辺国通貨当局が自国通貨とドルの一定比率での交換を常に保証することで，ドルに対する市場の信認は生み出され，民間レベルでの国際取引のほとんどはドル建で契約され（契約・取引通貨），ドル為替で決済することができたのである（私的決済通貨）。

もっとも，IMF 設立当初から1950年代前半においてアメリカの貿易・経常収支は概ね黒字であり，対外投資も比較的小規模であった。そのため，アメリ

図 5-2 マーシャルプランによる公的資金移転の効果

(1948年4月〜1951年6月まで使用可能基金125億3490万ドルが計上)

カ以外の残余の世界各国では,国際的長期金融はおろか貿易金融においてさえも,ドル建国際流動性の不足は決定的であった。そこで,マーシャル・プランの名の下で,アメリカは自国通貨ドルを「**ドル不足**」であった欧州へ供給することにより,欧州の購買力を創出させた。それを背景に,欧州への輸出を拡大させ,もってドルのアメリカへの還流を促したのである(図5-2)。

4．アメリカの国際収支の悪化と米財務省金準備の減少

　上記の通り,1950年代後半まで,アメリカは大幅な貿易収支黒字に支えられて経常収支も黒字であり,長期資本収支赤字も経常収支黒字とほぼバランスし,したがって基礎収支は均衡していた。ところが,1950年代後半になるや,長期資本収支が大幅な赤字になったため,基礎収支は赤字となった(表5-1)。こうした背景には,1957年ローマ条約が締結され,1958年には西欧諸国通貨の交換性が回復し,これを契機とした同地域一部諸国での資本取引の自由化が進んだことにある[3]。

　1960年代に入ると,アメリカは経常収支黒字以上に直接投資と経常移転収支による資本流出が増加した結果,基礎収支の悪化が続いた。その後1965年には,経常収支54億ドルの黒字,長期資本収支58億ドルの赤字,経常収支移転46億ドルの赤字であり,基礎収支は49億ドルの赤字であった。更に1960年代中期以降ともなれば,ベトナム戦争の激化に伴って対外軍事支出が増加したことに加え,貿易収支の黒字幅も縮小し始めたため,基礎収支の赤字額は増加の一途を辿った。

表5-1 アメリカの国際収支

(単位：100万ドル)

	1953〜57年の平均	1958〜64年の平均	1965〜67年の平均	1968〜70年の平均	1971〜73年の平均	1974〜76年の平均
貿易収支	3,434	4,395	4,188	1,282	−2,598	−1,884
軍事支出	−2,684	−2,579	−2,761	−3,275	−2,937	−808
その他サービス	2,569	3,858	5,257	6,085	9,616	17,078
民間移転	−498	−542	−737	−957	−1,155	−958
政府移転	−1,850	−2,189	−2,352	−2,259	−2,844	−4,902
経常収支	971	2,943	3,595	875	82	8,526
政府長期資本	−79	−799	−1,747	−2,139	−1,608	−180
直接投資	−1,150	−2,338	−4,502	−4,848	−8,154	−10,340
その他民間長期資本	−164	−1,115	−166	2,415	2,074	−3,249
基礎収支 （経常収支＋長期資本収支）	−422	−1,300	−2,820	−3,484	−7,607	−5,243
政府短期資本	−325	−130	−24	45	−83	−3,288
民間短期資本	94	−93	1,242	1,772	−3,532	−5,828
SDRの割当	—	—	—	289	497	
誤差脱漏	−27	−749	15	−442	−4,559	6,387
総合収支（純流動性収支）	−682	−2,281	−1,497	−1,828	−15,284	−7,972
（金融項目）			0	0	0	0
外国政府への債務	705	1,115	882	1,683	14,431	9,482
公的準備資金	−23	1,165	614	137	854	−1,509

(出所)　IMF, *International Financial Statistics*, May 1977 より作成。

5．金プール協定から金の二重価格制への移行

　これら一連の過程において，アメリカの公的短期債務残高は次第に増加し続け，早くも1960年にはその債務残高が米財務省保有の金準備額を超えるに至った。

　このことから公定価格の1オンス＝35ドルでのアメリカ財務省による金・ドル交換に対する市場の不安（ドル不安）が生まれ，西ヨーロッパの自由金市場で**ゴールド・ラッシュ**が発生するに至った。すなわち金買い投機である。例えばそれは1オンス＝36ドルというように金のドル建価格上昇（＝ドルの金価値下落）として現れた。このことは，アメリカの金・ドル交換公定価格と民間市場金価格との乖離に他ならず，旧IMF体制下の固定為替相場制度の根底を揺るがす事態であった。これを受けて1961年，アメリカは西欧諸国との間で「金プール協定」を締結し，金の市場価格を公定価格に一致させる市場介入操作を申し合わせた。

表5-2 金によるアメリカ対外短期債務カバー率

各年末	①アメリカの対外短期債務(百万ドル)	①'対公的当局(百万ドル)	②アメリカ金準備(百万ドル)	③(②/①)×100(%)	④(②/①')×100(%)	⑤(①'/①)×100(%)
1951-55年の平均	9,903	5,519	22,352	231.9	433.8	54.9
1956-60年の平均	15,067	8,819	20,562	138.9	237.2	58.6
1961-65年の平均	21,576	12,332	15,575	73.3	127.4	57.4
1966-70年の平均	32,393	13,648	11,825	38.1	90.5	42.9
1971-75年の平均	72,076	45,032	12,045	17.0	26.8	63.8

(出所) 東京銀行調査部『東京銀行月報』1976年11月。

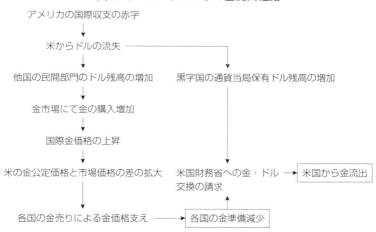

図5-3 アメリカからの金流出経路

　1960年代末になると，アメリカの短期対外ドル債務残高の内，正式に金交換請求権をもつ周辺国公的保有ドル残高だけでも，その額は遂にアメリカ保有の金準備を上回るようになった（表5-2）。アメリカの金準備の減少は，アメリカに基礎収支黒字をもつ周辺国が，保有するドル準備残高と金交換を行ったことによるものである（アメリカから金の流出経路は図5-3を参照）。

　そこへ1967年11月ポンド平価の切り下げが起こり，これを契機にドルへの不安が再燃すると，大規模なゴールド・ラッシュが再燃した。1968年3月，それまで金を放出し続けてきたアメリカをはじめ金プールの各国当局も激しい攻勢に抗しきれず，ついに金価格の支持を断念し，ここに金の二重価格制（公定価

格と市場価格の二本建て制）が敷かれることになった。これにより金1オンス＝
35ドルの金公定価格は形骸化し，ドル価値は事実上切り下げられる一方で，ド
ル防衛上，アメリカ政府は周辺諸国通貨当局に対し金交換の自粛を強く要請し
た。

6．「流動性のディレンマ論」

ところで，早くも1950年代後半，旧IMF体制の矛盾を理論的明らかにし，
「ドル危機」への警鐘を鳴らし続けたのがアメリカのR.トリフィンであり，彼
の学説を**「流動性のディレンマ」**（補論1）という。すなわち，国際取引がドル
という特定の国民通貨建で行われる場合，世界経済の発展に必要なドル建国際
流動性は，アメリカが国際収支赤字を計上することによって初めて供給される
一方で，ドル価値の安定性，ドルの信認という問題を引き起こすのである。逆
に，ドルの信認を維持するためには，アメリカの国際収支は黒字を計上せざる
を得ないが，この場合世界経済の発展に必要な国際流動性が不足する懸念があ
る。こうしたディレンマを回避するには，特定の国民通貨を国際通貨とした国
際流動性の在り方に終止符を打ち，新たな国際準備資産創出による国際流動性
供給のシステムを構築すべしとの見解に繋がっていった。その結実が「特別引
出権」（Special Drawing Right, SDR）の創出であり，1968年のIMF総会では
「特別引出権」創設に関する大綱が決定され，1969年にIMF協定の第1次改正
によって原協定に付け加えられた。

第2節　ブレトン・ウッズ体制の崩壊と変動相場制への移行

1．1971年金・ドル交換停止

「金プール協定」は破棄され，「ドル危機」によって世界経済が混乱する中，
1971年8月，遂にニクソン・アメリカ大統領はドル防衛緊急対策として財務省
による金・ドル交換停止を発表した。いわゆるニクソン・ショックである。こ
れにより，たとえ通貨当局保有の外貨準備に限定されていたとはいえ，アメリ
カ財務省による固定的安定的比率での金・ドル交換，国際決済に唯一残されて
きた最終決済のルートは完全に遮断されることになったのである。

金・ドル交換停止以降アメリカは，国内の経済成長・雇用拡大・物価水準の安定という国内均衡を優先する目標が追求される一方で，国際収支赤字拡大によって過剰ドルが世界市場へ供給される体制を放置する姿勢に転じたのである。これを**ビナイン・ニグレクト政策**（Benign Neglect Policy, 懇懃なる無視政策）という。そのためこれ以降，世界経済は絶えずドル暴落，国際通貨ドルの信認が懸念される事態となった。そうした事態においても，ドルが流通する現実は不換の国際通貨論争を巻き起こした（補論2）。

2．スミソニアン協定から総フロートの時代へ

もっとも，当時，先進諸国の多くはドル相場の下落と混乱が一時的であり，早晩以前のような固定相場制へ復帰すると考えていた。実際，ニクソン・ショックからおよそ半年経った1971年12月，ワシントンD.C.のスミソニアン博物館で10カ国蔵相会議が開かれ，ブレトン・ウッズ体制に代わる新しい体制の再建を目指して協議が進められた。そこでの合意事項は，① ドル建金価格の引き上げ（純金1オンス＝35ドルから38ドルへ），② その他諸国通貨の対ドル・レートを旧対ドル平価に対して平均で12%切り上げた水準に定め，これをセントラル・レートとし，③ 各国通貨当局はこのセントラル・レートを基準に上・下2.25%（従来上・下1%からの変動幅拡大）の範囲に自国通貨と為替相場を維持すること，そして ④ 主要通貨の多角的平価調整に臨むこと，であった。

だが，スミソニアン体制は長続きしなかった。それは次のような理由からである。第1に，大規模な平価調整にもかかわらず，国際収支不均衡はほとんど是正されなかったため，為替相場は絶えず各国の為替平価から離れて変動する傾向にあったからである。第2に，1オンス＝38ドルの新たな金価格が設定されたとはいえ，アメリカ財務省によるドルの金交換は停止されたままであったため，その金価格はドルの金価値保証という点では有名無実のままであったからである。現にロンドン金市場価格は，その当時金1オンス＝38ドルを遥かに凌駕していた。

かくて，スミソニアン協定による多角的平価調整として再設定された対ドル・レートも最早為替平価ではありえず，関係諸国が目標とすべきセントラル・レートでしかなかった。そして1972年ともなれば，為替相場の不安定性は

一層高じ，1973年早々にはドルからマルク，スイス・フランなどへ大きな為替投機の波が発生した。そのためアメリカは同年2月に二度目の平価切り下げを行い，これを契機に西欧諸国は変動相場制へ移行した。こうして世界経済は総フロート制の時代を迎えると共に，アメリカは1974年末までにそれまで講じられてきたドル防衛のための金利平衡税等資本規制策を撤廃し，これ以降国際的金融資本取引及び為替取引の自由化を見据えた国際通貨システムの再構築，市場原理をベースとした「ドル本位制」の構築を世界経済戦略として打ち出すようになった。

3．変動相場制下の国際決済とビナイン・ニグレクト政策

旧IMF体制下の国際決済との対比において，変動相場制下のそれの特徴は，一般的に次のようにいわれている。第1に，最終的国際決済手段としての金決済が欠如していること，第2に，通貨当局の市場介入が旧IMF体制のように制度的に前提されていない以上，介入は対内均衡と対外均衡のバランスをはかるために任意に行われること，である。一方，旧IMF体制では，その時々で決済されるべき一国の国際収支支払い差額は，周辺諸国通貨当局の為替市場介入を通じ代位肩代わりされてドル建外貨準備に転じ，その最終決済はアメリカ財務省での金交換によって実現されてきた。もっとも，周辺国通貨当局の対米金交換請求はドル防衛・「国際協調」の名目で事実上自粛され，世界貨幣＝金による最終的国際決済は公的次元において先送り＝繰り延べられてきたのである。その意味で，こうした歴史的経緯を引き継ぐ変動相場制とは，旧IMF体制での金による最終決済の形骸化を制度的に事後追認して，「金廃貨」の方向性をさらに進めたものと解釈できる。

しかし，アメリカによるドルの金交換停止によってドルが最終的国際決済手段となった訳では決してない。ましてや，国際収支の最終的支払い決済を含む全ての国際決済が外国為替銀行の為替取引によって完了しえた訳ではない。事実，フロート制への移行は，諸国がドルの国際通貨としての受取を拒否し，国際決済を公的介入なしに私的民間のレベルで完結させようとしたものだともいえる。だが結局は，管理フロートとなった。諸国は為替相場変動による調整作用に期待しつつ，短期的には民間の短期資本移動による最終決済の可能なかぎ

りの繰り延べをはかった。また，通貨当局は無秩序な相場変動に際しては介入することによって，国家による最終決済過程の肩代わりが行われた。こうして現実の変動相場制下の国際決済もまた，公的介入を必須要件とし，かつこれを条件に運用されてきたのである。この点にかぎってみれば，旧 IMF 体制下の国際決済は変動相場下においても根本的に大差はないというべきである。

なお，変動相場制は，1976年の IMF 第 2 次協定改正において，「金廃貨」と併せて正式に承認された（ジャマイカ・キングストン合意）。

第 3 節　変動相場制の現実と課題

1．変動相場制の支持論とその現実

変動相場制については，市場調整メカニズムを重視してこれを積極的に支持する議論がある。ここではその主な主張点を紹介し，その問題点を述べておこう。

第 1 に，一国の貿易収支ないし経常収支の不均衡は為替相場の変動を通じて調整され均衡されるという議論である。例えば，日本の貿易収支が大幅な黒字である場合，円の対ドル相場が上昇（例えば，¥100/\$ → ¥90/\$）すれば，ドル・ベースでの輸出金額は減少する一方で，輸入金額は増加するので，貿易収支黒字は是正される，という議論である。この種の議論の問題点は，① 資本取引を自由化している場合，為替相場は貿易収支だけで決定されるのではなく，資本勘定によっても影響されるため，貿易収支黒字→円高という関係は一面的な理解に過ぎないということである。② 仮に円高になったとして，日本の輸出業者は円・ベースの売上高を確保すべく，ドル・ベースの輸出価格を引き上げて，結局ドル建輸出金額は増加することがある。例えば，輸出価格を10％引き上げる時，輸出商品の価格弾力性が小さくて，現地での販売量の減少が10％以下であれば（輸出金額の変化量＝輸出価格の変化量＋輸出量の変化量），輸出金額はかえって増加する場合もある。これを **J カーブ効果** という。したがって，貿易収支が黒字のときに，円の対ドル相場が上昇した場合，必ずしも貿易黒字は是正されるとはかぎらないのである。

第 2 に，固定相場制では，貿易・経常収支調整が為替相場の変化に期待でき

ない以上，国際収支の調整負担は，国内財政・金融政策のストップ・アンド・ゴー政策にかかってくる。他方，変動相場制では，為替相場の変動による収支調整効果から対内均衡優先の政策裁量幅が拡大するといわれてきた。しかし実際には，為替相場の動きを放置して，対内均衡政策を優先できる国はほとんどなかった。それは何よりも，数多くの諸国で導入された上の管理フロート制の現実が示している。

第3に，輸入商品価格の上昇・下落に対し，固定相場制ではその価格変動が直ちに国内物価水準に波及するのに対し，変動相場制では為替相場のフロート・アップ／ダウンによって，これを遮断し得るといわれてきた。しかし，変動相場制下でも，原燃料価格の高騰と為替相場の下落が重なれば，国内ではハイパー・インフレに見舞われる可能性がある。この点，現に1970年代の二度の石油ショックにおいて，先進諸国は経験済みである。

第4に，変動相場制は通貨当局の市場介入を必要としないために，外貨準備は不要になるという。しかし，為替相場の変動は国際取引に多大な支障を来たすため，変動相場制移行後も通貨当局は市場介入を続けた。その結果，1970年当時100億ドル足らずであった世界の外貨準備高は1980年代後半500億ドルを越えた。

第5に，変動相場制は為替相場を均衡水準へ収斂させる自動調整作用が働くという点である。しかし，ケインズの言う「美人投票」と同じように，現実の為替市場は投機に左右されているし，購買力平価等々理論値とはいっても最早客観的な為替平価が制度的に存在する訳もない。そうであるが故に，現実の為替相場は，一方向へのオーバー・シューティングを繰り返しながら進んできたし，この間繰り返し為替投機・通貨危機が発生してきたのである。したがって，変動相場制の自動調整作用なるものは機能していない。

2．「ドル本位制」への道

金・ドル交換停止以降，ドル建銀行通貨は全くの不換通貨になった。それにもかかわらず，ドルが国際通貨として流通し続け，基軸通貨としての地位にあることから，「ドル本位制」の確立を主張する見解がある。しかし，不換のドルが最終的な国際決済の手段となったかといえば，そうではない。ドルは依然

としてアメリカにとっての債務であることに変わりない。なぜなら，ドル建銀行通貨は，**自己宛債務**たる預金通貨の貸付取引として創造され供給されるからである。したがって，貨幣＝金との交換が完全になくなってしまった今日，貸し付けられたドル建銀行通貨は返済＝支払い決済によってのみ還流し消滅する。

　しかし，アメリカが長期構造的に貿易・経常収支の赤字を計上し続けていることは，例えば貿易次元でいえば非居住者が在米居住者に支払うドル（＝アメリカの輸出）よりも在米居住者が非居住者に支払うドル（＝アメリカの輸入）の方が多いということにほかならない。この場合，非居住は受け取ったドル建銀行通貨を米銀にそのまま預け続ける——非居住にとって対外短期債権であるが，アメリカにとって短期対外債務を形成する——とすれば，アメリカは輸入により生じた対外債務をそれ自体もまた債務に過ぎないドル建銀行通貨に置き換えて支払ったことにしているに過ぎず，何らの最終決済もなされていないことになる。そしてこのような関係が続くかぎり，非居住者に支払われたドル建銀行通貨は在米居住者の純資産によって返済されないまま，米銀には非居住者の形成する短期預金ばかりが増え続けることになる。いうなれば，最終決済の先送り＝繰り延べである。こうしてアメリカは，対外純資産を形成することなく，自国の財・サービスの購入のためにドル建銀行通貨を非居住者に支払い（＝供給し）続け，世界中から財・サービスを純輸入し続けてきたのである。「**最終決済なき国際通貨制度**」といわれる所以もここにあるのであって，いわゆる「**ドル本位制**」の実態がこれである。こうした関係を正すためには，アメリカが貿易・経常収支を均衡化ひいては黒字に転化させ，過去のドル建債務を返済する以外，最早術はない。つまりは純資産決済である。

3．国際収支調整負担を巡る「非対称性（asymmetry）」問題

　しかし，現実にはかかる国際的債権債務関係の純資産決済が行われない国際通貨制度＝「ドル本位制」が今日まで続き，この間世界経済の不均衡は拡大の一途を辿ってきた。そしてここに介在して来たのが，アメリカとその他周辺諸国との間での国際収支調整負担に関する「非対称性」問題である。問題の所在は次の通りである。

国際通貨国アメリカの経常収支が赤字で，非居住者がアメリカから受領した
ドルを米銀行制度にドル建預金あるいはドル建金融資産で保有する場合，アメ
リカの経常赤字は資本収支黒字によって補てんされることになる。一方，周辺
国が黒字である場合，過度の自国通貨高を抑制すべく通貨当局はドル買介入を
行うため，ドル準備を積み上げることになる。こうして形成されたドル準備は
主に米国債投資として保有され，アメリカの経常赤字の補てんに充用されるこ
とになる。

このように，特定の国民通貨ドルが国際通貨として利用されるかぎりにおい
て，アメリカの経常収支赤字は周辺国民間部門による対米投融資及び通貨当局
による外貨保有によって補てんされる関係にある。つまり，相対的な程度の問
題ではあるものの，周辺国の場合，外貨準備額を規定する経常収支の動向（＝
対外均衡）に大きく規定された金融経済政策運営を余儀なくされるのに対し，
国際通貨国アメリカの場合，経常収支の動向にさほど拘泥されることなく，自
国経済中心＝対内均衡優先の政策運営の余地が与えられることになる。このこ
とを反映して，周辺諸国通貨当局は為替投機・通貨危機に備え巨額の外貨準備
を保有せねばならない一方で，アメリカは原則対外決済のための外貨準備を保
有する必要はないことになる。これこそは国際収支調整負担に関する「非対称
性」といわれる問題であり，問題の根源は特定国国民通貨たるドルが国際通貨
として機能してきたにもかかわらず，その最終的国際決済の先送り＝繰り延べ
を許容する「ドル本位制」に存在するのである。かかる「非対称性」がもたら
す矛盾は，金融の自由化・国際化を経た1980年代以降一層増幅され，1985年プ
ラザ合意を契機としたG5先進諸国の政策協調によってカバーされるも，1990
年代以降ともなれば，新興経済諸国・発展途上国を巻き込んだグローバル金融
資本主義となって，世界経済の不均衡を更に大きく拡大させて行くことになっ
たのである。

補論1 「流動性のディレンマ論」を巡る論争

トリフィンは1952年から59年までのアメリカの国際収支を分析することを通
じて，経常勘定を上回って資本輸出および経済援助が増加することによりドル
を世界へ供給するが，非居住者ドル保有高が金保有高を上回っていることを示

すことで，ドルの信認が低下すると主張した（トリフィン，R.／小島・村野監訳
『金とドルの危機』勁草書房，1961年，2頁，図「1949—1959年のアメリカ国際収支」，
図「1949—1959年のアメリカの金保有量および世界のドル保有額」を参照）。

　トリフィンの主張の要旨は次の通りである。

　「もし基軸通貨国が，自国の国際短期債務の増加に応じて金保有残高を増加
させる場合には，かかる貸付が国際流動性の不足を緩和させることにはならな
い。基軸通貨国がその経常勘定余剰のみならず，他の諸国が準備として蓄積し
た自国通貨の額に等しい自発的な貸付による資金の流入を賄う十分な額を，外
国に再貸付ないし贈与の形態で与えることに成功した場合にのみ，国際流動性
の不足を緩和し，かつ『希少基軸通貨』たる事態の展開を回避することができ
るのである」（トリフィン，R.／小島・村野監訳，1961年，108-109頁）。

　かといって，基軸通貨国が自国通貨を外国に供給し続ければ，「債権国の純
準備ポジションは徐々に悪化し，その通貨は準備保有国にとって絶対的に安全
と思われなくなるであろう。そうなると，準備資金の流入は鈍化し，さらに逆
に流出が始まり，国際収支不均衡を緩和するよりは，これを悪化することにな
るかもしれない」（トリフィン，R.／小島・村野監訳，1961年，110頁）。こうして，
その基軸通貨に対する信認は漸次減退する。

　トリフィンの流動性ディレンマ論に対し，キンドルバーガーはアメリカを世
界の銀行に例えて批判を加えた。キンドルバーガーによれば，アメリカは経常
収支黒字を上回る資本収支赤字（＝基礎収支赤字），つまり，経常収支黒字相当
の対外投資および「短期借り・長期貸し」により「世界の銀行」としての役割
を演じることができる。「世界の銀行」としてのアメリカの均衡条件は総合収
支レベルの均衡であり，$X-M-LTC-STC=G$ となる（X は輸出，M は輸入，
LTC は長期資本移動，STC は短期資本移動，G は金融勘定を表す）。キンドルバーガ
ーは戦後のアメリカの国際収支について次のように述べる。

　「アメリカは戦後，経常収支の黒字を上回る資本輸出と海外援助とにより，
ドル建て流動資産を世界に供給してきたこともあって，久しくこの超過は不均
衡を示すという意味での赤字を反映したものではなかった。アメリカの資本流
出と海外援助は，1つでなく2つの要請を満たしてきた。第1に，それはアメ
リカ以外の世界の国々に財・サービスを供給してきた。しかし第2に，アメリ

カの対外貸付が自国通貨をドル建て流動資産に置き換える外国人によって相殺されるかぎり，アメリカは過剰投資を行ってきたのではなくて，金融仲介サービスを提供してきたことになる。赤字は主としてその第2プロセス——ここでは，アメリカはほとんどの場合，短期借りの中長期貸しを行ってきている——を反映したものである」（キンドルバーガー，P. C.／益戸欽也訳『インターナショナルマネー』能率産業大学出版部，1983年，73頁）。

　基礎収支の赤字は国際収支の不均衡を意味しない理由について，キンドルバーガーはアメリカを銀行に例えて次のように述べる。「銀行は，その疑いのない負債に対して疑わしい資産を獲得している場合には，あるいはポートフォリオ（金融資産）が不均衡で流動資産の割合が縮小している場合には，「赤字状態」にある。しかし，準備率が維持されているかぎり，長期で貸し付け短期で借り入れるという事実自体は赤字ではない。長期で貸し付け短期で借り入れることは，銀行を含めて金融機関が行うところである。それはゆき過ぎることがあるから，ポートフォリオは当座資産，第2次資産および長期資産の間でバランスさせられなければならないし，預金はそれが過敏であるから警戒されなければならない。」（キンドルバーガー，P. C.／相原・小田原・志田共訳『国際経済学（第4版）』評論社，1978年，437頁）。

　以上のように，長期貸し・短期借りにより基礎収支が赤字になっても，準備率が維持され，かつ，流動性が確保されているかぎり，国際収支は均衡していると主張する。では，準備率の適性水準とは何を意味するのか。キンドルバーガーは次のように述べる。

　「必要とされる準備の大きさは，海外の循環の幅，輸入需要の所得弾力性，輸出入の価格の可変性，関連した価格弾力性の大きさ，そして為替や在庫の非安定的投機の大きさ，あるいは安定的活動の小ささに比例して変わるであろう。……しばしば，外国為替管理に頼る国に対する適性準備額は，原則として為替の取引を制限することを全く拒絶している国にとっては十分でないかもしれない」（キンドルバーガー，P. C.／相原・志田共訳『国際経済学』評論社，1966年，485頁）。このように，キンドルバーガーは中心国アメリカにとって適正な準備水準を明確には定義していない。

　以上のように，ドルの供給を「世界の銀行」による長短期の満期変換機能に

よって説明しているキンドルバーガー説の問題点を述べておこう。

　先ず，アメリカによる国際通貨の供給について，国内の銀行業務とアメリカの国際収支と同じ次元で論じることの論理的妥当性である。商業銀行の特殊性は短期資金を長期資金に変換する機能をアメリカの国際資金仲介業務へそのまま援用することにより，国際通貨としてのドルの供給と信認問題を説明する議論をどのように評価すべきであろうか。

　アメリカの短期借・長期貸は，国際収支上で経常収支黒字を上回る長期資本投資（＝基礎収性支）を行うことを意味する。この場合に，長期資本投資は，以下のような理由で銀行の貸付とは根本的に異なる点に留意すべきであろう。① 対外直接投資は投資先の資本と永続的な経営関係を取り結ぶために行うのであるから，資金の還流は保証されない。② 利子取得およびキャピタルゲインの獲得を目的とする証券投資も同様である。次に，経常収支勘定の公的経常移転は無償と貸与の２つがあるが，無償の公的移転は一方的な資金の供与であり，本国に還流する保証はない。さらに，アメリカ居住者の財・サービス購入に対する支払いによるドル供給は，銀行の貸付取引によるドル供給とは本質的に異なるものである。このように考えると，国際通貨国による資本の供給と還流は，銀行と同レベルで論じられるべきではない。

　アメリカを国際的資金仲介機関とする見解はその後もしばしば見られるが，上記のような批判は免れることはできない。アメリカの対外投資は「銀行の貸付取引」となるため，基礎収支ポジションの悪化に対する十分な流動性を準備する必要がある。しかし，先述のとおり，キンドルバーガー説では，アメリカのドル短期債務に対する十分な準備資産を保有することの意義が軽視されていた。また，実際にもアメリカの基礎収支ポジションの悪化によりドルの信認問題が生じ，金・ドル交換停止に至るのである。

補論2　不換の国際通貨ドルを巡る論争

　不換の国際通貨ドルが流通する現実をみて，ドルの流通根拠を巡り論争が繰り広げられた。ドルの流通根拠を問うことは，ドルの信認の根拠を問うことである。この論争について，平，「第5章　国際通貨」（小野朝男・西村閑也『国際金融論入門』有斐閣，1989年，所収）を参照。同書は不換の国際通貨ドルの流通

根拠の論争について，詳細にサーベイしている。平は次のように述べている。
国際通貨の金への交換保証がなくなり各国が変動相場制に移行しても，そこで，
各国の通貨当局はドルと自国通貨の交換比率の安定性を確保しなければならず，
ドルを基準にした自国通貨の相場を安定させる必要性から，外国為替市場にお
いて介入点を弾力的に変更しつつ，ドルによる市場介入を継続したのである。
ドルが基準通貨となったのは，長年にわたるドル流通の結果，為替市場や国際
金融市場においてドル取引が圧倒的に多いという現実が，諸資本にとって為替
リスクの軽減・回避のための操作を容易にしたからである。このようなドルで
の介入操作は，ドル相場の相対的安定性を生み出し，いわばドルの「事実上の
公的交換性」の保証を生み出し，結果として国際通貨としてのドルの流通を支
えることになった。

付記
　本章は鳥谷一生・松浦一悦編著『グローバル金融資本主義のゆくえ』（ミネルヴァ
書房，2013年）の第11章「ブレトン・ウッズ体制と変動相場制への移行」からの一部
加筆修正の上での転記である。

注
1）クーパー，R.／武藤訳，1988年，91頁。
2）当時の IMF 国際収支マニュアルでは，1年以上の国際資本移動を長期資本収支，
　1年未満の国際資本移動を短期資本収支に分けて，経常収支勘定＋長期資本収支＝
　基礎収支と定義していた。
3）例えば，フランスは1959年1月に資本勘定を廃止して，非居住者資本取引を自由
　化した。イタリアは1956年2月の外資法改正によって経常取引と資本取引を自由化
　した。なお，投資の元本および果実の本国送金も全くの自由となった。オーストラ
　リアでは1958年以降，非居住者資本取引化が実施された（日本銀行「西欧諸国の貿
　易・為替自由化について」『調査月報』1960年）。

参考文献
Kindleberger, C. P. (1963). *International Economics: 3th,* Richard D. Irwin Inc.,
　　Illinois（キンドルバーガー，P. C.／相原光・志田明共訳『国際経済学』評論社，
　　1966年）.

Kindleberger, C. P. (1968). *International Economics: 4th*, Richard D. Irwin Inc., Illinois（キンドルバーガー，P. C.／相原光・小田原絹一・志田明共訳『国際経済学』（第4版），評論社，1978年）．

Kindleberger, C. P. (1981). *International Money*, Allen & Unwin（キンドルバーガー，P. C.／益戸欽也訳『インターナショナルマネー』能率産業大学出版部，1983年）．

Triffin, R. (1960). *Gold and the Dollar Crisis: The future of convertibility*, Yale University Press（トリフィン，R.／村野孝・小島清監訳『金とドルの危機』勁草書房，1961年）．

クーパー，R.／武藤恭彦訳『国際金融システム――過去・現在・未来――』HBJ 出版局，1988年。

嶋田巧編著『世界経済』八千代出版，2009年。

鳥谷一生・松浦一悦『グローバル資本主義のゆくえ』ミネルヴァ書房，2013年。

古海建一『外国為替入門』日本経済新聞社，1990年。

山本栄治『国際通貨システム』岩波書店，1997年。

第6章

プラザ合意以降の「ドル本位制」

　1970年代に始まった「ドル体制」は，1980年代においてアメリカの「双子の赤字」を背景にして大きく変容した。本章の第1節では，1985年のプラザ合意の意義とそれによって「ドル本位制」が支えられる仕組みを論じ，第2節で1990年代にアメリカ経済の復活により「ドル本位制」の下で経済のグローバリゼーションが深化する過程を説明する。第3節で国際通貨ドルの地位の変化を述べる。

第1節　1985年プラザ合意と「ドル体制」の変容

1．新保守主義の台頭とレーガノミックス

　1970年代末から主要先進国において，いわゆる新保守主義が台頭した。当時先進諸国はおしなべてインフレーションと失業とが併存するスタグフレーションに見舞われており，これに貿易・経常収支赤字が加わったイギリスでは，インフレと不況が併存する最中，1979年に保守党のサッチャー政権が誕生した。日本では1982年に中曽根政権が発足し，アメリカでは1981年に「強いアメリカ」の復活を政治理念とする共和党のレーガン政権が誕生した。新保守主義が主張する共通項は，国営企業ないし公共事業の民営化，規制緩和，法人税引き下げを伴う税制改革，労働組合の弱体化であった。その背景には，1970年までの社会保障制度による手厚い労働者への保護，肥大化した国営企業に対する保証，縦割り行政による産業間競争の制限などによって市場の効率性が損なわれ，そのことが民間企業の競争力を低下させ，また国家財政の健全性をも失わせたとの認識があった。

　アメリカのレーガン政権はレーガノミックス——それは反ケインズ経済学と

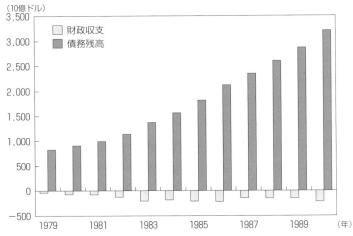

図6-1 アメリカの財政収支と債務残高（1979-1990年）

（出所） U.S. Government Printing Offfice, Economic Report of the President, 2005, p. 303.

してのサプライサイド・エコノミックスとマネタリズムの合従であった——と称され，規制緩和・減税による「小さな政府」を掲げた。他方においては，軍拡による軍産複合体制の復活によって不況を乗り越えようとし，その際に強調されたのが市場競争原理であった。それが目指すところは産業の国際競争力強化であり，その手段として金融・運輸・通信の分野における規制緩和・自由化を推進したのである。併せて，「ラッファー・カーブ」なる論法をもって法人税・所得税減税と金融資産課税減税を推進し，財政支出抑制・行政改革として既存の関係省庁は統廃合されていった。

以下，レーガノミックスの財政政策と金融政策を述べておこう。米政府は1981年に減税と政府支出の削減を狙った経済再建租税法（ERTA, Economic Recovery Act and Tax Act）を成立させた。その内容は，第1に，81年から84年の間に個人所得税率を毎年10％ずつ引き下げて，ほぼ30％引き下げること，かつ最高税率を70％から50％に下げることである。第2に，設備投資の促進を目的として，機械や工場設備などの償却期間の短縮をはかる加速度償却制度を導入することである。これは，企業にとって設備資本の償却期間の短縮を税制

第6章　プラザ合意以降の「ドル本位制」　*125*

表6-1　アメリカ財務省証券の発行残高

（単位：10億ドル）

年	市場性証券			小　計	非市場性証券	合　計
	財務省手形	財務省中期証券	財務省債券			
1980	199.8	310.9	83.8	594.5	311.9	906.4
1981	223.4	363.6	96.2	683.2	313.3	996.5
1982	277.9	442.9	103.6	824.4	316.5	1,140.9
1983	340.7	557.5	125.7	1,024.0	351.8	1,375.8
1984	356.8	661.7	158.1	1,176.6	383.0	1,559.6
1985	384.2	776.4	199.5	1,360.2	460.8	1,821.0
1986	410.7	896.9	241.7	1,564.3	558.4	2,122.7
1987	378.3	1,005.1	277.6	1,676.0	671.8	2,347.8
1988	398.5	1,089.6	299.9	1,802.9	797.0	2,599.9
1989	406.6	1,133.2	338.0	1,892.8	943.5	2,836.3
1990	482.5	1,218.1	377.2	2,092.8	1,118.2	3,210.9
1991	564.6	1,387.7	423.4	2,390.7	1,272.1	3,662.8
1992	634.3	1,566.3	461.8	2,677.5	1,384.3	4,061.8
1993	658.4	1,734.2	497.4	2,904.9	1,503.7	4,408.6
1994	697.3	1,867.5	511.8	3,091.6	1,597.9	4,689.5
1995	742.5	1,980.3	522.6	3,260.4	1,690.2	4,950.6
1996	761.2	2,098.7	543.5	3,418.4	1,802.4	5,220.8
1997	701.9	2,122.2	576.2	3,439.6	1,967.9	5,407.5
1998	637.6	2,009.1	610.4	3,331.0	2,187.7	5,518.7

（出所）「1999年 アメリカ経済白書」『エコノミスト』1999年 5 月31号，267頁。

上優遇することによって，設備投資を誘発することを目的としていた。そして第 3 に，小さい政府を目指し財政規模を縮小することであった。民間活力を十分利用して，競争原理を高める上で，国家による市場への介入は不要なものと理解されるようになったのである。しかし，支出面では社会保障，メディケア，国債の利払い以外の支出が削減される一方で，防衛支出が増額し続けたため，当初の目標に反して財政支出は拡大を続けた。

　実際の歳出が増加する一方で，歳入が減少したために，財政収支は大幅な赤字を計上していった（図 6 - 1 ）。このため段階的赤字解消と1990年度赤字ゼロを目指す1985年グラム・ラドマン法が制定されるが，実質増税を伴う目標達成は1993年度まで先送りされることになる。巨額の財政赤字は大量の国債発行へと導く。国債の発行残高は80年末の9064億ドルから85年末の 1 兆8210億ドルへと約 2 倍の伸びを示し，レーガン政権期になって国債残高が凄まじく膨張していった（表 6 - 1 ）。

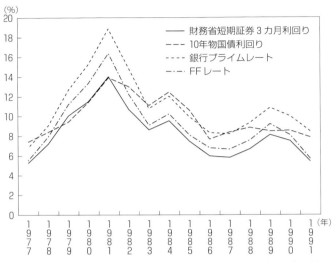

図6-2 アメリカの長期・短期金利の変化

(出所) U.S. Government Printing Office, Economic Report of the President 2012, p.404.

次に金融政策の展開をみてみよう。連邦準備制度理事会（FRB）は，1970年代後半において主に公開市場操作を通じて通貨供給量を調整することによって金利を操作するという政策を実施してきた（金利ターゲット方式）。しかし，79年にポール・ボルガーがFRB議長に就任してから，金利ターゲット方式を変更し，銀行がFRBに保有する各種の準備指標（市中銀行の中央銀行預け金）に焦点を当てて貨幣供給量の直接的制御を試みようとする政策へ転換した。これがいわゆるマネタリー・ターゲットの金融調節である。マネタリー・ターゲット方式とは，予想経済成長率に見合う通貨供給量を事前に決定し，貨幣供給量（マネー・ストック）を直接的なコントロールの手段にするものである。

この新しい金融調整方式は，1981年のレーガン政権の誕生とともに本格的に運用された。高いインフレ率を抑制するため，予想経済成長率に合わせて貨幣供給量が直接規制される結果として，マネー・ストックの伸び率は大幅に低下した。貨幣需要に対し貨幣供給量の伸び率が抑制された結果，金融市場は逼迫し，各種金利の高騰が継続した（図6-2）。これがいわゆるアメリカの「高金

利政策」であり，国内経済に強いデフレ効果を強いることになると同時に，ドル高を引き起こす原因となった。

　1982年に不況が深刻化する中で，南米の累積債務問題が顕在化することを契機に，FRBは金融緩和政策への転換を余儀なくされる。なぜならば，南米諸国はアメリカの大銀行から巨額のドル建て借入を行っており，アメリカの高金利の結果として，南米諸国にとって金利負担が増大したことが債務不履行（デフォルト）を引き起こす原因となったからである。アメリカ系大銀行の破綻は，アメリカの決済システムに悪影響を及ぼす可能性があるため，FRBはそれを無視できなかった。

　ここに来て，FRBは公定歩合の引き下げを始めるとともに，マネタリー・ベースを厳格にコントロールする金融調整方式を転換し，マネタリー・ベースの量的規制を緩めたのである。この新方式の下では，FRBは市中銀行の借入水準をある比較的望ましい幅に収めることを目指す一方で，市中銀行の準備が不足する場合には，公開市場操作による非借入準備の調整によって柔軟に対応することになった。

　このような金融政策転換に伴い，1982年秋以降，個人消費支出と政府支出の拡大に主導される資金需要の増大，および大量の国債の市中消化にともなう資金需要の増大に応じる形で，マネタリー・ベースの供給が増加し，それによるマネー・ストックの供給も増加した。その結果，81年に年率17％を超えていた**フェデラル・ファンド・レート***（FFレート）は低下を続けた。しかし，積極的財政政策と貨幣供給量抑制の金融政策のポリシー・ミックスは，アメリカの利子率を諸外国と比較して相対的に高位に維持させることによって，海外から流入する資金がアメリカの双子の赤字（財政赤字と貿易赤字）を補てんした。

　以上のような財政・金融政策の結果として生じる高金利はインフレを収束される点では功を奏したが，技術革新を伴う設備投資を抑制し，それによって雇用の成長を抑制するという副作用をもたらした。また，ドル高は国内製造業の国際競争力を低下させることにより輸出金額が減少する一方で，輸入金額は増加したため，貿易赤字が増加した。さらに，ドル高下で製造業企業は工場の海外移転を進めた結果，国内の産業基盤を弱体化させることとなった（図6-3）。

図6-3 「双子の赤字」の形成過程

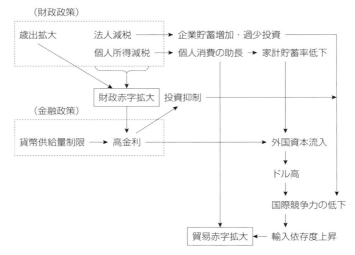

2. 1985年プラザ合意とアメリカの新通商政策
(1) プラザ合意の意義

1980年代中頃になると「双子の赤字」がアメリカ経済に重く伸し掛かる。それに加えて、アメリカの高金利を背景に中南米で累積債務問題が発生した結果、その融資元であるアメリカ大手金融機関が経営破綻を引き起こし、アメリカの信用不安を生み出していた。

「双子の赤字」と中南米の累積債務問題に悩むアメリカは、問題解決のための構造調整の負担を自国だけでは負うことができなくなり、他の先進諸国に負担分担を要請することとなる。すなわち、85年9月ニューヨークのプラザホテルでG5の蔵相と中央銀行総裁が会合を開き、為替相場が購買力平価で示される均衡為替相場水準から大きく乖離して変動するという不整合（ミス・アラインメント）を改善するという合意に達する。先進諸国間の経済基礎的条件と対外経常収支の実態が各国間の為替相場に十分反映されておらず、為替相場は経常収支の不均衡を調整する役割を果たすべきこと、そうした理由で、米ドルの他国通貨に対する秩序ある切り下げが望ましいとの見解が示された。これが、85年9月の**プラザ合意**であった。

その骨子は，① アメリカの輸出競争力の強化と経常収支不均衡の改善のために先進諸国はドル安を誘導すること，② アメリカ内の金利の引き下げと「双子の赤字」ファイナンスを両立させるため，日本と西ドイツは金利の引き下げによって国際的資金移動をアメリカへ誘導し，アメリカ金融市場の資金需給を緩和し低金利を実現する，ひいては累積債務国の金利負担軽減をはかること，③ 関係国間の多角的監視を通じて緊密な協調体制を確立し，黒字国の内需主導型経済構造への転換をはかり，日・独の経常収支黒字を削減し，赤字国アメリカへの資金還流をはかることであった。

もっとも，アメリカ以外の諸国，特に西ドイツや日本にとって，急激なドル安＝自国通貨高は外貨準備等で保有するドル建金融資産の大幅な評価損でしかなかった。かといって，ドル高政策によって不利益を被った米製造業・輸出産業企業が米議会に働きかけ，議会が保護主義的政策を打ち出すことも懸念された。そこでアメリカ及び周辺諸国は，国際協調的「秩序あるドル安政策」として妥協に漕ぎ付いたのであった。このような事情を背景に，アメリカは80年代前半の為替市場不介入・ドル高政策から85年9月以降は積極的機動的な市場介入・緩やかなドル安政策へと大きく政策転換をはかったのである。

(2) アメリカの保護主義貿易の強化

1980年代の貿易赤字の拡大を背景に，アメリカは自由貿易から保護主義貿易へ政策転換をはかる。それは，戦後の多角主義からバイラテラリズム（2国間主義）への変化を含み，また，公正貿易の名の下で自国の論理で相手との貿易を管理するユニラテラリズム（一国主義）の傾向を強めていく。1980年代におけるアメリカの最大の貿易赤字相手国は日本であったので，日本に対する市場開放圧力も強まった。

先ず，貿易相手国に対し**輸出自主規制措置**＊や**反ダンピング関税**＊を賦課することによって，バイラテラリズムにもとづき商品ごとに輸入規制を行った。工作機械や自動車などの個別品目の摩擦については，2国間交渉を通じで輸出自主規制による決着がはかられた。1985-87年の市場志向・分野選択協議（MOSS, Market Oriented Sector Service）では，アメリカは電気通信，エレクトロニクス，医療機器など特定の分野を一方的に協議の対象として市場開放を迫った。

次に，1980年代後半には単なる個別品目の摩擦を超えて，日本側の貿易収支均衡の構造的要因と市場構造の在り方が問題とされた。ブッシュ政権下で日米構造協議（1989-90年）が開催され，まず日米の貿易収支不均衡の原因は日本の貯蓄・投資パターンに問題があるとして，日本政府に対し財政支出を通じた内需の拡大を要求した。また，日本の輸入が拡大しない原因は歪んだ市場構造にあるとの認識から，① 土地利用の特殊性，② 複雑な流通経路，③ 排他的取引慣行，④ 系列関係などの改善や撤廃を求めた。

その後のクリントン政権は日米包括協議（1993-95年）において，① 日本は経常収支黒字を GDP 比 2 ％以内に抑制すること，② 自動車・部門別交渉における輸入数値目標を設定することを日本政府に要求した。これは結果を重視する管理貿易政策といえる。こうしてアメリカは通商代表部の指揮の下で日本の排他的な取引慣行を改善させることを通じて，アメリカ製品の日本市場への参入を促そうとした。

ところで，アメリカの保護主義への転換は地域経済圏の形成に向けた動きにも表れている。GATT・ウルグアイラウンドの交渉によって世界的な貿易自由化が進行する半面，排他的な地域経済圏の形成が進んでいった。具体的には，アメリカはカナダとメキシコと1992年に三国間の投資と貿易を促進することを意図した NAFTA（North American Free Trade Agreement）を締結した。これは，西ヨーロッパにおいて1980年代後半から進む EC の市場統合に対抗する方策といえる。

(3) 途上国への市場開放圧力の増大

1980年代の南米債務危機直後に，IMF 提案，ベーカー提案など，累積債務問題の解決に向けて様々な試みがなされたが，成功しなかった。その理由は，それらの提案の第 1 目標が債務の弁済と利払いの継続を前提にした債務繰り延べを基本とするもので，債務国の再建を促す仕組みが考慮されていなかったからである。

1989年 3 月に提案されたブレディ提案はアメリカの債務戦略を「債務繰り延べ」から「債務削減」へ大きく方向転換させるものであった。ブレディ戦略の骨子は，① 民間銀行が発展途上国に対し保有する債権を発展途上国発行の債券（ブレディ・ボンド）に転換し，銀行による不良債権処理を加速させること，

② 発展途上国金融を銀行融資による間接融資から債務の証券化を契機とした市場ベースの金融方式に転換させること，③ 債権国および IMF・世銀による資金支援と引き換えに，債務国に構造調整を進めさせ，財・サービス市場や金融市場の自由化をはかることであった。これによって，発展途上国の金融自由化が進展し，それはアメリカ多国籍資本が途上国へ対外投資を強める礎となった。

3．1980年代のアメリカ国際収支

　アメリカの貿易収支赤字は1980年代に入ってからも増加を続け，1984年からの景気回復によって輸入金額が増加したことによって，85年には対 GDP 比でマイナス2.9％に達した（表6 - 2を参照）。経常収支赤字は，その赤字の相殺項目である投資収支の黒字によっても，もはや相殺できない規模に急増し，82年に赤字へ転化した。85年のプラザ合意を受けたドル高是正によっても，貿易収支赤字は86年と87年に減少するどころかかえって増加したことによって，経常収支は87年には対 GDP 比マイナス3.4％を超えるまでになった。

　経常収支赤字を補てんするのは，① 対米直接投資，② 民間対米証券投資，③ 銀行収支，④ 外国公的資産である。このうち，① 対米直接投資は資金の還流が起き難い安定的なファイナンス資金源であり，経常赤字に対する直接投資の規模はプラザ合意が行われる85年まで低下傾向にあったが，その後比率は上昇した。② 対米民間証券投資は最も規模の大きいファイナンス項目であり，86年には経常赤字の約6割をファイナンスしていた。しかし，証券投資は金利変化とキャピタル・ゲイン獲得に敏感に反応し短期的に反転するため，経常赤字の補てん資金源としては脆弱であった。実際にも，対米証券投資は年によって大きく変動しているのが窺える。また，③ 銀行部門による借入も，証券投資と同じ水準で赤字のファイナンスに貢献していたが，市場の金利変化に反応し易く，浮動性の強い資金フローであるため，年によって変化が大きかった。

　最後に，④ 外国公的資産は，海外の通貨当局が保有する資産のことであり，その殆どはアメリカの財務省証券の形態で保有される。これは，プラザ合意以降，海外の通貨当局が行き過ぎるドル安を食い止めるため，自国の外国為替市場でドル買い介入した結果として保有するドル準備を米国債へ投資したことによって生じるものである。例えば，図6 - 4が示すように，日本の外国為替市

表6－2　1980年代アメリカの国際収支

(単位：100万ドル)

	1980年	1981年	1982年	1983年	1984年	1985年	1986年	1987年	1988年	1989年
経常収支	23.2	5,030	−5,536	−38,691	−94,344	−118,155	−147,177	−160,655	−121,153	−99,486
貿易収支	−255.0	−28,023	−36,485	−67,102	−112,492	−122,173	−145,081	−159,557	−126,959	−117,749
サービス収支	60.9	11,852	12,329	9,335	3,419	294	6,543	7,874	12,393	24,607
投資収益収支	301	32,903	35,164	36,386	35,063	25,723	15,494	14,293	18,687	19,824
移転収支	−83.5	−11,702	−16,544	−17,310	−20,335	−21,998	−24,132	−23,265	−25,274	−26,169
資本収支	0	0	199	209	235	315	301	365	493	336
金融収支										
対米投資	471.2	81,272	92,997	82,849	114,612	147,233	194,360	203,247	206,764	216,425
民間投資										
直接投資	169.2	25,195	12,635	10,372	24,468	19,742	35,420	58,470	57,735	68,274
国　債	26.5	2,927	7,027	8,689	23,001	20,433	3,809	−7,643	20,239	29,618
社債・株式	54.6	6,905	6,085	8,164	12,568	50,962	70,969	42,120	26,353	38,767
（証券投資）	81.0	9,832	13,112	16,853	35,569	71,395	74,778	34,477	46,592	68,385
通　貨	45.0	3,200	4,000	5,400	4,100	5,200	4,100	5,400	5,800	5,900
非銀行部門債務	68.5	917	−2,383	−118	16,626	9,851	3,325	18,363	32,893	22,086
銀行部門債務	107.4	42,128	65,633	50,342	33,849	41,045	76,737	86,537	63,744	51,780
対外投資	−736.5	−103,875	−116,786	−60,172	−31,757	−38,074	−110,014	−89,450	−105,628	−151,323
直接投資	−192.2	−9,624	−4,556	−12,528	−16,407	−18,927	−23,995	−35,034	−22,528	−43,447
証券投資	−35.7	−5,699	−7,983	−6,762	−4,756	−7,481	−4,271	−5,251	−7,980	−22,070
銀行部門債権	−40.2	−4,377	6,823	−10,954	533	−10,342	−21,773	−7,046	−21,193	−27,646
非銀行部門債権	−468.4	−84,175	−111,070	−29,928	−11,127	−1,323	−59,975	−42,119	−53,927	−58,160
公的資本収支										
公的資本収支	−70.0	−4,082	−4,965	−1,196	−3,131	−3,858	312	9,149	−3,912	−25,293
外国公的資産	155.0	4,960	3,593	5,845	3,140	−1,119	35,648	45,387	39,758	8,503
統計上の不一致	208.9	21,792	36,630	16,162	16,733	16,478	28,590	−9,048	−19,289	49,605
メモランダム										
直接投資/経常収支(%)	−7.3	−5.0	2.3	0.3	0.3	0.2	0.2	0.4	0.5	0.7
証券投資/経常収支(%)	−3.5	−2.0	2.4	0.4	0.4	0.6	0.5	0.2	0.4	0.7
外国公的資産/経常収支(%)	−6.7	−1.0	0.6	0.2	0.0	0.0	0.2	0.3	0.3	0.1
経常収支/GDP(%)	0.0	0.2	−0.2	−1.1	−2.4	−2.8	−3.3	−3.4	−2.4	−1.8
貿易収支/GDP(%)	0.0	−0.9	−1.1	−1.9	−2.9	−2.9	−3.3	−3.4	−2.5	−2.1
GDP	2,789.500	3,128.400	3,255.000	3,536.700	3,933.200	4,220.300	4,462.800	4,739.500	5,103.800	5,484.400

(注)　対米投資は負債の純発生金額。対外投資は金融資産の純取得金額を示す。
(出所)　US. Department of Commerce, Bureau of Economic Analysis, *Survey of Current Business*, various issues, Economi Report of the President Transmitted to the Congress Feburary 2005, p. 208. より筆者作成。

第6章　プラザ合意以降の「ドル本位制」　*133*

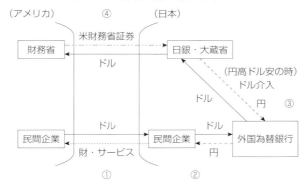

図6-4　体制支持金融の仕組み

場において円高・ドル安が過度に進むと，通貨当局は円売り・ドル買い介入操作を行う。これによって生じるドル準備は利子が無利子なので，現金の運用先として流動性が高く安全な米国債への投資が選択される。海外の公的資産増加も結果的にアメリカの経常収支赤字をファイナンスする点に貢献しており，民間部門による対米ファイナンスを補てんする役割を果たしている。これが「体制支持金融」のメカニズムといわれるものである。外国公的資産のアメリカ経常収支赤字ファイナンスに占める比率は，プラザ合意の1985年以降高く推移しており，公的資本の流入が恒常化していることが分かる。

ところで1980年代の国際金融市場において，「ジャパンマネー」と呼ばれる日本の対外資本フローが暴落の恐れがあるドルを買い支え，「ドル体制」を支持するのに大きく貢献した。80年代後半において日本の対外投資（長期資本収支の本邦資本）のうち対米投資が占める割合は，1986年44.8％，87年38.1％，88年41％と単独で大きなウエイトを占めていることから，対米偏重の投資構造になっていたことが分かる[1]。

4．国際通貨ドルの衰退

プラザ合意は，事実上，基軸通貨国アメリカに帰属するドル管理能力の喪失を世界に宣言し，アメリカの構造調整負担を他の先進国に肩代わりしてもらうことを意味した。アメリカに対する経常収支黒字国は緩やかな自国通貨の切り上げを容認すると同時に，米国の貿易・経常収支赤字が民間資本によって補て

んできなければ，黒字国は同国の公的外貨準備による米財務省投資によってアメリカ経常赤字の補てんを肩代わりすることに合意したのである。

　既に，金ドル交換の停止以降，ドルは価値基準を失ったため，周辺国通貨当局にとって基準通貨としてドルを選択する必然性を喪失させることにより，介入通貨，準備通貨としてのドルの機能を低下させることとなった。そして，プラザ合意以降の米国のドル管理能力の喪失は，さらに，ドルに対する信認を毀損させ，基準通貨としての機能を低下させた。

　基準通貨としての機能低下は，民間の国際取引におけるドルの機能に影響を及ぼさざるをえなかった。すなわち，第三国間の国際取引において表示通貨・契約通貨として圧倒的に利用されていたドルは，取引当事国のいずれかの通貨に代替されるケースも生じてきたのである。こうして，輸出入の決済通貨建に占めるドルの比率は1980年代後半に低下する傾向がみられた。また，銀行間外国為替市場においてドルを介在しないドル以外の組み合わせの通貨間取引，いわゆる「クロス取引」がみられるようになった。

　国際通貨ドルの衰退を促進するもう1つの要因は地域経済圏の形成である。欧州では1980年代半ばからECの市場統合化が加速する一方で，アジアでも日本の資本輸出や資本財輸出等を梃子として「東アジア経済圏」の興隆がはっきりと見られる。それと同時に，東京・フランクフルト金融資本市場が地域経済圏の動きとも絡んでその資金仲介機能を拡充し，自国通貨建て国際流動性を積み増していった。1980年代後半における地域経済圏の形成という環境下で，マルクと円の国際通貨化が少しずつ見られ，また，それらの通貨の国際的利用が広がることは，国際通貨としてのドルの衰退を意味するものであった。

第2節　1990年代のアメリカ経済の復活と　　　　グローバリゼーションの深化

1．アメリカの国際資本取引と国際資金仲介機能

　1980年代に進められた規制緩和・競争原理の強化の帰結として，1990年代にはIT分野を中心とする新たな産業が成長してきた。アップル社，マイクロソフト社，グーグル社などは1990年代に急成長と遂げた代表企業である。このよ

うなIT関連企業は周辺産業を牽引し，アメリカ経済を1990年代初頭の不況から脱出させる役割を演じた。また，IT関連株式価格の上昇が株式市場の活況をもたらしたことも，株式市場は海外からの資本を引き寄せた要因である。

　他方，アメリカの多国籍企業が世界市場で活躍する環境は次第と整備されていった。その環境整備とは，1991年12月にソ連の崩壊によって冷戦は終焉したことにより，イデオロギー対立の解消が世界経済の貿易と投資の政治的障害を取り除いたことによる。旧ソ連や旧社会主義体制の諸国は市場開放のための経済改革を進め，次々と外資を導入していった。これを契機に，アメリカ資本は現地での合弁事業・企業買収・業務提携といった方法で積極的に海外へ進出していった。

　ところで，アメリカの貿易赤字は1990年代初頭に一時的に低下したが，1992年から再び増勢に転じた（表6-3）。さらに，1990年代後半に貿易赤字を増大させたのは，GDP成長率の持続的上昇に伴う輸入の激増である。一方，サービス収支と所得収支は依然として黒字であったが，貿易赤字を埋め合わせるだけの規模ではなかった。その結果，経常収支赤字は1990年代に増加の一途を辿り，経常収支赤字の規模は，対GDP比で1991年の1.1％から1999年の3.3％へ拡大した。しかし，アメリカは自国通貨ドルの支払いにより対外債務を繰り延べ可能な国際通貨国であるため，1990年代以降，経常収支は恒常的に赤字であるにもかかわらず，経常収支赤字額を大幅に上回る規模の資本を海外から引き寄せ，海外投資を継続してきた。このことをもって，アメリカは国際収支の「短期借・長期貸」によって世界経済の資金仲介機能——世界経済の銀行家としての役割——を果たしているといわれる（この点は再論する）。

　では，アメリカの国際資本取引の特徴をみてみよう。第1に，1990年代のアメリカの直接投資は1980年代と比べて著しく増加した。投資先の地域別内訳は，欧州やカナダなどの先進国の比率が最も高いが，新興工業国向けの投資，とりわけアジアへの投資の伸び率が顕著であった（表6-4）。途上国向けの直接投資の増大は，途上国側での外資優遇策と多国籍企業側でのグローバルな投資戦略を原因としている。途上国の外資優遇策とは，法人税引き下げ，外資の現地法人化に際しての持株比率規制の緩和のことである。先述したように，1989年のブレディ債務新戦略は南米の途上国の市場開放に大きく貢献した。途上国も

表 6 - 3　1990年代以降のアメリカの国際収支

（単位：100万ドル）

	1991年	1993年	1995年	1997年	1999年	2001年	2003年	2004年	2007年
経常収支	**3,747**	**-81,987**	**-109,478**	**-135,979**	**-296,822**	**-385,701**	**-530,668**	**-665,940**	**-618,509**
貿易収支	-76,937	-132,451	-174,170	-198,104	-346,015	-427,188	-547,552	-665,477	-819,372
サービス収支	45,802	62,256	77,905	89,926	82,763	64,496	51,044	48,402	119,115
所得収支	24,130	25,316	20,891	12,609	13,185	23,572	33,279	24,063	81,749
移転収支	10,752	-37,108	-34,104	-40,410	-46,755	-46,581	-67,439	-72,928	-112,705
資本収支	**-4,479**	**-1,299**	**-927**	**-1,044**	**-4,843**	**-1,083**	**-3,079**	**-1,477**	**-1,843**
金融収支									
民間資本収支									
対米投資	**93,420**	**210,287**	**328,682**	**687,773**	**696,667**	**754,800**	**580,600**	**1,077,919**	**1,646,645**
直接投資	23,171	51,362	57,776	105,603	289,444	167,021	39,890	115,530	237,542
国債	18,826	24,381	91,544	130,435	-44,497	-14,378	113,432	108,138	156,825
社債・株式	35,144	80,092	77,249	161,409	298,834	393,885	250,981	414,084	573,850
（証券投資）	53,970	104,473	168,793	291,844	254,337	379,507	364,413	222,222	730,675
通　貨	15,400	18,900	12,300	24,782	22,407	23,783	16,640	14,827	-10,675
非銀行部門債務	-3,115	10,489	59,637	116,518	76,247	66,110	84,014	87,113	156,290
銀行部門債務	3,994	25,063	30,176	149,026	54,232	118,379	75,643	338,227	532,813
対外投資	**-73,075**	**-198,822**	**-341,538**	**-484,533**	**-515,137**	**-361,371**	**-285,474**	**-821,750**	**-1,289,854**
直接投資	-37,889	-83,950	-98,750	-104,803	-224,934	-142,349	-173,799	-248,508	-333,271
証券投資	-45,673	-146,253	-122,394	-116,852	-116,236	-84,644	-72,337	-90,840	-288,731
非銀行部門債権	11,097	766	-45,286	-121,760	-97,704	-8,520	-28,932	-128,589	-706
銀行部門債権	-610	30,615	-75,108	-141,118	-76,263	-125,858	-10,406	-353,813	-644,751
公的資本収支									
米的準備	5,763	-1,379	-9,742	-1,010	8,747	-4,911	1,523	2,805	-122
米政府の公的準備以外の資産	2,924	-351	-984	68	2,750	-486	537	1,269	-22,273
外国公的資産	17,389	71,753	109,880	19,036	43,543	28,059	248,573	355,252	411,058
統計上のズレー	-45,688	1,797	24,107	-84,311	65,095	-29,307	-12,012	51,922	-41,287
メモランダム									
直接投資/経常収支	-6.2	0.6	0.5	0.8	1.0	0.4	0.1	0.2	0.4
証券投資/経常収支	-14.4	1.3	1.5	2.1	0.9	1.0	0.7	0.8	1.2
銀行部門債権/経常収支	-1.1	0.3	0.3	1.1	0.2	0.3	0.1	0.5	0.9
外国公的資産/経常収支	-4.6	0.9	1.0	0.1	0.1	0.1	0.1	0.5	0.7
経常収支/GDP(%)	0.1	-1.1	-1.4	-1.6	-3.1	-3.9	-5.1	-6.1	-4.5
貿易収支/GDP(%)	-1.1	-1.8	-2.2	-2.3	-3.7	-4.3	-5.3	-6.1	-5.9
GDP	7,100,500	7,532,700	8,031,700	8,703,500	9,470,300	9,890,000	10,381,300	10,841,900	13,807,500

（注）対米投資は負債の純発生金額、対外投資は金融資産の純取得金額を示す。

（出所）US. Department of Commerce. Bureau of Economic Analysis. Survey of Current Business, various issues, Economi Report of the President Transmitted to the Congress Feburuary 2005. p. 208. より筆者作成。

第6章　プラザ合意以降の「ドル本位制」　*137*

表6-4　アメリカの海外直接投資の投資先別内訳

（単位：100万ドル，フロー・ベース）

	1994年	％	1997年	％	2000年	％	2003年	％	2004年	％
世　　界	73,252	100	95,769	100	142,627	100	151,884	100	225,746	100
カ ナ ダ	6,047	8.3	7,642	8.0	16,899	11.8	13,826	9.1	22,025	9.8
ヨーロッパ	34,380	46.9	48,318	50.5	77,976	54.7	99,191	65.3	92,383	40.9
フランス	2,634	3.6	2,971	3.1	1,967	1.4	1,504	1.0	6,800	3.0
ド イ ツ	2,863	3.9	2,464	2.6	3,811	2.7	8,676	5.7	6,015	2.7
オランダ	7,605	10.4	12,450	13.0	961	0.7	14,968	9.9	15,074	6.7
ス イ ス	940	1.3	−792	−0.8	8,687	6.1	14,444	9.5	8,617	3.8
イギリス	9,615	13.1	22,961	24.0	28,317	19.9	30,455	20.1	23,211	10.3
ラテンアメリカと その他大西洋諸国	17,710	24.2	21,539	22.5	23,212	16.3	13,171	8.7	18,602	8.2
南アメリカ	8,642	11.8	11,628	12.1	8,117	5.7	997	0.7	1,122	0.5
中央アメリカ	5,469	7.5	6,448	6.7	6,135	4.3	6,545	4.3	8,573	3.8
その他大西洋諸国	3,598	4.9	3,463	3.6	8,959	6.3	5,630	3.7	8,908	3.9
アフリカ	762	1.0	3,436	3.6	716	0.5	2,211	1.5	2,239	1.0
中　　東	709	1.0	619	0.6	1,375	1.0	2,093	1.4	1,684	0.7
アジアおよび太平洋	13,437	18.3	13,733	14.3	22,449	15.7	21,392	14.1	88,812	39.3
中　　国	1,232	1.7	1,250	1.3	1,817	1.3	1,540	1.0	4,721	2.1
香　　港	1,979	2.7	3,759	3.9	4,922	3.5	1,725	1.1	(D)	
日　　本	1,867	2.5	−339	−0.4	4,295	3.0	5,800	3.8	9,084	4.0
韓　　国	390	0.5	681	0.7	2,338	1.6	954	0.6	3,759	1.7
シンガポール	1,836	2.5	3,697	3.9	3,688	2.6	5,699	3.8	(D)	
台　　湾	711	1.0	702	0.7	951	0.7	936	0.6	1,090	0.5

（出所）　U. S. Department of Commerce, BEA, U. S. Direct Investment Abroard: Balance of Payment
　　　　Position Data.

企業の生産性を高め，国際競争力を強化することが課題であるため，多国籍企業にも国営企業の民営化等の開かれた市場開放政策を取った。他方，アメリカは1990年代には対外直接投資額とほぼ同じ規模の対内直接投資を受け入れしていることから，多国籍企業の相互交流を通じて国内経済の成長にプラス要因として作用した。

　第2に，アメリカの対外証券投資は直接投資と同規模レベルで推移しているが，直接投資と比較して，年によって変動規模が大きく変化している。この点を国際収支表の元となるデータで示せば，この傾向はより鮮明である。図6-5は対外証券投資が市場の動向，将来の予想収益を反応して変動し易い不安定な性格を示している。それに加えて，図6-5は有価証券のネットの購入額を示すもので，グロスの投資額は極めて大きく変動していると想像できよう。同

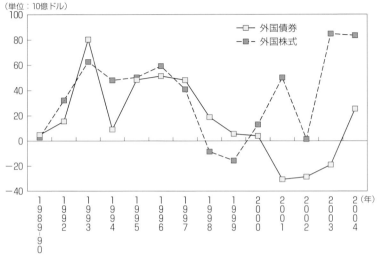

図6-5 アメリカの対外証券投資

(出所) Treasury Bulletin, various issues.

様に，海外からアメリカ向け対内証券投資も短期的に変動しており，浮動的で不安定な資本取引を示している。

第3に，アメリカの「銀行部門債権」(=アメリカの銀行の対外短期貸付)と「銀行部門債務」(=アメリカの銀行の短期借入)はともに年によって大きく変動している。「銀行部門債務」は，全体の純負債金額の一定割合を占めるが，他の負債項目の調整勘定の性格をもつので，年による変動幅が大きいのは当然の動きである。しかも，「銀行部門債権」は「銀行部門債務」を上回るケースもあることから，銀行の自発的取引を反映する活発な資金の内外相互交流を表わしている。

以上，アメリカの対外証券投資とその他融資(ほとんどは銀行融資)による資金フローはアメリカの「短期借・長期貸」による仲介機能を強く体現している部分であるところから，この仲介機能をもってアメリカ＝世界経済の銀行家として積極的に肯定する見解がある。例えばIMFによれば，アメリカは安全で流動性の高い高収益資産を提供することにより国際資本を引きつけ，国際金融

市場を通じて流動性は低いがより高い収益を生む資産に再投資するという国際資金仲介の機能（アメリカ＝世界の銀行としての機能）を果たしている，と評価している[2]。

しかし，証券投資及び「その他投資」による国際資本取引は直接投資とは異なり，市場の動向や将来の予測収益に反応して短期的に変動する。換言すれば，証券投資と銀行貸借による国際資本取引は短期的な収益確保を目的とする投機的・短期的・浮動的な性質であることから，アメリカの対外投資は投資先の環境変化に依存し不安定であるばかりでなく，対アメリカ向け投資によるアメリカ経常収支のファイナンス構造は極めて脆弱である。これは後に，2008年の金融危機が生じた際に明らかになった（第8章で後述する）。

2．金融取引の新展開とリスク転嫁技術の発達

(1) 金融の証券化

アメリカを仲介とする国際的な資本取引は，金融技術の発達と機関投資家およびヘッジファンドの成長と結びついていた。まず，金融技術の発達について述べておこう。

金融の証券化とは，企業が資金調達を銀行からの借り入れ，すなわち間接金融に頼らず，有価証券などの発行で賄うという意味で使われる場合と，または，債権（claim）を資産担保証券などの有価証券にして他者に譲渡することの意味で使われる場合がある。

前者の意味での証券化の動きは，1970年代のアメリカにおいて，企業のエクイティ・ファイナンスの手段として，新株引受権付き社債や転換社債のような金融商品が開発された。また，株主としての権利内容の異なる複数の株式発行が普及したことは，資金調達方法の幅を広げた。すなわち，議決権は制限されているが，配当や残余財産の分配について，普通株式より優先的に受ける権利がある優先株式は，その有利な条件から買い手がつきやすく，資金調達に有利とされる。それとは反対に，配当や残余財産の分配は普通株式より後回しになるが，議決権は保証される劣後株式もある。

後者の意味での証券化は，市場性に乏しい各種資産（企業の売掛債権や金融機関の貸付債権）を流動化する仕組みである。債権の流動化は，債権所有者にと

って貸付資金の効率的投資に役立ち，証券の買い手にとっては資金運用の選択
肢を増やした。アメリカでは1970年代に，政府関連機関（連邦住宅公社＝のちに
民営化）の後押しもあって，**不動産担保証券**＊（MBS）の発行が盛行した。
MBSとは，住宅ローン債権を集めて，その債権から生じるキャッシュ・フロ
ーを裏付けに証券を発行して投資家に売却する証券である。

　1970年代に資産の証券化は自動車ローン，売掛金，リース債権などにも適用
され，1980年代に欧米に広く普及していった。世界的な金融証券化の動きの下
で，資金の調達・運用における国内の貨幣市場と資本市場の境界線および国家
間の金融市場の境界線が薄れることにより，国際的な資本取引が活発化した。

(2)　**機関投資家とヘッジファンドの成長**

　1980年代後半以降に，投資主体として投資信託基金，保険会社，年金基金な
どの機関投資家による海外投資が著しく増加した。アメリカの各機関投資家は
先進諸国の中での飛び抜けて巨額の資産を持っていた。1995年時点でアメリカ
の機関投資家の金融資産は10兆5000億ドルにのぼり，ヨーロッパ諸国は6兆
6000億ドル，日本は3兆350億ドルと続いた。[3]それらの機関投資家の金融資産
のうち一定部分は海外証券投資が占めていた。

　これらの機関投資家と並んで脚光を浴びるようになったのが**ヘッジファンド**
である。ヘッジファンドは資金を社会的に広く募る公募形式とは異なり，相対
取引の私募形式であることから，社会的に情報を公開する必要がないため，フ
ァンドマネージャーは比較的自由に運用を行う。その手法は，先物・オプショ
ン，CDS（補論1を参照）などの金融派生商品（デリバティブ），レポ取引，**空売
り**＝ショート・セリング（補論2を参照）など多様な金融手法を駆使しながら，
為替投機や商品投機をするのに加えて，資産を担保に資金を借りて，レバレッ
ジを効かせることにより自己資本の何倍もの資金を利用しながら，高い運用利
回りを追求するのが特徴である。ヘッジファンドの資金調達において，アメリ
カの商業銀行は融資の点で積極的に関与していた。このことは，1998年にアメ
リカのヘッジファンド大手LTCM（Long-Term Capital Management）が経営破
綻したケースにおいて，同ファンドへの融資に関わっていたアメリカ系銀行が
債権の回収ができずに経営危機に陥ったことから首肯できる。このときFRB
は信用不安を払拭するために緊急融資を行ったのである。

3．度重なる通貨危機

　こうして情報通信技術（Information and Communication Technology, ICT）に支えられ，1990年代には世界大での金融資本取引・為替取引が24時間リアル・タイムで行われるようになった。しかし，そのことは金融経済取引の内在するリスクが世界規模で転嫁されることに他ならなかった。とりわけ，マクロ経済の不均衡が国内外の資金過不足として長期構造化し，これを金融取引でファイナンスしている場合，そこに内在するリスクは個々の経済主体では対処できないし，またこの間発展してきたリスク転嫁技術によっても，根本的に解決できるわけではない。経常収支不均衡は実体経済調整による純資産決済で清算されないかぎり，金融取引は単に支払い決済の繰り延べ＝先送りでしかなく，繰り延べられた分リスクは更に大きくなって金融市場に充満することになる。そしてこれを逆手にとって，意図的に為替・証券の空売りを仕掛け投機的利益を狙ってきたのが，ヘッジファンド等機関投資家である。その結果，上のような構造的脆弱性を内蔵した諸国は，ヘッジファンドの格好の標的となり，次々と深刻な通貨金融危機に陥ってきた。例えば，92年欧州通貨危機におけるポンドとリラ危機，94年メキシコ・ペソ危機，97年タイを震源地とする東アジア危機，98年ロシアおよびブラジル危機，2000年トルコおよびアルゼンチン危機である。

　もっとも，1990年代中盤以降，ウォール・ストリートのダウ平均株価の高値更新によって好景気に沸いたアメリカ・ICT バブルも，2000年には崩壊した。そこからアメリカ経済を復活させたのがグリーンスパンに主導された FRB の低金利政策であった。しかし，その政策によって，アメリカの「双子の赤字」は個人部門の純負債超過が加わり「三つ子の赤字」へと拡大した。その結果が個人住宅投資ブームであり，2007年に勃発したサブプライム・ローン危機であった。

　このようにみれば，1990年前後の成立したグローバル金融資本主義は，その成立とほぼ同時に，世界各地で深刻な通貨金融危機を発生させていたことが分かる。これら一連の危機こそは，2008年アメリカ発世界金融危機の兆候ともいうべき現象だったのである。

第3節　国際通貨ドルの地位

　プラザ合意以降，ドルの国際通貨としての信認が低下したことは，国際通貨としての諸機能の低下を引き起こしたが，1990年代のアメリカの好景気を背景とする対外投資の復活によって，国際通貨ドルの機能が回復する傾向がみられた。1985年9月のプラザ合意後，ドルの国際通貨としての機能の変化をデータで示して述べておこう。

　先ず，ドルの国際通貨としての機能の変化をみよう（国際通貨の定義については第3章第1節を参照）。各国通貨当局保有の通貨別構成比に占めるドルの比率は76年末の約76％から90年代末に49％台へ低下した後，90年代には50％台後半へ回復した（表6-5）。各国通貨当局に保有される外貨準備に占めるドル比率の大きさは，ドルが基準通貨として利用され，外国為替市場で介入通貨として利用された——通貨当局がドルを基準通貨として外国為替市場で介入した——度合いを示す。したがって，ドルの公的レベルでの基準通貨としての機能が80年代を通じて低下した後，90年末を境に機能の回復がみられたことを表している。

　次に，ドルの契約・決済通貨としての機能変化についてみておこう。ドル以外の通貨の比率の高まりはドルの機能低下を意味する。日本では，80年代のバブル景気の波に乗って対外投資が進み，それを可能にする金融国際化も進展したことに伴い，円の国際的利用が拡大した。その1つの表れが，80年代後半から90年代初頭までの日本の輸出入決済における円建て比率の高まりである（表6-6）。このことは，契約・決済通貨としてのドルの後退を示している。しかし93年以降，輸出決済の円建比率は低下し，再びドルの比率が高まった。ただし，輸入決済の円建比率は90年代に上昇を続けた。アジアでは契約・決済通貨としてのドルの優位性は90年代には変化がない。韓国における輸出入決済通貨建構成に占めるドルの比率は90年代を通じて約89％であり，インドネシアでは通貨危機の90年代中ごろを除けば74％から79％程度で推移した。[4]

　ところで，国際通貨としての機能として為替媒介通貨が議論される。銀行間外国為替市場の次元において，外為銀行が自国通貨と他国通貨との為替取引で，

第6章　プラザ合意以降の「ドル本位制」　*143*

表6-5　各国通貨当局保有外貨の通貨別構成比

(単位：％)

	76年末	80年末	85年末	90年末	91年末	92年末	93年末	94年末	95年末	96年末	97年末
円	2	4.4	7.3	7.9	8.4	7.6	7.7	7.9	6.5	5.7	4.9
米ドル	76.5	68.6	55.3	49.4	50	54.2	55.6	55.7	56.4	59.6	57.1
独マルク	9	14.9	13.9	17	15.6	13.6	14	14.4	13.8	13.1	12.8
英ポンド	1.8	2.9	2.7	2.8	3.2	3	2.9	3.3	3.2	3.4	3.4
仏フランス	1.6	1.7	0.8	2.3	2.8	2.5	2.2	2.4	2.3	1.8	1.2
ECU	—	—	11.6	10.1	10.6	10.1	8.6	8.1	7.1	6.2	5
その他	9.1	7.5	8.4	10.5	9.4	9	9	8.2	10.7	10.2	15.6

(注)　76年末，及び80年末については，ECUを通貨として区分していない。
(出所)　財務省，外国為替等審議会，報告書，「21世紀に向けた円の国際化」参考関連資料。
(原資)　国際通貨基金「年次報告」。

表6-6　主要先進国の輸出入決済における自国通貨建て比率の推移

輸　出　(単位：％)

	80年	88年	95年	97年
日　　本	29.4	34.3	36.0	35.8
米　　国	97.0	96.0	—	—
英　　国	76.0	57.0	—	—
ド イ ツ	82.3	81.5	74.8	—
フランス	62.5	58.5	—	49.2
イタリア	36.0	38.0	—	38.0

輸　入　(単位：％)

	80年	88年	95年	97年
日　　本	2.4	13.3	22.7	22.6
米　　国	85	85	—	—
英　　国	38	40	—	—
ド イ ツ	43	52.6	51.5	—
フランス	33.1	48.9	—	46.6
イタリア	18	27	—	38.1

(注)　独の88年の輸出，及び，イタリアの88年の輸出・輸入の欄は各々の87年の値。
(出所)　・80年及び88年については，George S. Tavlas and Yuzuru Ozeki（1992），"The Internationalization
　　　　of Currrencies: An Appraisal of the Japanese Yen", IMF Occasinal Paper No. 90.
　　　　・95年及び97年については各国中銀資料
(原資)　日本については，通産省「輸出入決済通貨建動向調査」。
　　　　財務省，外国為替等審議会，報告書，「21世紀に向けた円の国際化」参考関連資料。

　ドルを間に挟む為替取引を行う場合に，ドルは為替媒介通貨機能を果たす。こ
のとき外為銀行がアメリカの銀行に保有するドル建預金残高が外為銀行間の決
済通貨として機能する。80年代後半のEC市場統合の進展を背景に，90年代に
入りドルを対価としないでマルクを対価とする為替取引が増加した。つまり，
西欧諸国通貨間ならびに西欧諸国通貨と円との直物取引に関しては，ドルに代
わってマルクが為替媒介通貨機能の役割を果たすようになった。もっとも，90
年代後半になっても先物・スワップ取引ではマルクの媒介通貨化は進まなかっ
た。
　90年代のマルクの為替媒介通貨化が進んだのは，欧州の外為市場にかぎり，

日本を含むアジア市場とアメリカ NY 市場ではそうした動きは見られなかった。したがって，90年代以降もドルは為替媒介通貨として支配的な地位を占めている。第3章で述べたように，ドルが為替媒介通貨として利用されるのは，ドルを事実上の基軸通貨とする為替市場介入の結果として，民間の為替銀行レベルでドル建ての売為替と買い為替の出会いが容易となり，かつドル建ての取引コストを引き下げるからである。ここで注目すべき点は，外国為替市場で為替取引の出会いを容易にするための条件は，アメリカの国際収支赤字による十分なドル為替の供給である。90年代にアメリカの巨額の経常収支赤字が残余諸国の外為市場におけるドル建取引の厚みを増した。しかし，経常収支赤字にもとづくドルの供給は資産決済の裏付けのない通貨の発行を意味するので，ドルの信認を低下させることになる（第5章の補論1，第8章第2節1を参照）。したがって，ドルの為替媒介通貨としての役割が強化される裏面で，ドル信認の低下による基準通貨の機能が毀損するリスクが増加している。ただし，ドルの信認低下という現象は表面化せずに，経常赤字により形成される非居住者保有のドル建当座預金はドル建証券投資に向うことにより，金融資産の膨張を引き起こす。これが2000年代のサブプライム・ローン問題として顕在化するが，この点については第7章で再論する。

用語解説

フェデラル・ファンド・レート

　米連邦準備制度に加盟する民間銀行が連邦準備銀行に預けている無利息の準備預金のことを「フェデラル・ファンド」という。フェデラル・ファンド・レート（FFレート）は，この準備預金に余裕がある銀行が，翌日返済・無担保を条件に資金を他の金融機関に貸し付けて運用する際に適用される金利のことである。FFレートは，日本の無担保コール翌日物に相当する。

輸出自主規制

　輸入国側の輸入制限措置の発動を回避するため，輸出国側の政府または団体が，「自主的」に輸出数量価格などを制限すること。ガット第19条（セーフガード条項）では市場攪乱に対する一時的な輸入制限措置の発動を認めているが，

輸出国側に対抗措置を認めていることもあり，輸入国側もその発動を嫌って輸出国側に自主規制を要請してくる場合が多い。日本の輸出自主規制は，輸出入取引法にもとづく規制のほか，輸出貿易管理令などを前提とした行政指導で行う場合もあり，繊維，カラーテレビ，鉄鋼，工作機械，自動車といった事例がある。

反ダンピング関税

海外市場からの輸入商品が，計画的に国内市場よりも低価格に設定される不当廉売に対して課税される関税のこと。WTO 協定上の権利として認められている。ダンピング輸出と認定されると，国内産業の保護のため，反ダンピング関税がかけられるが，輸入品がダンピング価格かどうかを決定するには，内外の価格差のほか，対象商品の輸入国が実質的な被害を被っているという要件がある。アンチ・ダンピングは運用のされ方によっては保護主義的な措置となる。WTO の「アンチ・ダンピング協定」では，アンチ・ダンピングの運用手続きがより明確化され，法整備が行われた発展途上国によるアンチ・ダンピング提訴が増えている。

不動産担保証券（モーゲージ担保証券ともいう：Mortgage-Backed Security, MBS）

不動産担保証券（MBS）は，米国の代表的な資産担保証券（Asset Backed Securities, ABS）であり，住宅ローン債権であるモーゲージ・ローンの流動化を目的に発行されている。住宅ローンが組まれると，資金を提供した金融機関はモーゲージを保有することになるが，そのままの形態でモーゲージを保有し続ける場合と，転売して流動化する場合とがある。金融機関は保有するモーゲージの金額が多額になると，金利や満期などの類似した多くの住宅ローンを一括して信託し，その信託財産の持ち分として受益証券を発行して流動化する。なお，MBS の一種として，個人向け住宅ローン債権を用いた証券として住宅ローン債権担保証券（Residential Mortgage-Backed Securities, RMBS）がある。一般に RMBS は，米国において，個人の住宅取得を政策的に支援するために開発されたもので，住宅ローンから生じるキャッシュフローが，連法政府（フ

ァニーメイやフレディマックなど)の信用力と証券化という仕組みを用いることにより,新しい投資商品へと生まれ変わり,投資家に広く受け入れられる投資対象となった。RMBSについては第7章で再論する。

補論1　CDS (Credit Default Swap)

デリバティブの一形態であるCDSが2000年代に急速に拡大した。CDSは社債や国債,貸付債権などの信用リスクに対して,保険の役割を果たすデリバティブ契約のことをいう。その仕組みを図で示せば,CDSの買い手は,債権者や投資家で,プレミアム(保証料)を支払う代わりに,契約の対象となる債権(融資・債券等)が契約期間中に債務不履行(デフォルト)となった場合,それによって生じる損失(元本・利息等)を保証してもらえる。その一方で,CDSの売り手は,プレミアムを受け取る代わりに,万が一デフォルトになった場合,買い手に対して損失分を支払うことになる。また,本取引で買い手が手に入れた債権のデフォルトが起きた場合に損失相当額を受け取る権利のことを「プロテクション」という。

以上のケースでは,CDSの買い手はデフォルトしたらその損失を保証してもらえるため,CDSは保証する証券などの損失をヘッジするために契約される。ただし,2010年からのギリシア危機では,「トレーディング目的」のCDSが問題となった。例えば,ギリシア国債持っていなくても,当該国債に関するCDSを購入することにより,ギリシア国債がデフォルトすれば利益を得られる。そこで,ギリシアの財政危機の深化が予想されたため,CDSの購入が増加し,CDSの保証率は8.5%まで跳ね上がった。

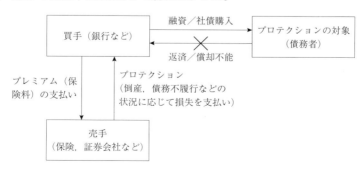

補論2　空売り（short selling）

　株の空売りとは，現物を所有していないのに対象物を売る行為のことで，商品先物や外国為替証拠品取引（FX取引）で用いられる用語である。投資家が証券会社から株券を借りて，その株が値下がりした時点で買い戻すことにより，利益を得る投資方法でみてみよう。現在10万円のA社の株を借り，その時点の値段で売却する予約をする。その後A社株が9万円に値下がりした時に，再び買い戻せば，費用は9万円で済む。これで借りていた株を返却すれば，差し引き1万円の利益が手に入る（別途手数料等が必要）。つまり空売りで儲けを出す為には，通常とは逆に「将来値下がりしそうな株」をあえて狙う事になる。

　空売りは株価が下落しても利益が得られる投資方法なので，投機的な空売りの乱用によって意図的に株価を下落させる作用が働く。そうした作用は証券市場を混乱させるため，日本ではようやく1999年に旧大蔵省は空売り規制を行い，さらに2002年に金融庁は規制を強化した。空売りには，貸株市場で株式を調達して売り付ける場合と，信用取引制度により証券会社から調達して売り付ける場合がある。2002年3月6日施行の空売り規制では，貸株市場で株式を調達して空売りを行う場合の，「直近公表価格」に関する規制が改正された。「直近公表価格」とは，証券取引所が直近に公表した価格のことをいう。すなわち，「直近公表価格」が，その直前に公表した価格（直近公表価格と異なるもの）を下回る場合には，「直近公表価格」以下での空売りを禁止した。

付記

　本章は鳥谷一生・松浦一悦編著『グローバル金融資本主義のゆくえ』（ミネルヴァ書房，2013年）の第15章「戦後アメリカ経済とグローバル金融資本主義」からの一部加筆修正の上での転記である。

注

1 ）財務省HP，IMF方式国際収支表，地域別国際収支の推移（長期資本収支）（2014年8月8日アクセス）。

2 ）IMF.（1997）. p. 3.

3 ）Bank for International Settlements［以下BISと略す］, *68th Annual Report,* pp. 85-88.

4）尹春志，2000年，42頁。

参考文献

Bank for International Settlements [BIS], *68th Annual Report.*

IMF, *International Capital Markets: Development, prospects, and Key policy,* By an IMF Staff Team led by David Folkerts-Landau with Donald J. Mathieson and Garry J. Schinasi, *Issues,* Nov. 1997.

尹春志「東アジアにおける貿易決済通貨と地域生産ネットワーク——東アジア円経済圏構想に関する批判的考察——」『東亞経濟研究』第58巻第3号，2000年。

財経詳報社／編『図説　国際金融』財経詳報社，1999年。

嶋田巧編『世界経済』八千代出版，2009年。

鈴木芳徳『グローバル金融資本主義』白桃書房，2008年。

山本栄治『国際通貨と国際資金循環』日本経済評論社，2002年。

第7章

アメリカ金融危機と危機対策

　本章では，第1節で，アメリカ発の金融危機の特徴を「ドル本位制」との関連において概説する。「ドル本位制」下で生じたグローバル・インバランスを背景に，アメリカを中心とする過剰資本の国際的資本取引が欧米金融機関を通じて欧米諸国における有価証券投資や不動産投資へ充用されていった。その帰結が，アメリカのサブプライム・ローン問題であった。第2節で，金融危機に対する米政策当局の政策を財政支出と金融政策について述べ，政策の評価を行う。第3節で，一連の危機対応により「ドル危機」は避けられたが，財政・金融政策がもたらした副作用を「ドル本位制」へのインプリケーションの観点から述べる。

第1節　アメリカ発世界金融危機

1．「ドル本位制」とグローバル・インバランス

　2008年9月に始まるアメリカ金融危機の基本的前提として認識すべき点は，「ドル本位制」下でアメリカが**国内均衡優先政策**を継続した結果として，アメリカと周辺諸国の巨額の経常・貿易収支不均衡——グローバル・インバランス——が拡大したことが背景にあることである。このアメリカ金融危機の特徴は次のように指摘することができよう。第1に，米・英・欧の巨大銀行（投資銀行を含む）が活発な投融資を繰り広げる中で，世界市場，とりわけ欧州諸国との国際的資本取引の収縮を伴い，欧州金融危機と連動したという意味において，グローバル金融危機の様相を帯びたことである。こうした金融危機の特徴は，グローバル金融資本主義という視角から論じる必要がある。第2に，金融工学を駆使したアメリカの金融商品が，投資銀行によって国内だけでなく海外投資

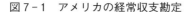

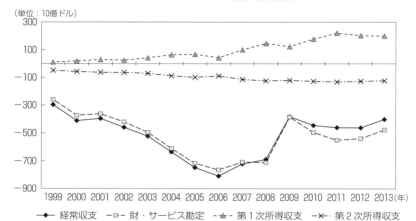

（出所）Bureau of Economic Analysis, Survey of Current Buniness, International Data, (http://www.bea.gov. 2014年8月10日アクセス).

家へ販売され，世界中の資金がサブプライム・ローン関連の証券投資へ向かうことにより，異常な程に資産価格の高騰を生じさせた。第3に，金融危機による国際資本取引への影響は「ドル離れ・アメリカ離れ」の動きとして現れたため，この金融危機は「ドル本位制」を揺るがす事態として映った。

2000年代にアメリカの経常赤字幅が拡大する一方で，中国をはじめとする東アジア諸国並びに産油国の経常黒字が拡大した（図7-1を参照）。インバランスという意味は，豊かな国アメリカの経常収支赤字を，新興国の黒字国等がファイナンスするという奇妙な姿のことである。アメリカの経常赤字によってドル建て流動性債務（＝ドル建て預金通貨）が生み出され，それに対外投資が加わり，それらの世界に散布されたドルがアメリカへの証券投資，直接投資および銀行借入という形でアメリカに還流してきた。この資金還流により，アメリカの過剰消費および財政赤字を支え続けるというシステムが維持されてきた。

しかし，2007年のサブプライム・ローン問題の発生が，アメリカの金融・資本市場に傷を付けたというにとどまらず，その実体経済を困難にしていることが知られるにつれ，海外投資家は手にしたドルをアメリカに還流させねばならぬ必然性は薄くなり，また，海外投資家は既に投資していた資金の回収を行っ

たのである。いわゆる投資家のドル離れが進んだ。さらに，2008年9月からアメリカ金融危機が深刻化するにつれ，ドル離れに拍車が掛った（第8章で後述する）。

　ところで，グローバル・インバランスの背後にあるのは世界的余剰資金の存在である。アジア，産油国，そして多くの国々の企業部門における余剰資金が，世界市場へ流れ出したことにある。資金の「余剰」という意味は，諸国における産業が，これを用いて一定の予想利潤率を保証することが期待できないため実物投資に利用できないという意味においてである[1]。これらの資金余剰の要因を，ミクロの視点とマクロの視点から述べておこう。

　ミクロの視点からみると，余剰資金の形成には，民間大企業の企業財務においてキャッシュフローの増加が大きく関係している。つまり，企業の設備の巨大化に伴う減価償却費の増大，蓄積基金のうちの当面は投資に回されることのない部分の増加，そして投資機会の減少，これらが複合的に作用して，企業の手元の，直ちに実物投資の向かうことのない資金が増加していった。つまり，予想利潤の獲得見込みのない資金という意味で，過剰資金が企業に形成されていた。このような企業は金融収支などの営業外収支を増やし，金融主体として目立つ存在になった。

　次に，マクロの視点からみると，余剰資金を保有する企業部門が支配的に存在する国は，経常収支が黒字である。経常収支黒字が拡大する裏面には，アメリカの経常収支赤字の拡大があり，アメリカの経常収支赤字の拡大は余剰ドルを生み出す構造的な要因といえよう。アメリカの経常赤字は1993年から増加の一途を辿り，ピーク時の2006年には約8000億ドル（対DGP比6％）に達した[2]。その赤字の殆どは貿易赤字によるものであり，中国，ASEAN諸国および産油国に対する貿易赤字が圧倒的である。経常収支黒字国においては，外貨準備が増加する結果として，国内でマネタリー・ベースの供給増加が過剰流動性を生み出していった。

　第2に，マクロ視点からのもう1つの要因は，先進国における不況回避あるいは金融危機回避を目的とした中央銀行による過剰流動性の供給である。アメリカでは2002年にエンロンやワールドコムの粉飾事件などによって株式市場が低迷した際に，また，2003年のイラク戦争で株価下落とドル相場の下落が起き

た際に，アメリカ連邦準備制度（Federal Reserve Board, FRB）は即座に金融緩和政策を発表し，流動性の供給によって金融市場の不安を払拭した。その後の長期にわたる低金利はサブプライム・ローンによる住宅ブームの下地を作った。EUにおいては，2001年のリセッションを境にドイツとフランスの財政が悪化し，安定成長協定にもとづく財政均衡を維持できなくなったとき，アイルランドなどの諸国は景気拡大の中でインフレ圧力が強まっていた。だが，欧州中央銀行（European Central Bank, ECB）は中心国の経済状態を配慮した低金利政策を続けた結果，ECBによる信用供与は抑制されることがなかった。一方，2000年代の日本はゼロ金利政策と量的緩和政策を採用し，金融緩和政策の下で，**円キャリー・トレード**＊が流動性の海外への供給を続けさせたのである。

　以上の理由で，アメリカの残余諸国の通貨当局保有の外貨準備や民間金融機関保有のドルは，対米直接投資やアメリカ国債投資等を通じてアメリカに還流し，アメリカの消費と投資を支えたのである。ただし，既に2004年にFRBは資本市場の過熱ぶりを問題視し，政策金利を引き上げる政策へ転換した。ところが，金利引き上げは，ドル建資産のリターンを高めることで世界からアメリカへの資金流入を促す結果となり，そうした資金の一部は住宅関連証券への投資に向かうほか，政府債のような安全な資産の購入に利用された。こうして，資金の流入が実質長期金利を引き下げることにより，金融機関からの借入コストの抑制は住宅ローンが持続的に拡大させ，また，住宅関連債券等の証券価格が高水準に維持されたことは投資家に債券の購入を促すことになり，その結果として，資産価格の高騰を招いた。しかし結果として，サブプライム・ローン問題の顕在化による資産価格の暴落から金融危機が発生し，ドル離れが発生した。このように見ると，アメリカの経常・貿易赤字を世界の残余諸国の黒字で補てんする資金循環は「ドル体制」を支える基盤であるが，同時に，「ドル体制」を侵食する要因ともなった。

２．アメリカの金融危機の発生

　R.シラーは1990年代の米国のITバブルを「根拠なき熱狂」と呼び，その後の住宅バブルの拡大に早くから警鐘を鳴らしてきた。シラーの予見通り，アメリカの金融危機は以下のような経過を辿って発生した。[3]

第7章　アメリカ金融危機と危機対策　　*153*

図7-2　住宅価格の変化（S＆P，ケース・シラー全米住宅価格指数）

(2000年1月＝100)

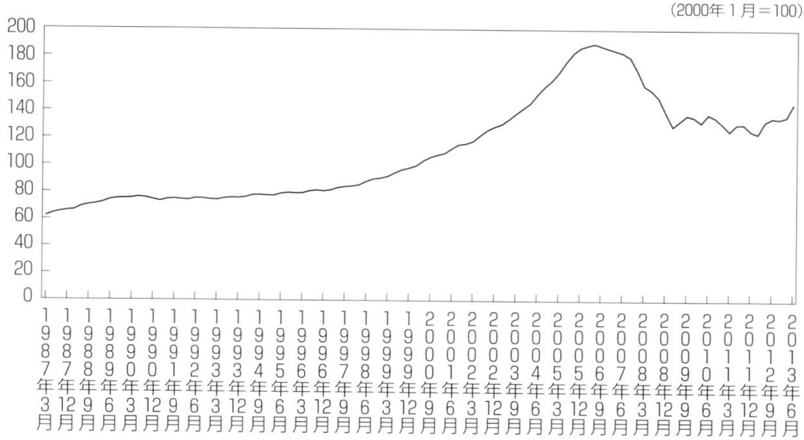

（出所）　S＆P Dow Jones indices, (http://www.djindexes.com/ 2014年9月21日アスセス)から筆者作成。

　まず，2008年9月のリーマン・ショックを境にアメリカ金融危機が始まるが，金融危機が準備される期間の実体経済の動きをみておこう。2006年中頃から住宅価格の下落が始まり（図7-2），逆に，住宅ローン延滞率・差し押さえ率は上昇を始めた。ただし，住宅着工数は2006年初頭から既に低下しており，その後も低下の一途を辿ることになる[4]。また，住宅販売件数は新築と中古ともに2006年初頭から低下していた[5]。

　住宅投資の減少は住宅着工数の減少を引き起こし，それに伴い家計向けとしては比較的高額な耐久消費財購入水準も落ち込み，ひいてはこれら消費財を生産する企業の生産高・設備投資も2007年後半から落ち込みが目立つようになり，2008年の第Ⅲ四半期に遂にマイナス0.2％となった。実際，企業収益は同年第Ⅲ四半期以降に対前年比でマイナスを記録し，そのことが企業の予想利潤率を低め，企業の設備投資が抑制されたのである[6]。こうして設備投資の減少は次に雇用水準を低下させ，2007年夏以降，失業率は少しずつではあるが上昇を始めた（図7-3）。その結果，雇用者数の減少と雇用者所得の低下によって，住宅ローン支払いのための雇用者所得が失われ，2007年後半には住宅ローンの延滞率が増加した。

図7-3 アメリカの失業率の推移

(出所) Bureau of Labor Statistics, Database. より筆者作成。

　こうして新規住宅着工数は伸び悩み始め，同時に住宅価格が急落して住宅の市場価格はローン残高を下回るようになってきた。このことを家計部門のバランスシートに移し替えて考えてみると次のようになる。すなわち，資産側では時価評価の不動産価格の下落により総資産は低下する一方で，負債側の住宅ローンはローン支払い分を除いた残高価額以外は変わらないため，家計の純資産はプラスからマイナスへと転じてしまうのである。

　2000年のICTバブル破綻後，アメリカ経済は個人向け住宅投資ブームによって牽引されてきたが，家計消費の拡大の前提条件としての住宅価格の持続的な上昇が崩れてしまったことにより逆資産効果が生まれ，消費が大きく且つ急速に冷え込んでいった。

　サブプライム・ローン・バブルの崩壊を契機に，米金融機関の業績は急速に悪化していった。多くの投資銀行は短期の借入を増やして，利回りの高い金融商品に投資し，利益と資産の伸び率を高めてきたが，住宅ローン債権担保証券（RMBS，第6章，用語解説を参照）や**担保付き債務支払い証書**＊（CDO）の価格が急落したことで，自己勘定で資金運用していた投資銀行の資産は劣化していった。2008年3月に投資銀行ベア・リターンズが破綻し，住宅貸付機関のファニーメイ，フレディマックの破綻と続き，9月17日にリーマン・ブラザーズが

第7章 アメリカ金融危機と危機対策　155

図7-4　アメリカの鉱工業生産指数の推移
(2007年＝100)

(出所)　Board of Governors of Federal Reserve System, Economic Reserci and Data.
(http://www.federalreserve.gov/　2014年9月21日アスセス).

ついに破綻した。2008年に25件であった破綻金融機関数が2009年には140件へと急激に増加したことは，金融恐慌の深刻さを物語っている[7]。

　金融危機は流動性危機を伴うものである。アメリカでは多くの銀行が保有証券を担保にした**レポ取引***を通じて短期資金を調達し，自己勘定で取引を行った。担保証券の価値が大きく変動したとき，銀行はレポ取引を通じて資金調達することが困難になり，代わりに保有証券を投げ売りせざるを得なかった。こうした投げ売りはさらに担保価値を下落させ，流動性危機を深刻化させた[8]。そして2007年以降大きく下落していた実質GDP成長率も一段の落ち込みをみせ，同年12月にアメリカ経済は2001年3月以来初めての景気後退局面に突入した。

　個人消費の大幅な低下は企業の設備投資および生産稼働率に決定的な影響を与えた。例えば，鉱業生産指数は2008年9月以降低下し始め，設備稼働率も自動車部門を中心に大幅に低下していった（図7-4）。企業の設備投資は2007年後半から既に低下傾向を見せ，ついに2008年第Ⅲ四半期に対前期比マイナスとなり，2009年第Ⅰ四半期にはマイナス4.5％を記録した。企業の設備投資を抑制させた要因の1つとして，金融機関の企業向け融資基準が厳格化したことがある。

第2節　アメリカ金融危機における財政・金融政策の展開

1．金融危機対策

　金融危機の進行を抑えるべく，アメリカ政府はあらゆる手段をとった。先ず，2008年9月に政府は保険大手AIG（アメリカン・インターナショナル・グループ）に850億ドルの融資枠を設定し，AIG株79.9％を取得した。その後，融資枠は同年11月1230億ドルに拡大された。

　次に，2008年10月3日，「不良資産救済プログラム（TARP: Troubled Assets Relief Program）」法案が成立した。これは，金融機関によって保有されるCDOなどの不良資産を財務省が買い取ることを目的としていた。次に，同月14日に成立した金融安定化法（EESA: Emergency Economic Stabilization Act）により，財務省はTARPを用いて銀行への資本注入を行うことを発表し，9大銀行が合計1250億ドルの受け入れを表明した。

　そして，政府はFRBと連携して企業の資金繰り対応に動いた。FRBは2008年10月7日にコマーシャル・ペーパー（Commercial Paper, CP）買い取り制度を導入した。その背景には，2007年夏のフランスのパリバ・ショック以降，アメリカのCP市場で信用収縮が続いたため，資金調達に窮するアメリカ大手産業企業を救済する意図があった。1兆8000億ドル（約180兆円）に上るCP市場は米企業の短期の資金繰りを支える命脈である。この措置の恩恵を受けて，ジェネラル・エレクトリック（GE）は倒産を免れた。さらに，同年10月14日，アメリカ連邦預金保険公社（FDIC）が銀行の社債を保証する暫定流動性プログラム（TLGP）で，GEの金融部門のGEキャピタルは1260億ドル（13兆円弱）の枠を得た。FDICの流動性供給の対象は銀行であるが，ノンバンクで認められたのはGEキャピタルのみであった。

　さらに，金融安定化法にもとづき，政府は2008年11月に銀行大手シティグループに360億ドル（29兆円）の不良資産について，損失が発生した場合に大半を政府が埋め合わせると発表した。そして，2008年12月にジェネラル・モーターズ（GM）の金融関連会社（GMAC）に対する50億ドルの公的資本注入の発表，また，アメリカン・エキスプレスと金融大手CITグループに対する公的資本

第 7 章 アメリカ金融危機と危機対策 *157*

注入の決定と続く。その時に，FRB は政策金利（＝Federal Fund 金利，以下 FF
レート，第 6 章 1 節を参照）の誘導目標を引き下げ，実質ゼロ金利政策を始めた
のである。

2009年 1 月オバマ政権が誕生し，米下院では景気対策法案が可決され，同年
2 月に新しい金融安定化策が発表された。その内容は，① 新たな資本注入，
② 財務省，FRB，アメリカ連邦預金保険公社（FDIC）が共同で不良資産買い
取りの官民投資ファンドを設立する，③ 貸し渋り対策として，資産担保証券
（Asset Backed Securities, ABS）を保有する投資家向け FRB の融資制度の拡大，
④ 住宅ローン対策等である。

③ の内容は，2008年10月に成立した TARP の拡充をはかったものといえる
（7000億ドルの支出権限が与えられた）。TARP は，2009年 3 月時点で次のような
内容であった。2008年10月の成立から僅か半年足らずの間で使途の約95％が決
まり，この内，予想される支出は約5900億ドル，既に支出済の額が約3000億ド
ルとなっている。主な使途は，AIG，CIT 等の金融機関への資本注入3600億ド
ル（約51％），金融機関以外の主体（例えば GM，クライスラー及びその関連会社，
住宅ローンの返済に困窮している個人等）への融資等（1949億ドル）である。当初
予定されていた金融機関からの不良資産の買取は，「Public Private Invest-
ment Fund（2009年 3 月23日詳細公表）」向けの拠出限度額1000億ドルであった。[10]

以上のような金融安定化策にもとづく財政支出の増加により金融危機は回避
されたが，支出の増加は財政赤字を拡大させ，赤字を賄うための公債発行の増
加を招いた。この点については後述する。

2．金融政策の展開

金融危機に対応するために積極的な財政支出を拡大する一方で，FRB は金
融機関の救済と金融市場の回復を目的とした政策を決定し，実行した。金融危
機時の FRB の金融政策の考え方，内容および展開過程を述べておこう。

FRB はバーナンキ FRB 議長の下で金融危機対応として「信用市場を直接サ
ポートする」ための金融政策を重視し，FRB のバランスシートの資産側を活
用する——いずれの政策手段も連邦準備制度の信用供与ないし債券購入に依存
している——政策を打ち出した。これらの政策の利点は，FF レートがゼロに

なった後でも，働きかけの対象となる金融市場の金利を押し下げる点にあると
している。[11)]

　FRB の 3 つの政策手段とは，① 最後の貸し手機能の充実，② 信用市場への
直接的な流動性の供給，③ 長期債の購入，である。それらの手段は，FRB の
マネタリー・ベースを増加させること，すなわち，市中銀行の FRB への預け
金または流通現金を増加させる効果をもつものである。

(1)　最後の貸し手機能の充実

　(ⅰ)オークションによる信用供与のための新たなファシリティの創設，(ⅱ)銀行
のみならずプライマリー・ディーラーが FRB の貸出を受けられるようにする
こと，などの非常時対応が取られた。FRB は2008年 3 月に大手証券会社ベア
ー・スターンズの破綻を回避するために，同会社の救済買収を行う大手銀行 J.
P. モルガンに対して特別融資を実行した。さらに，リーマン・ショック後金
融危機が押し寄せる中，同年11月に FRB は政府機関債の買い入れを決定した。
これは，2009年 3 月の第 1 次量的緩和策の先駆けとなった。

(2)　信用市場への直接的な流動性の供給

　2 つ目の手段は，主要な信用市場の投資家と借り手に対し，FRB が直接流
動性を供給することである。

　2008年 9 月19日に，FRB は AMLF（Asset Backed Commercial Paper［ABCP］
Money Market Fund［MMF］Liquidity Facility）を導入し，**MMF***によって保有
されている高格付資産担保コマーシャル・ペーパー（Asset Backed Commercial
Paper, ABCP）を購入する銀行に対し FRB が資金を提供することにより，シャ
ドーバンキング部門の「預金」受け入れ機関であった MMF の救済をはかっ
た。同日，財務省も MMF への出資を保証する一時的プログラムを発表した。

　次に，同年10月 7 日に FRB は CP ファンディング・ファシリティ（Commer-
cial Paper Funding Facility, CPFF）の導入を発表し，27日に運用を開始した。
これは CP を買い取る特別目的会社（SPV）を設立し，SPV はニューヨーク連
銀のバックファイナンスを受けて，最上位の短期格付けを取得した期間 3 カ月
の CP と ABCP を発行会社から買い取って流動化する制度である。2010年 4
月時点での CPFF による融資実績は7390億ドルである。

　そして，リーマン・ショック後は投資家の資金回収の圧力が高まり，MMF

第7章　アメリカ金融危機と危機対策　*159*

やファンドは流動性確保のために短期金融市場で資産売却に迫られ，投売せざるを得ない状況が生じていた。そこで FRB は MMF の救済策として，同年10月21日に短期金融市場投資家流動性ファシリティ（Money Market Investor Funding Facility, MMIFF）の導入を発表し，11月24日から運用を開始した。MMIFF は，満期最低7日，最大90日のドル預金証書および銀行手形，あるいは金融機関が発行する CP を短期金融市場の投資家である MMF およびファンド等から買い取って，流動性を提供するものである。[12]

　さらに，FRB は2008年11月に FRB によるターム資産担保付証券貸付ファシリティ（Term Asset-Backed Security Loan Facility, TASLF）の創設を発表した。TASLF の融資対象とする ABS は，中小企業，自動車ローン，学生ローン，クレジットカードローンを含む様々な消費者信用と中小企業信用を融資するために利用される一般的な債券である。そこで，TASLF は消費者と企業家に対する民間融資によって担保される ABS の発行を促進し，また，ABS の信用条件をより円滑にすることを目的とする。この目的の下で，FRB は TASLF の下で満期5年間までの適格 ABS を担保にその保有者に対してノンリコース・ローンを発行する。つまり，FRB は中小企業や消費者向けの新規ローンから構成される AAA 格の ABS の保有者に対して資金を提供することとなった。[13]

　その政策の背景には，ABS の新規発行が2008年9月に低下し，同年10月に停止するに至り，信用市場が機能麻痺していたことがある。同時に，ABS の AAA 格付けトランシェの金利スプレッドは歴史的に経験のない幅にまで広がり，異常に高い**リスク・プレミアム**（投資家がリスクのある商品に投資する際，リスクのほとんどない商品に比べて期待する上乗せ分のリターン〈収益，運用利回り〉のこと）を反映していた。ABS は消費者信用と SBA が保証する中小企業融資のかなりの部分を融資していたのである。それらの市場の崩壊は家計と中小企業への信用アベイラビリティを大きく制限し，それによってアメリカ経済活動のさらなる弱体化の原因となると，FRB は認識していた。

　2008年11月に発表された TASLF は2009年3月から貸付業務が始まった。TASLF の対象とする担保資産は，2010年6月に新規の CMBS（Commercial Mortgage Backed Securities），2010年3月にその他の全ての TASLF 適格証券へと拡大する。TASLF の融資総額残高は2010年2月末時点で約2900億ドルにの

ぼった。[14]

　以上のような信用市場への FRB による資金供給は，MMF や投資ファンドの資金繰りを助けることにより，金融仲介業者の倒産を一定程度に止めさせた。こうして，信用市場の機能が回復に向かった。

(3)　長期債の購入

　短期間の金融調節手段とは性格を異にする資金供給手段として，長期債の購入がある。FRB の長期債購入によるマネタリー・ベース供給策は，その後量的緩和（Quantitative Easing, QE）と略称されることとなる。バーナンキ議長によれば，その政策は単に金利の低下だけでなく，信用市場の状況を改善することも目的としていた。[15] 信用市場をサポートするための FRB のアプローチは，日本銀行が2001年から2006年にかけて用いた量的緩和とは別個のものであり，信用緩和（credit easing）と形容すべきものである。すわなち，量的緩和は中央銀行の負債側の増加＝市中銀行の中央銀行預け金の増加を意図するものに対して，信用緩和は中央銀行の資産側の選択に重点が置かれており，金融市場の流動性が低く，民間部門の信用仲介機能が大きく低下しているとき，市場の債券を買い支えることによって信用リスク・プレミアムを低下させることを目的とする。

　FRB は2008年 9 月に FF レートの誘導目標を大きく引き下げて以来，超低金利政策を維持し，2009年 3 月，FRB は連邦公開市場委員会（FOMC）で1951年以来半世紀ぶりという長期国債の買い切りを決定し，買い切り対象は RMBS や政府機関債にまで拡大した。[16] これが量的緩和策第 1 弾であり，2010年11月まで3000億の国債買い入れを実施するというものであった。2009年 3 月発表の量的緩和策はその後，2010年11月に QE2（Large-Scale Asset Purchase Programs, LSAP）として引き継がれ，2011年第 II 四半期までに6000億ドルの長期国債を購入することが決定された。QE2 の目的は2009年 1 月の QE と同様に，リスク・プレミアムを押し下げ長期金利を低下させるものであった。さらに，FRB は2011年 9 月に，償還期間が 3 年以下の国債を同時売却することによって，長期国債の保有比率を高めるツイスト・オペを決定し，2012年 9 月には QE3 を決定した。

　FRB の量的緩和策による流動性供給の増加傾向を図 7 - 5 で確認しておこう。

第7章 アメリカ金融危機と危機対策　*161*

図7-5　FRBの資産構成

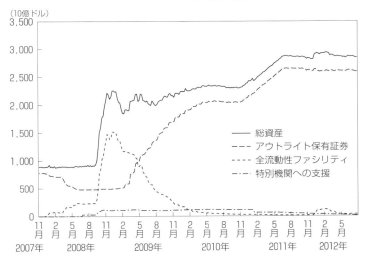

（出所）Federal Reservwe Board, Data Base（「Http://w.w.w.federalreserve-gov/ 2013年8月20日アクセス）。

　FRBの貸借対照表の大きさの増加は保有される資産の構成の変化を伴っている。アウトライト（売り戻し条件や買い戻し条件を付けずに，売買を単独で行うこと）で保有される証券の水準は2007年末から2008年に入って減少した。その原因は，FRBは流動性ファシリティを通じて拡大される信用の増加を調整するために財務省証券を売却したことである。そして2008年9月のリーマン・ショックを契機に，FBRの資産は急増する。同年9月から12月にかけて全流動性ファシリティは急増した後に，2009年3月以降，証券保有水準は大幅に増加している。[17] このアウトライト保有証券の増加の要因は，主にFOMCにより発表された大規模な資産購入計画の下での財務省証券，公社債，公社保証MBS購入であった。

　ところで，FRBの量的緩和策は金融危機の対応策として深刻な金融危機を制御する役割を果たした一方で，以下のような課題を残した。第1に，中央銀行の資産の流動性問題である。[18] 金融調節を円滑に行うためには中央銀行が保有する資産の流動性を保たなければならない。オペないし貸出期間の長期化や民間債券の買入れなどについては，金融調節上，支障をきたすほどの規模や期間

でないことがその条件となる。ただし，長期国債については，中央銀行資産の中でも底留まりになる部分であり，そうした部分が大きな比重を占めてくると，日々の金融調節に支障をきたす可能性がある。つまり，金融危機が終わり，金融市場が正常状態に戻る過程では，中央銀行は当座預金を減らすため，売りオペなどを行うことが必要になるが，比較的均一な特性を持ち，一律大量の扱いが可能な短期国債とは異なり，銘柄別に細かく分断されている（市場流動性が低い）長期国債の売却は，僅かな金額でも市場に大きな影響を与えるからである。このように中央銀行の資産の流動性が低下すれば，オペの機動的な運用を阻害する。そこで，長期国債の保有高を銀行券発行高の範囲内にかぎるという中央銀行の内部ルール（いわゆる「発行券ルール」）が求められる。

　第2に，中央銀行の資産の安全性の面についての問題である。安全な資産とは，信用リスクがごく小さいというだけでなく，金利リスク（価格変動リスク）が小さく，評価損が発生しにくい，ということを意味する。危機対応の非伝統的措置の採用によって，この原則の妥当性を改めて考え直す必要が生じている。国債保有高が増加して価格変動リスクへのエクスポージャーが増えたこと，信用度において住宅ローン債権担保証券（RMBS）などの質的に劣る資産を買入れ，あるいは適格担保として認めたこと，等がその理由である。[19]

　公社債といえども流通価格は変動するため，市場リスクが生じる。また，有価証券の発行体が債務不履行になることによる信用リスクは否定できない。仮にFRBの保有資産の価値が毀損した場合，FRBの自己資本を補充するために政府は公的資本を注入しなければならない。[20]

　第3に，FBRの国債買い切りによるFRBによるマネタリー・ベースの増加効果である。FRBが国債の買い切りオペを行えば，市中銀行の貸借対照表の資産側で国債がFRB預金に換わる。ただし，この時点で市中銀行の負債側でマネーストックは増加しない。（補論1を参照）

　このようにFRBによる市場（金融機関）からの国債買い入れは，FRBのマネタリー・ベースを増加させ，すなわち，市中銀行のFRBに保有する預け金の増加をもたらす。問題は，この市中銀行の中央銀行預け金の増加が，価値の裏付けを持たない国債の買介入にもとづくものという点である。この過剰準備金にもとづく信用創造による追加的通貨発行は，通貨価値の下落によるインフ

第7章 アメリカ金融危機と危機対策 *163*

図7-6 FFレートの推移

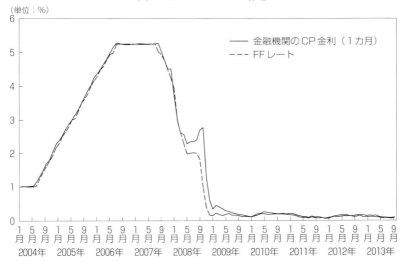

(出所) Board of the Federal Reserve System, Economi Research and Data (http://www.federalreserve.gov/ 10月20日アクセス).

レ・リスクを高める。無論，インフレが顕在化するのは景気高揚に伴い，銀行貸し付けによる通貨供給が一般商品流通において増えるかぎりであり，購買手段としての貨幣需要が増加しない不況期において，インフレは直ちには顕在化しない。ただし，市中銀行の過剰準備が株式投資や不動産投資に向かえば，実体経済から遊離したところで，資産価格の上昇による資産バブルが発生する副作用には留意すべきである。

第3節 財政・金融政策の帰結

1. 金融市場の動き

実体経済の後退を背景に，2007年8月にFFレートは引き下げられ，その後，サブプライム・ローン問題の顕在化により住宅金融会社の破綻が生じる中で，さらに，FFレートは徐々に引き下げられていった（図7-6を参照）。しかし，2008年5月に不安定な信用市場に反応してFFレートが高止まりしていたところに，リーマン・ショックが追い打ちをかけた。先述したように，FRBは未

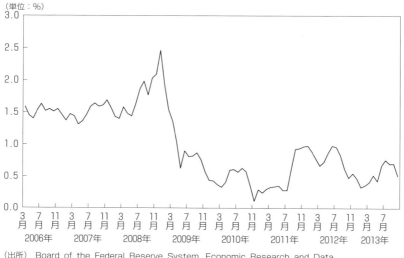

図7-7 住宅ローン金利と国債利回りのスプレッド (30年物)

(出所) Board of the Federal Reserve System, Economic Research and Data.

曾有の流動性供給によってこの金融危機に臨んだ結果，FFレートは即座に引き下げられ，それ以降事実上のゼロ金利となった。

　FRBによる量的緩和政策の第1の効果は信用市場の回復である。2008年6月以降RMBS価格の下落は同証券の利回りを高騰させて，その結果，財務省証券の利回りと住宅ローン金利のスプレッドは大きく拡大して，同年8月にピークを迎えた（図7-7を参照）。この状況を受けて，同年9月からのFRBによる流動性供給の一環としてAgency MBSを購入した結果として，スプレッドは縮小したことから，信用緩和策（Credit Easing）としての効果を評価することができる。

　FFレートの引き下げと金融危機対策により，ダウ平均株式価格は2009年3月に底値を付けてからようやく回復を始め，2011年5月に12000ドルを超えた。株式価格はそれ以降も上昇し続けている。また，S&Pケース・シラー住宅価格指数（2000年1月を100として指数化したもの）は2006年6月に190のピークを記録してから下落を続け，2009年3月に底値を付けた。それから住宅価格は上昇と下降を繰り返し，2012年3月から上昇傾向を見せている（図7-2を参照）。

図7-8 アメリカの財政収支の推移

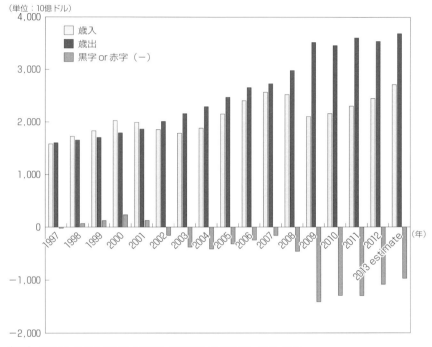

(出所) Bureau of the Fiscal Service, treasury of Bulletin, data base.

　以上総じて，FRBによる最後の貸し手機能は，大手銀行および投資銀行の破綻を回避させることにより，金融危機の進行を食い止める一方で，信用市場への流動性供給は，ミューチュアル・ファンドやMMFなどの**シャドーバンク**（補論2を参照）を救済することによって，信用市場の資金仲介機能を回復させた。FRBにより供給された資金は，信用市場から再び証券市場や不動産市場へ流通することになり，その結果として，住宅価格と株式価格の上昇をもたらしたのである。

2．財政赤字の増加

　しかし，TARPとEESAにもとづく政府による民間企業への救済支援の代償は，莫大なアメリカ政府支出による財政赤字の増加として残された。米財政

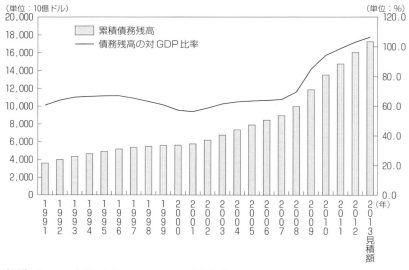

図7-9 アメリカの累積債務残高の規模

(出所) Bureau of Fiscal Service, treasury of Bulletin.

　赤字は2009年から急増し（図7-8），債務累積額は拡大し続けている（図7-9）。債務総額は2013年5月中旬時点で法定の約16兆7000億ドル（約1620兆円）にほぼ到達した結果として，減税失効と歳出の自動削減が重なる「財政の崖」に直面した。財政赤字の拡大は政府債発行額の増加をもたらすが，政府債はどのように消化されているのだろうか。換言すれば，アメリカ政府債の保有者が誰なのか。

　2014年6月時点で保有比率が大きい順に，FRB 44.1％，外国人33.4％，ミューチュアル・ファンド6.5％，年金基金の民間部門2.9％となっている[22]。その内比率の上昇が目立つのが外国人である。金融危機が起きる前の2007年3月時点でFRBの保有51.7％，外国人24.8％を比較すれば，首肯できよう。

　金融危機以降，FRBによる政府債比率は低下したとはいえ，FRBが政府債の最大の購入者であることに変わりはない。かりに，FRBによる国債の買い支えがなければ，国債価格の暴落＝国債利回りの高騰は避けられず，金融市場は混乱に陥っていただろう。そして，注目すべきは，アメリカ財政赤字補てん

に占める外国人依存度の高まりである。外国人の主な投資家は対米貿易黒字国であり，現在では中国のプレゼンスが際立っている。中国のアメリカ国債投資は財政赤字補てんに役立つだけでなく，アメリカの経常収支赤字補てんに大きな役割を果たしている。この点は，アメリカドルを基軸通貨とする「ドル本位制」の維持に関わる点なので，第8章で再論する。

3．実体経済の動向

　2007年から後退期に入っていた景気はリーマン・ショック後一挙に悪化し，2009年第Ⅱ四半期に最悪期を迎え，そこから徐々に回復に向かっていった。まず，企業の倒産数は既に2006年から増加し続け，2008年第Ⅲ四半期以降，急激に増加した。企業倒産数がピークを迎えたのは，2009年第Ⅱ四半期である。その後，企業倒産数は徐々に低下している。また，鉱工業生産指数（2007年1月を100とした指数）は2008年1月の100.5から低下し始め，2008年9月に92.5を記録し，2009年8月85.4の底値を付けてから上昇を始めた（図7-4）。

　企業倒産数と鉱工業生産指数の動向は失業率，すなわち雇用動向に直接反映される。2007年末から徐々に上昇し始めていた失業率——2007年12月は5％であった——は，2009年10月の10％まで上昇し，そこから約1年間高水準で推移した後，徐々に低下している（図7-3）。

　確かに，全体の失業率は低下し，雇用状況は好転しているが，人種の坩堝と言われるアメリカでは人種別にみると，雇用の実態は複雑である。人種差別を背景にする黒人やマイノリティにとって失業率の高さと低水準の所得は極めて深刻であり，かれらの生活の不安や社会への不満は，しばしば暴動として現れる。16歳以上の失業率は，2014年の男性の場合，白人6.5％，アジア人5.4％，黒人あるいはアフリカ系アメリカ人11％，ヒスパニックあるいはラテン系7.3％と大きな開きがある。[23]また，同じ職種のフルタイムで働く労働者の平均的な収入（週毎）は人種によって異なる。例えば，収入が高い順に，① 経営・専門職・それに関する職業，② 販売・事務，③ 自然資源・建設・整備，④ 生産・輸送・第1次産品配送，⑤ サービスと区分される場合，アジアと白人は① と ② のような収入の高い職種に就職している比率が高く，逆に，ヒスパニックあるいはラテン系，黒人あるいはアフリカ系アメリカ人は ④ と ⑤ のよう

図7-10 労働分配率の国際比較

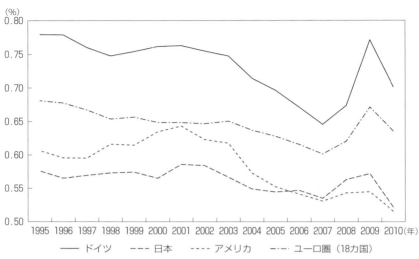

(出所) OECD, Stat Extrats, Labour Income Shares Ratios (http://stats.oecd.org/ 2014年9月26日アクセス)．

な収入の低い職種に就職している比率が高い。しかも，同じ職種に就職している場合であっても，人種によって収入に格差がある。例えば，① 経営・専門職・それに関連する職業に就職する男性では，アジア系：1408ドル，白人：1273ドル，ヒスパニックあるいはラテン系：1002ドル，黒人あるいはアフリカ系アメリカ人：957ドルである[24]。

このようなデータの他に，人々の厚生を示す指標として貧困人口があげられる。貧困の定義は，4人家族で世帯年収が2万ドル（約220万円）以下の世帯を指し，その家庭の子どもを「貧困児童」とする。貧困人口は2000年代初頭に3500万人以下であったが，2013年には4600万人を超えた。貧困人口は2000年代の10年間でおよそ120万人増加した計算になる[25]。2014年度のアメリカ国内貧困率は14.5％，うち18歳以下の貧困児童率は19.5％（5人に1人）である。このように，マクロ・データによる雇用環境の回復はみられるが，その背景には多様な人種の存在と絡む所得格差と貧困層の拡大がある。

さらに，注目すべきは，アメリカの労働分配率の低下傾向が他国と比較して

より進んでいることである（図7-10を参照）。マクロ的にみれば，労働分配率の低下は，財産所得（利子収入，財産収入など）と法人・公的企業所得（配当控除後）の比率の上昇である。ミクロ的にみれば，企業の内部留保や株式配当による支出の比率の増加である。このことは，企業の設備投資に充用されない資金が投資ファンド，MMF等を通じて資金運用されていることを示している。こうした資金の一部は，対外投資に向かうことによりアメリカを世界のベンチャー・キャピタル化しているのである。

　ところで，金融危機の後，アメリカの経常収支赤字のファイナンスは維持され続けるとともに，再びアメリカは対外投融資により世界ヘドルを供給している。金融危機後，アメリカの経常収支赤字ファイナンス構造はどのように変化したのか。そして，維持されることで，国際通貨制度あるいは世界経済にどのような副作用が生じているのか。これらの点を第8章で論じる。

用語解説

円キャリー・トレード

　円キャリー・トレードは，「円借り取引」とも呼ばれ，相対的に金利が低い円資金を借り入れ，その資金を外貨に転換して運用する取引のことをいう。一般にキャリー・トレードとは，「金利の低い通貨で調達（借り入れ）した資金を，外国為替市場で金利の高い他の通貨に交換し，その高金利で運用して金利差収入等を稼ぐ取引」のことをいうが，明確な定義がある訳ではない。

MMF（Money Market Funds）

　投資家の小口資金を集め，短期金融市場で運用する投資信託のこと。財務省証券，譲渡可能定期預金証書（CD），CPなどの短期証券で運用する。換金自由で小切手が振出可能という要求払い預金と類似した機能を持つので，銀行預金の強力な対抗商品となり，1970年代に預金金利自由化の引き金となった。

担保付き債務支払い証書（Collateralized Debt Obligation, CDO）

　貸付債権（ローン）や債券（公社債）などから構成される金銭債権を担保とし

て発行される証券化商品で，資産担保証券（ABS）の１つである。投資銀行は，質の異なる数多くの ABS を買い集めて，それを１つの束にする。次に，返済に難のある債権を輪切りにして，返済の優先順位ごとに区分する。デフォルトがあっても優先的に元本の支払いを約束する証券から，デフォルトがあれば元本の支払いをしないという約束の証券まで切り分ける。切り分けられた証券に格付け会社が格付けし，さらに，格付けの高い区分に，モノラインと呼ばれる金融保険会社が元本の支払い保証を与える。こうして，組成される証券がCDO である（経済産業省『通商白書』2009年，10頁を参照）。

レポ取引

有価証券と資金を一定期間交換する「買い戻し条件付取引」のことで，日本では特に債券の貸借取引で金銭を担保として差し出す「現金担保付債券貸借取引（債券レポ取引）」のことを指す。資金の借り手は有価証券を貸し手に対し一定期間差し出すことによって，その期間資金を運用することができる。満期が来れば，有価証券を買い戻し，資金を返済する。

補論１　中央銀行の買いオペと政府からの直接国債買い入れ

中央銀行の買いオペ（＝中央銀行の市中銀行からの国債買入）がマネタリーベースとマネーストックに与える影響を中央銀行の政府からの直接買入れの違いと比べて述べておこう。

以下，中央銀行，市中銀行，政府の貸借対照を用いて，２つのケースをみておこう。

図Ａは中央銀行の国債買いオペを説明している。この場合，政府は新規国債10万ドルを発行し，市中銀行が同国債を購入すると仮定する（②）。その後，政府が10万ドルを支出すれば，非銀行等・民間部門の市中銀行のへの預金（マネーストック）は10万ドル増加する（③）。中央銀行は市中銀行から国債10万ドルを購入すれば，中央銀行の中央銀行預金（マネタリーベース）は10万ドル増加する（④）。以下，順を追って述べてみよう。

①：市中銀行(A)は20万ドルを中央銀行に預金している。この預金は種々の要因

第7章 アメリカ金融危機と危機対策 *171*

図A 中央銀行の国債の買いオペ

	中央銀行		市中銀行（A）		政 府	
	資産	負債	資産	負債	資産	負債
①	Loan 20	PBD 20	CBD 20	CUD 20		

	資産	負債	資産	負債	資産	負債
②	Loan 20	PBD 10	CBD 10	CUD 20	GVD 10	Bond 10
		GVD 10	Bond 10			

	資産	負債	資産	負債	資産	負債
③	Loan 20	PBD 20	CBD 20	CUD 30		Bond 10
			Bond 10			

	資産	負債	資産	負債	資産	負債
④	Loan 20	PBD 30	CBD 30	CUD 30		Bond 10
	Bond 10					

*PBD: private bank deposit（市中銀行預金）．GVD: Government deposit（政府預金）．
CBD: Central Bank deposit（中央銀行預金），CUD: current deposit（普通預金）

によって形成されている。

②：政府は国債10万ドルを発行し，市中銀行(A)は国債10万ドルを購入する。

　　市中銀行の国債購入の資金手当ては中央銀行預金によってなされるが，この原資は中銀による市中銀行への信用供与がないとすれば，また，後述のように財政赤字によって市中銀行の中銀預金が増加するのではないから，非銀行等・民間部門の銀行への預金の一部によって形成されたものである。これによって，市中銀行の中央銀行預金（銀行の資産，マネタリーベース）は10万ドル減少し，資産としての国債が増加する。他方，政府の中銀預金が10万ドル増加する。

③：政府は10万ドルを支出し，民間企業および家計の市中銀行(A)へ預金が10万ドル増加する。この過程のバランスシートの変化は以下の通りである。政府の民間企業等への支出は，中銀にある政府預金の減少，銀行の中銀預金の増加，民間企業および家計の銀行への預金の増加というバランスシートの変化を起こす。

図B　中央銀行の国債の直接引き受け

	中央銀行		市中銀行（A）		政府	
	資産	負債	資産	負債	資産	負債
①	Loan 20	PBD 20	CBD 20	CUD 20		
②	Loan 20 Bond 10	PBD 20 GVD 10	CBD 20	CUD 20	GVD 10	Bond 10
③	Loan 20 Bond 10	PBD 30	CBD 30	CUD 30		Bond 10

　つまり，②において市中銀行の政府からの国債購入によっていったん市中銀行の中銀預金が減少するが，③の時点で市中銀行の中銀預金が回復する。つまり，財政赤字による国債発行によって，マネタリーベースの増減は結局生じないが，マネーストックは増加する。

④：中央銀行は市中銀行から国債10万ドルを購入する（＝中央銀行の買いオペ）。

　　中央銀行による市中銀行からの国債購入によって，市中銀行の資産は国債から中銀預金に代わり，マネタリーベースは増加するが，この時点ではマネーストックは変化しない。以上，財政支出によってマネタリーベースもマネーストックも増加するが，財政赤字に伴って政府が国債を発行し，銀行が政府から国債を購入すれば，マネタリーベースは減少するし，マネタリーベースは元に戻ってしまう。③と④を比べれば分かるように，さらに，中央銀行が買いオペを行えばマネタリーベースは増加する。しかし，マネーストックは変化しない。

　図Bは，中央銀行が政府から直接国債を買入れる場合を示している。政府は新規国債10万ドルを発行し，中央銀行が同国債を購入すると仮定する（②）。その後，政府が10万ドルを支出すれば，非銀行等・民間部門の市中銀行のへの預金（マネーストック）は10万ドル増加し，同時に，中央銀行の中央銀行預金（マネタリーベース）も10万ドル増加する（③）。以下，順を追って述べてみよう。

①：市中銀行(A)は20万ドルを中央銀行に預金している。この預金は種々の要因によって形成されている。

②：政府は国債10万ドルを発行し，中央銀行は政府から直接国債10万ドルを購入する（直接引受）。これによって，バランスシートの変化は，中央銀行の資産に国債が10万ドル増加し，負債に政府の中銀預金が10万ドル記帳される。政府の資産には中銀預金が10億ドル増加し，負債には国債10億ドルが記帳される。

③：政府は10万ドルを支出し，民間企業および家計は10万ドルを市中銀行(A)へ預金する。これによって，民間企業および家計の市中銀行への預金（マネーストック）が10万ドル増加するが，この過程のバランスシートの変化は以下のとおりである。

　　政府の民間企業等への支出は，中銀にある政府預金の減少，市中銀行の中銀預金の増加，民間企業および家計の銀行への預金の増加という変化を起こす。③において，マネタリーベース（＝市中銀行の中央銀行預金）は①に比べて10万ドル増加し，マネーストックも10万ドルだけ増加する。

　図Aでは民間部門の預金を使って銀行が国債を購入し，それを中央銀行が購入する場合には，民間部門の銀行の預金の存在が前提になっている。ところが，図Bで示す中央銀行の直接的国債引受はでは民間部門の預金が前提にならない。したがって，国債の中央銀行引受には無制限の財政赤字ファイナンスが行われる危険性が潜んでいる。

　中央銀行による国債買いオペは，図Aが示すように，国内のマネタリーベースを増加させるが，マネーストックを増加させるのではない。しかし，中央銀行の買いオペにより形成された過剰準備は，銀行の信用創造の原資となり，実体経済に対して貸付可能な資金となる。銀行の過剰準備が信用創造によって企業や家計等に貸し付けられ，一般商品流通で流通貨幣量が増加すれば，インフレが進行する可能性がある。

　ただし，銀行の過剰準備は証券投資に運用され，あるいは金融会社へ貸し付けられ証券投資や不動産投資に重用される場合もある。こうした銀行の貸付は証券価格や不動産価格の上昇を引き起こすであろう。中央銀行の国債買いオペにより物価水準の引き上げ効果が見られず，資産バブルの副作用が懸念される

のはそのような意味においてである。

補論2　影の銀行（シャドーバンク）

　現在の金融システムは，銀行部門の信用創造による与信機能および資金仲介
機能だけでなく，銀行部門以外の主体による資金仲介活動も担っている。銀行
部門以外の主体としては，例えば，証券会社，資産運用会社，ヘッジファンド
などが挙げられる。シャドーバンクとは，こうした銀行部門による与信活動以
外の資金仲介活動の総称であり，金融安定理事会（Financial Stability Board,
FSB）——1999年に設立された金融安定フォーラム（FSF）を前進とし，現在，
金融システムの安定を目的として主要25カ国・地域の通貨当局などの代表が参
加している——の定義によれば，「通常の銀行システム以外の主体または活動
による信用仲介」とされる。この定義が示すように，シャドーバンクの実態は
活動と主体により構成される。活動と主体は異なる要素であるが，それらは多
かれ少なかれ関連しているため，シャドーバンクの定義は報告書や論者によって
異なる。

　Perry MaCulley はシャドーバンクを活動の観点から，短期金融市場の資金
調達による資本市場の貸付と定義している。他方，ニューヨーク連邦準備制度
は，シャドーバンクを主体の観点から捉えて，政府保証あるいは中央銀行の流
動性へのアクセスなしに，満期転換，流動性供給，信用仲介を行う機関と定義
する。また，R. ガットマンはシャドーバンクを制度的観点から定義する。す
なわち，満期，流動性および信用仲介を目的として信用手段を流通させるため
の織り混ざるネットワーク網を生み出すための相対的に規制されていない，あ
るいは全く規制されていない金融仲介者の群れと定義する。

　具体的にどの主体や活動がシャドーバンクに相当するのかという点について，
国際的なコンセンサスはない。しかし，基準の曖昧さが実態把握やリスク評価
の妨げになるという問題意識の下 FSB を中心に広く使用されている基準は，
シャドーバンクを「銀行，保険，年金，公的機関以外の金融仲介機関」と広く
捉えたものである。FSB はマクロ・マッピングを提案し，それにもとづく
『シャドーバンキング・モニタリング報告書』を定期的に報告している。一方，
EU はこの FSB のマクロ・マッピングのもとづき，各国の資金循環統計をま

表　投資ファンドとその他の金融機関の分類

事業体：部門と下位部門と種類			業務内容
MMF			通貨金融機関部門の一部
投資ファンド	非MMMF投資ファンド	債券ファンド 株式ファンド 混合ファンド 不動産ファンド ヘッジファンド その他ファンド 上場投資信託 プライベート・エクイティ・ファンド	主として投資する資産による投資政策ごとに区分される
その他の金融機関	その他の金融仲介会社	証券化に従事する金融媒介会社	証券化を特別目的とする会社
		貸付金融会社	例）金融リース，ファクタリング，ハイヤー・パーチェス
		証券・デリバティブ・ディーラー	自己勘定で取引するディーラー
		特別目的会社	例）ベンチャーキャピタル，輸出入金融，中央清算取引所
		それ以外の金融機関	
	Financial auxiliaries		例）保険，ローンブローカー，ファンド．マネージャー，金融グループのヘッド・オフィス
	金融親会社および資金貸付会社		例）証券化に従事しない特別目的会社，持株会社

BIS, Statistical work on shadow banking: Development of new databasets and indicators for shadow banking, p.4

とめて，シャドーバンクの主体となる金融機関を「その他の金融仲介機関（Other Financial Intermediaries, OFIs)」として表のように分類している。

　ところで，シャドーバンクは，金融仲介機関のネットワーク網を通じて，通貨当局の規制が届かない領域に業務を展開してきた。例えば，証券化商品を例にとると，① 借り手の信用リスクを貸し手である金融危機関のバランスシートから切り離すことができる，② 当該リスクを部分的に分割し，他の借り手の信用リスクをと組み合わせた上で，小口化して販売されるため，リスクの度合いについて異なった選好をもつ複数の投資家に分散保有させることができる，という利点を持つ。①は，金融機関の勘定から信用リスクを移転させることを通じて，金融機関のリスクテイク能力を高め，潜在的な借り手により多く

図　シャドーバンクの構成金融機関

```
投資銀行 ━━━━━ 銀　行
   │              │
   │    ┌─────────┤
   │    │    特別目的会社 ──────→ 投資ファンド
  MMF   │         │
 レポ市場 │    証券化商品市場
 ABCP市場 │         │
         │    仕組み投資会社
 卸売り市場     ABCPコンデュイット
```

投資ファンドは，ヘッジファンド，債権ファンド，不動産ファンド等
ABCP: Asset Backed Commercial Papers
矢印（→）は証券の主な流通方向を示す

の資金を供給させる効果をもち，②は，潜在的な資金の供給主体である投資家に対してそれぞれの選好に即した選択肢を与えることで，資金供給を促すという効果をもつ。

　こうした金融機関の貸付債権の証券化に関して，2000年代に欧米のシャドーバンクのネットワークは以下のような役割をはたした（図を参照）。例えば，大手銀行は住宅ローン等の債権を自ら設立した特別目的会社（Special Purpose Company, SPC）へ転売し（銀行にとって SPC はオフバランスシートとして扱われる），SPC は債権を証券化し MBS や CDO のような仕組債を組成し，証券化商品市場で発行した。2004年以降，銀行は仕組み投資会社（Structured Investment Vehicle, SIV）と呼ばれる新しいタイプの SPC を設立していった。SIV は商品化商品市場において CDO を購入し，① 購入した CDO を担保に短期金融市場で資産担保コマーシャル・ペーパー（Asset Backed Commercial Papers, ABCP）を発行して資金を調達する，② その資金で新たに金融機関から CDO を購入する，③ それを担保に再度 ABCP を発行して CDO の購入資金を調達するという手法で資産を拡大していった（『通商白書』2009年，11頁）。銀行は顧客から集めた資金を投資ファンドへ運用する他，MMF に銀行債務証券を販売して資金を調達し，投資ファンドへ資金を供給した。また，投資ファンドは証券化市場で資金運用を行う。こうしたシャドーバンクの活動は，銀行の与信機能を補完する一方で，複雑なデリバティブを駆使する資金仲介機能を強化することによ

り，金融市場の不安定性を増幅させていった。

注

1 ）鈴木，2008年，24-28頁を参照。

2 ）Bureau of Economic Analysis, Survey of Current Business ［以下，S. C. B. と略す］，U. S. International Transactions Accounts Data より。

3 ）シラー，R. J.／植草・沢崎共訳，2001年。

4 ）U. S. Deprtment of Commerce, United States' Census, New Residental Consurtuction の Data より，2012年 8 月20日アクセス。

5 ）経済産業省，2009年，34頁，第 1 - 2 - 1 - 7 図，第 1 - 2 - 1 - 8 図を参照。

6 ）経済産業省，2009年，35頁。

7 ）Indusutry Analysis, Failed Bank List（http://www.fdic.gov/FDIC，2012年 8 月20日アクセス）。

8 ）鯉渕・櫻川・原田・星・星野，2014年，13頁。

9 ）1998年のシティグループの誕生は証券・銀行の兼務を禁じたグラス・スティーガル法を骨抜きにし，米銀巨大銀行のきっかけとなった。すなわち，シティコープは1998年，保険大手トラベラーズと合併したことを契機に，1999年にグラム・リーチ・ブライリー法の成立によりグラス・スティーガル法は無効となった。既に1997年にトラベラーズは証券大手ソロモン・ブラザースを傘下に収めていたので，商業銀行と投資銀行，保険を抱える金融コングロマリットとなった。

10）池田，2009年，7 頁。

11）金利を押し下げるのは，プレミアムリスクに影響を与えることによる。FRB 理事代表コーンはリスク・プレミアムについて次のように述べる。「リスクを伴う債券を保有することに対して投資家が要求する保証分，すなわち，期待収益率だけに関心をもつリスク中立的な投資家が要求する対価にさらに上乗せされるべき「不確実性」への対価である」。リスク・プレミアムは，投資家が直面する不確実性と投資家のリスク回避度に依存する。そして，不確実性の源泉については，長期社債の利回りを例に取り，① 予想実質金利，② 予想インフレ率，③ 当該社債の予想流動性，④ 当該社債の予想デフォルト率，の各々の不確実性を挙げ，社債利回りはこれらの 4 つのリスクに対する対価（リスク・プレミアム）を含むという（翁，2013年，95-96頁）。

12）小立，野村資本市場研究所，2009年春号，14頁。

13）Federal Reserve Board, Board of Governor of the Federal Reserve System ［以下，B. G. F. R. S と略す］，Press Release, Date: November 25, 2008（http:

//www. federalreserve. gov/newsevents/press/monetary/20081125a. htm. 2014年
9月22日アスセス）. また，川波・地主，2013年，194頁を参照。

14）FRB［B. G. F. R. S］, news and events, 2014年9月25日アクセス。

15）翁，2013年，105頁。

16）FF 金利は2008年9月17日2.25％から同年9月24日1.54%，同年10月15日
10.96％を記録した（FRB, [B. G. F. R. S], Economic Research & Data, Selected
Interested Rates, FF rate）。

17）全流動性ファシリティ（All Liquidity Facilities）とは以下のものを含む。Term
Auction credit ── FRB が預金取扱機関に対して貸付資金をオークションするプ
ログラム──, Primary dealer credit facility ──日々の公開市場操作と財務省の
オークションに参加することを許可されている19のプライマリー・ディーラーであ
る投資銀行（証券会社）に対する直接的な貸付──, Primary credit, Secondary
credit, Seasonal credit, Asset-Backed Commercial Paper Money Market Mutual
Fund Liquidity Facility, Term Asset-Backed Securities Loan Facility, Commer-
cial Paper Funding Facility, central bank liquidity swaps. これらの流動性ファシ
リティによる貸付は「非伝統的な金融政策手段」と言われる。

18）湯本，2010年，157頁。

19）湯本，2010年，162頁。

20）米上院の関係者が，ポールソン長官からニューヨーク連邦準備銀行のガイトナー
総裁に当てた3月17日付けの書簡を公表した。それによると，ポールソン長官はガ
イトナー総裁に対し，FRB がベアー・スターンズを買収する JP モルガン・チェー
ス向けに設定した特別融資枠の300億ドル（約3兆円）について「適切であり，財
務省として支持する」と表明。同時に「損失が生じればニューヨーク連銀が負担し，
その結果，連銀から財務省への納付金が減る可能性がある」と明記した。連銀の損
失を国が肩代わりする方針を確約した内容といえる（『日本経済新聞』2008年4月
2日，夕刊）。

21）結果的には，国債のマネタイゼーション（国債の中央銀行引き受けによる財政補
てん）と同じ効果を生むという議論がある。この点についての最近の論説について，
Dungan, R. (2012). p. 74. を参照。

22）Bureau of the Fiscal Service, Treasury Bulletin, Ownership of Federal
Securities（http://www.fiscal. treasury.gov/fsindex.htm. 2014年9月22日アクセ
ス）.

23）Bureau of Labor Statistics, Labor Force Statistics from the current popula-
tion Survey, Household data not seasonally adjusted quarterly averages E-16,
umemployment rates by age, sex, race, and Hispanic or Latino ethnicity, (http:

//www.bls.gov/web/empsit/cpsee_e16.htm. 2014年 9 月22日アクセス).

24) Bureau of Labor Statistics, Earnings and employment by occupation, race, ethnicity, and sex, 2010 (http://www.bls.gov/web/empsit/cpsee_e16.htm. 2014年 9 月22日アクセス).

25) Income and Poverty in the United States: 2013, Figure 4, Number of poverty and poverty rate, p. 12 (https://www.census.gov/hhes/www/poverty/ publications/pubs-cps.html. 2014年 9 月26日アクセス).

参考文献

Dungan, R. (2012). *The New Depression, The Breakdown of the Power Monetary Economy*, John Wiley & Sons Singapore Pte. Ltd.

池田洋一郎「米国財務省による金融安定化策——負傷資産救済のゆくえ——」『ファイナンス』日本財務省, 2009年。

翁邦雄『金融政策のフロンティア——国際的潮流と非伝統的政策——』日本評論社, 2013年。

川波洋一・地主敏樹「アメリカ経済と金融危機」櫻川昌哉・福田慎一編著『なぜ金融危機は起こるのか——金融経済研究のフロンティア——』東洋経済新報社, 2013年。

小立敬「金融危機における米国 FRB の金融政策——中央銀行の最後の貸し手機能——」野村資本市場研究所, 2009年春号。

経済産業省『通商白書』の各号。

鯉渕賢・櫻川昌哉・原田喜美枝・星岳雄・星野薫「世界金融危機と日本の金融システム」『金融経済研究』第36号, 2014年。

シラー, R. J./植草一秀・沢崎冬日共訳『投機バブル・根拠なき熱狂——アメリカ株式市場, 暴落の必然——』ダイヤモンド社, 2001年。

鈴木芳徳『グローバル金融資本主義』白桃書房, 2008年。

湯本雅士『サブプライム危機後の金融財政政策』岩波書店, 2010年。

第8章

世界金融危機後の「ドル本位制」

　2008年9月のリーマン・ショックを契機に生じた金融危機を背景に，アメリカを中心とする国際資金フローが収縮した。これに伴う「ドル離れ」（＝アメリカ離れ）が起きることにより，アメリカ経常収支赤字の持続可能性についての議論が再燃すると同時に，ドルを基軸通貨とする「ドル本位制」の存続理由を[1]改めて問うことになった[2]。本章では，第1節で金融危機以後のアメリカの国際資金フローの変化とアメリカの国際ポジションの変化を分析し，第2節でアメリカの「維持可能性」を積極的に主張する見解の理論的根拠を批判的に検討する。第3節では「ドル本位制」下でアメリカ国際通貨政策が行き詰まっている点を述べ，将来の「ドル本位制」の行方を展望する。

第1節　アメリカの国際資本取引のフローとストック分析

1．アメリカの国際資本取引のフロー分析
(1)　アメリカを中心とする国際資本取引の概要
　2008年に入って米ドルの実効為替相場が下落し，消費者物価水準が上昇し，[3]短期金利水準は上昇していた状況で，金融危機が2008年9月に顕在化する前から外国資本のアメリカからの逃避が生じていた。そして，金融危機以降も資本逃避は継続したが，ドル相場の急激な下落という意味でのドル危機には至らず，むしろドルの実効為替相場は上昇した（図8-1）。これはいかなる理由によるものなのか。この点を明らかにするために，先ず，金融危機の前後においてアメリカを中心とする国際資本取引はどのようなものであったか，また，ドル実効相場を上昇させたドル需要はどのようなものかを確認しておこう。
　BEAの国際収支表により公的部門と民間部門を合わせた国際資本取引全体

図 8 - 1　主要国通貨の実質実効為替相場

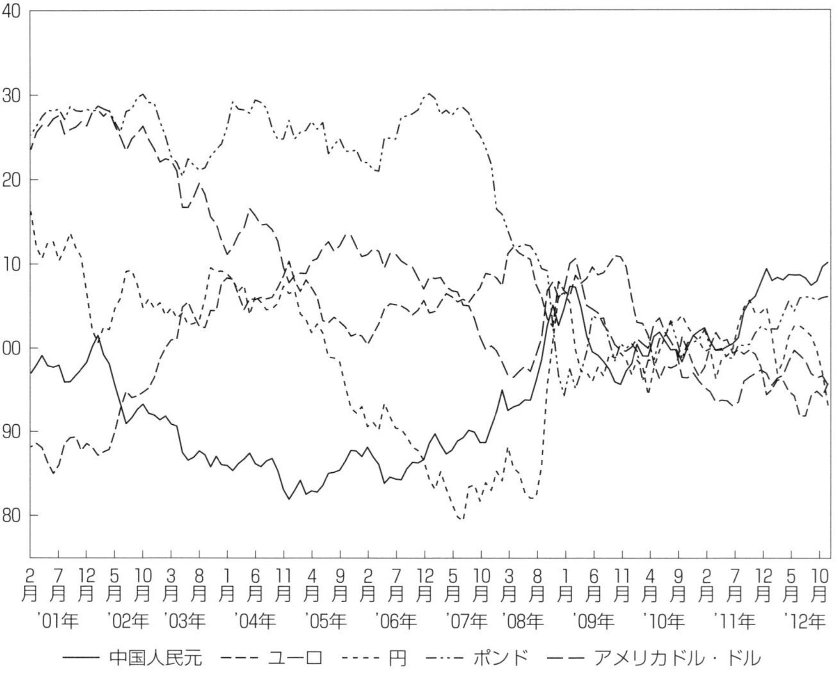

（出所）　BIS　データベース
BIS の実質実効為替相場，2010年＝100とする月平均

の変化は，2008年第Ⅱ四半期に外国資本の還流（＝外国資本の流出）と自国資本の還流（＝自国資本の流入）として生じた（以下，表 8 - 1 を参照）。つまり，2008年 9 月15日にリーマン・ショックが起きる半年前からアメリカを起点とする資金流出入の逆流現象が起きていたのである。アメリカが海外に所有する資産は2008年第Ⅱ四半期から2009年第Ⅱ四半期まで減少が続いた。これはアメリカ資本の海外からの引き上げ（＝アメリカ資本の還流）を示している。このアメリカ資本の引き上げによって生まれた海外の「ドル不足」——「ドル不足」の理由は後述する——を解消するため，アメリカ政府は2007年12月と2008年10月の間に14の海外中央銀行とドル流動性スワップ協定を結び，その協定にもとづきアメリカ政府はドルを供給したのである。表 8 - 1 が示すように，2008年第Ⅱ半

第8章 世界金融危機後の「ドル本位制」 *183*

期から同年第Ⅳ四半期の間にアメリカ民間資本の本国への引き上げが生じたと
き，それによる海外の「ドル不足」問題に対応するため，アメリカ政府は資金
を海外へ供給していることが窺える（－符号は資金の流出を示す）。他方，非居住
者がアメリカの保有する資産は2008年第Ⅱ四半期に減少し（＝外国資本のアメリ
カからの流出），同年第Ⅲ四半期に増加するものの，同年第Ⅳ四半期から2009年
第Ⅱ四半期まで減少した。これがいわゆる「ドル離れ＝アメリカ離れ」である。
この「ドル離れ」として現れた外国資本のアメリカからの流出は，海外の「ド
ル不足」を賄うためであった。

　次に，民間資本の国際資金フローの概要を述べておこう。アメリカの民間資
本フローは，2008年第Ⅱ四半期から第Ⅳ四半期まで海外からの引き上げとして
現れた。そして2009年第Ⅰ四半期に対外投融資はようやくプラスに転じた。他
方，民間外国資本の還流（＝外国資本の流出）が2008年第Ⅱ四半期に始まり，
2009年第Ⅱ四半期まで続いたが，2009年第Ⅲ四半期から再び外国資本は流入に
転じた。2009年第Ⅱ四半期は，底値をつけた NY ダウ工業株の価格が緩やか
な上昇を始めた時期であったので，アメリカの株式市場の回復と海外からの資
金流入との相関関係が窺える。

　アメリカ民間部門の国際資本取引の変化について特徴的なことは，アメリカ
と欧州を舞台とする資金の相互交流がその中心的役割を果たしていたことであ
る。一方で在米銀行・証券会社・ノンバンク経由で資金がアメリカから欧州へ
調達され，他方で欧州からアメリカ向けに対外証券および在米ノンバンク経由
での資産取得——サブプライム・ローン関連等の仕組み金融商品への投資——
により資金が運用されていた。つまり，ドル建て短期資金を調達して，アメリ
カの住宅ローン債権担保証券（RMBS）や担保付き債務支払い証書（CDO）な
どの証券への投資される資金が欧州金融市場を迂回して生じていたのである。
ノンバンク経由でのアメリカから欧州への資金移動において主導的な役割を果
たしたのが MMF（第 7 章，用語解説を参照）である。MMF を通じてアメリカ
から巨額の短期資金が調達され，公社債投資へと向かった（アメリカと欧州の間
の国際資本取引については，図 8 - 2 を参照）。

　ところが，こうした迂回的な資本移動が逆回転することになるきっかけが欧
州で起こった。そのきっかけとは，欧州の2007年 8 月パリバ・ショックを契機

表 8-1 アメリカ

Line	(Credits + ; debits −)/1/	2008年		
		第Ⅰ	第Ⅱ	第Ⅲ
	アメリカ保有海外資産，金融デリバティブを除く			
40	増加/資本流出：（−）	−238,333	177,984	113,445
41	アメリカ当局の準備資産	−276	−1,267	−179
42	金	0	0	0
43	SDR	−29	−22	−30
44	IMF における準備残高	112	−955	256
45	外国為替	−359	−290	−405
46	公的準備資産以外のアメリカ政府資産	3,268	−41,592	−225,997
50	アメリカの民間資産	−241,325	220,844	339,621
51	直接投資	−92,199	−95,140	−66,710
52	海外証券	−11,990	−4,820	115,406
53	アメリカの非銀行部門により報告された非関連非居住者に対する債権	120,047	75,492	121,264
54	アメリカの銀行と証券ブローカーによって報告された債権	−257,183	245,312	169,661
	アメリカにおける海外保有資産，金融デリバティブを除く			
55	増加/資本流入：（＋）	456,245	−19,863	72,116
56	アメリカにおける海外公的資産	216,229	181,419	142,224
57	米政府証券	185,239	169,365	129,263
58	米財務省証券	106,005	76,220	151,979
59	その他	79,234	93,145	−22,716
60	その他の米政府債務	1,779	2,565	1,602
61	アメリカの銀行と証券ブローカーによって報告された債務	−16,724	−27,230	4,145
62	その他の外国公的資産	45,935	36,719	7,214
63	アメリカにおけるその他の外国人保有資産	240,016	−201,282	−70,108
64	直接投資	88,544	66,637	62,738
65	米財務省証券	14,415	18,801	66,153
66	米財務省証券以外の証券	−15,059	20,240	−123,022
67	アメリカ通貨	−6,750	230	5,845
68	非銀行部門によって報告された非関連の外国人に対する債務	72,442	−61,088	85,846
69	アメリカの銀行と証券ブローカーによって報告された債務	86,424	−246,102	−167,668
70	**金融デリバティブ**	−7,966	−2,355	−4,886
71	**誤差脱漏**	−30,406	20,834	−11,930
72	財収支	−217,099	−220,831	−220,003
73	サービス収支	33,766	35,719	32,381
74	財・サービス収支	−183,334	−185,113	−187,622
75	所得収支	38,670	39,734	44,041
76	経常移転収支	−34,868	−31,204	−31,207
77	経常収支	−179,532	−176,583	−174,788

（出所）　U. S. Department of Commerce, Bureau of Economic Analysis, website（http://www.bea.

とする信用不安から本格的な流動性不足が生じたため，欧州の金融機関が対米
証券投資や対米銀行向け融資から資金を引き上げ始めたことである。そうした
欧州の信用不安を背景に，アメリカの対欧州投資は縮小し，さらにリーマン・
ショックによる金融危機下で国内流動性不足が生じたため，海外に投資されて

の国際収支

(単位：100万ドル)

第IV	2009年				2010年			
	第I	第II	第III	第IV	第I	第II	第III	第IV
279,012	125,090	48,192	−309,132	6,990	−251,291	−158,216	−285,382	−215,064
−3,126	−982	−3,632	−49,021	1,379	−773	−165	−1,096	200
0	0	0	0	0	0	0	0	0
−25	−15	−8	−47,720	−487	−7	−6	−8	−10
−2,886	−754	−3,485	−1,098	1,980	−581	−77	−956	321
−215	−213	−139	−203	−114	−185	−82	−132	−111
−265,293	244,102	193,750	57,736	45,754	9,433	−2,441	788	−240
547,432	−118,030	−141,926	−317,848	−40,143	−259,950	−155,610	−285,074	−215,024
−75,031	−72,892	−65,916	−86,451	−85,124	−95,076	−66,131	−83,354	−56,518
98,751	−36,497	−94,166	−54,256	−42,105	−42,160	−15,759	−39,342	−41,823
139,374	18,261	36,999	84,790	14,089	43,586	6,381	2,639	−21,280
384,338	−26,902	−18,843	−261,931	72,997	−166,300	−80,101	−165,017	−95,403
−77,093	−118,782	−37,806	335,518	136,134	312,270	180,695	533,623	307,333
14,762	109,442	129,253	109,204	132,387	89,967	65,882	168,673	73,787
107,514	145,512	120,776	69,961	101,075	84,837	45,633	151,633	73,271
214,449	163,809	149,213	126,593	130,278	97,364	30,077	220,891	93,680
−106,935	−18,297	−28,437	−56,632	−29,203	−12,527	13,476	−69,258	−20,409
3,083	2,455	926	53,415	1,410	4,069	2,561	1,851	3,961
−109,867	−43,319	−4,555	−33,650	12,676	−15,851	4,545	9,981	−6,642
14,032	4,794	12,106	19,478	17,226	16,912	15,223	5,208	3,197
−91,855	−228,224	−167,059	226,314	3,747	222,303	114,813	364,950	233,546
92,172	−2,335	30,243	54,849	67,686	36,712	30,636	82,515	55,988
63,575	45,873	−30,093	−28,060	−3,171	84,213	83,621	74,766	55,741
−47,798	−67,748	−279	48,758	21,124	5,098	−15,923	93,331	58,433
29,862	11,816	−1,935	4,179	−1,428	2,265	2,100	10,514	13,440
−128,675	−7,532	15,848	20,775	−19,555	22,388	12,778	10,944	21,875
−100,991	−208,298	−180,843	125,813	−60,909	71,627	1,601	92,880	28,069
−17,740	7,146	7,561	10,645	19,464	16,152	9,980	−11,893	−163
−33,732	82,799	70,282	56,761	−59,083	32,267	82,900	−115,711	12,130
−176,024	−123,693	−112,245	−130,144	−144,468	−152,945	−165,320	−169,260	−162,631
29,791	29,619	31,119	31,409	34,745	34,670	36,170	37,987	41,949
−146,233	−94,074	−81,126	−98,735	−109,722	−118,275	−129,150	−131,274	−120,682
23,700	25,317	24,364	37,922	35,977	43,786	44,230	42,827	46,817
−27,908	−27,476	−31,439	−32,943	−29,704	−34,906	−30,438	−32,045	−30,362
−150,440	−96,233	−88,201	−93,756	−103,449	−109,395	−115,357	−120,492	−104,228

gov/ 2014年10月20日アクセス），Release Date: September 19, 2013 より筆者作成。

いた資金がアメリカへ還流し始めた。

　図8-3が示すように，「アメリカの銀行と証券ブローカー報告の債権」は，2008年第II四半期から第IV四半期までプラスを示しており，アメリカへの資金還流がみてとれる。また，表8-1のアメリカ民間資本の中の「アメリカの非

図8-2 2007年8月-2008年8月のアメリカ中心の国際資本取引

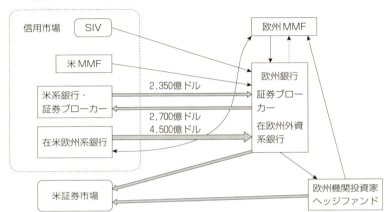

(注) 1. SIV は Structured Investment Vehcle を意味する。
2. 米 MMF の金額は2007年末と2008年末の残高の差額は3361億ドル、その内の多くが対欧州向けと推測される。
3. 欧州 MMF の資産は2008年8月末で1兆3000億ドルに上り、その内半分はドル建てである。ドル建て資金はしばしばアメリカ所在の支店から調達される。

(出所) Board of Governors of the Federal Reserve System, Historical Annuals, 2005-2012, December 9, 2003.
US Dollar Money Market Funds and Non-Banks, BIS Quarterly Review, March 2009, p.68.

銀行により報告された非関連非居住者に対する債権」（Line 53）は2008年第Ⅰ四半期からプラスを示していることから、資金が還流していることが分かる。民間資本全体（Line 50）の還流が、2009年第Ⅰ四半期に止んだ後も、Line 53が示す資金の還流は2010年第Ⅲ四半期まで続いていた。Line 53 の中に、MMF を通じた資金移動が含まれる。MMF の預金者は即座の流動性を得るために預金を引き出すことができると考えていたため、MMF は多くの預金者を魅了した。しかし、金融危機以降、それらの短期流動性資産の利回りがゼロに近づくにつれ、しかも預金引き出しの際に手数料が掛かるため、運用の魅力が低下した結果として、アメリカの MMF ばかりでなく欧州の MMF も閉鎖に追い込まれるところも出てきた。[4]

ところで、アメリカのサブプライム・ローン問題に端を発した金融危機が発生する背景には、アメリカの巨額の経常収支赤字と残余諸国の経常収支黒字というグローバル・インバランスが存在する。アメリカの経常収支赤字の拡大を

第 8 章　世界金融危機後の「ドル本位制」　187

図8-3　アメリカの銀行と証券ブローカーの報告債権

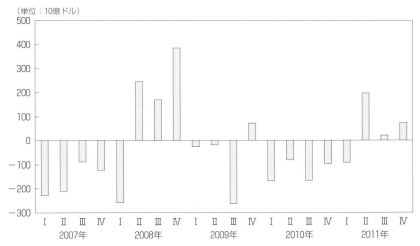

(注)　(＋)はアメリカの債権の減少．(－)はアメリカ債権の増加を示す．
(出所)　US Bureau of Economics analysis ウェブサイト (http://www.bea.gov/) より筆者作成．

容認している制度的要因が「ドル本位制」である。「ドル本位制」下では，いかにアメリカの国際収支赤字が拡大しても，ドルが事実上の基軸通貨として利用されるかぎり，アメリカの経常収支赤字はファイナンスされる機構となっている。流入する資金はアメリカの経常収支赤字を補てんするばかりでなく，国内設備投資にとって過剰であれば，国内の有価証券投資や不動産投資へ向かい，またその一部は海外へ投融資された。こうした国際資本取引の下でアメリカ金融危機が発生したのである。

　リーマン・ショック以降のアメリカを中心とした国際資本取引の特徴を考察する前に，アメリカと EU との国際資本取引の依存関係を見ておこう。

(2)　アメリカと欧州の国際資本取引の依存関係（2007年8月-2008年8月）

　2007年8月のパリバ・ショックが起きる前の6月にヘッジファンド——第6章第2節を参照——の損失が発覚した。これをきっかけとして，アメリカのサブプライム・ローン関連の証券化商品の格下げが広がり，サブプライム・ローンの焦げ付きによる金融機関の不良債権問題は深刻化していった。アメリカの金融市場でドル資金調達コストが困難となり，外為スワップ市場でもドルの調

達コストが上昇した。この時期に欧州系の銀行はどのようにドル資金を調達していたのだろうか。

欧州系銀行在米支店による対外貸付は2007年8月-2008年8月の1年間に4500億ドルを上回った。しかも，その新規貸付相手の殆どは銀行本店を含む同一銀行支店であった。

この欧州系銀行在米支店による欧州銀行向け対外貸付の背景について，Carol C. Bertaut and Laurie Pounder は次のように述べている。

金融危機の以前の数年間，多くの欧州系銀行は100以上の特別目的事業体（special purpose vehicles, SPV）の直接的あるいは間接的なスポンサーになっていた。それらの SPV はアメリカ市場で資産担保コマーシャルペーパー（Asset Backed Commercial Paper, ABCP）を含む数千ドルの資産担保証券（Asset Backed Security, ABS）を発行しており，そこで短期ドル資金を調達していた。しかし，2007年秋に ABCP 市場が凍り付いたとき，欧州系銀行は新たな資金源を失ったばかりでなく，市場で借り換えが困難になった2007年後半と2008年初期に渡り満期を迎えるコマーシャル・ペーパー（CP）とミディアム・ターム・ノート[5]（MTN）を償還する必要があった。CP の保証となる資産の多くは流動化されないため，欧州系銀行はドル資金の他の資金源が必要であった。流動性の調達がプレミアム価格をつけ，外国為替市場を含む金融市場がストレスの下にあるとき，在米の欧州系銀行がドル資金の需要に応じたのである[6]。

次に，米系銀行の国際資本取引をみておこう。米系銀行のネットポジションは金融危機の最初の1年間は殆ど変化せず，わずかなネット資金流入を生み出しただけである。ただし，この結果ではアメリカと欧州の銀行間の相互資金フローの実態は読み取れないので，詳細にみておこう。幾つかの米系銀行は金融危機の1年目に2350億ドルもの対外貸し付けを行ったが，それらの残高はネット借り手となるその他のアメリカ系銀行からの約2700億ドルに上る資金流入によって相殺された。後者の銀行グループ（＝2700億ドルの借り手）は，欧州系銀行の行動と同様に，親銀行の流動性を補強するために海外の支店から借入を行ったとみられる。2700億ドルの流入資金の大部分は証券ブローカーの資金繰りに利用された。なぜならば，それらの機関は危機の初期に連邦準備からの借入にアクセスできなかったので，必要な現金を求めて米系銀行の海外支店へ向か

ったのである。

　前者の2350億ドルの流出を生み出した米系銀行のグループの特徴は，クロスボーダー債権のグロス増加とクロスボーダー債務のグロス減少である。そしてこのグループは危機における状況と行動の点から２つの異なるタイプに分類できる。１つ目のタイプは金融危機の１年目に海外へのグロス債権が増加し，グロス債務は大きく変化していない。このタイプの銀行は海外の自行の支店向けだけでなく欧州銀行向けにも融資を増加させた。そのような銀行は国内で十分な流動を確保していたため，欧州のドル需要の幾らかを満たすことが可能であった。

　２つ目のタイプの銀行は金融危機以前から巨額のネット借入残高を保有しており（＝非居住者向けの負債が非居住者向け資産より大きい状態），金融危機の１年間でグロスのクロスボーダー負債がほぼ50％縮小したことにより，資金の流出を引き起こした[7]。この資金流出は，借り手である米系銀行や証券ブローカーの立場からみれば借入金の返済（pay off）を意味する。その要因は，欧州で資金調達コストが上昇したことに加えて，貸し手である欧州銀行がドル不足に対応するため資金を引き上げたことによる。

(3)　ドル離れの実体（2008年第Ⅳ四半期−2009年第Ⅰ四半期）

　外国資本の還流（＝外国資本の流出）が2008年第Ⅱ四半期に始まり，2009年第Ⅱ四半期まで続く「ドル離れ」について先述した。この時期の外国資本の流出動向をより詳細にみておこう。

　アメリカに対するネット外国人保有資産の減少額は，2008年第Ⅳ四半期119億ドル，2009年第Ⅰ四半期781億ドルであった。減少の主な要因はアメリカの銀行と証券ブローカー報告の負債の減少であり，2008年第Ⅳ四半期より2009年第Ⅰ四半期の方が大きい。他の要因は，アメリカへの直接投資による資金流入の減少と，米財務省証券以外の民間証券の外国人によるネット売却である[8]。以下，外国資本の還流を，① 在米の外国公的資産，② 米系銀行とノンバンク報告の負債，③ 外国人によるアメリカ証券投資に分けてみておこう。

　① 在米の外国公的資産

　在米の外国公的資産は2008年第Ⅲ四半期に1161億ドル増加した後，同年第Ⅳ四半期に136億ドルだけ減少した。第Ⅳ四半期のこの減少は，いくつかの外国

図8-4 アメリカの銀行と証券ブローカ報告の負債

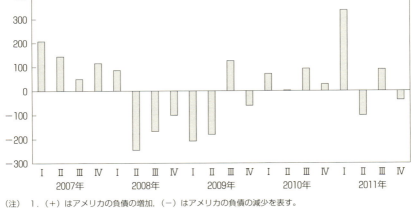

(注) 1. (＋)はアメリカの負債の増加, (－)はアメリカの負債の減少を表す。
    2. アメリカ財務省証券保有は除く。
(出所) U. S. Department of Cmmerce, US Bureau of Economic Analysis ウェブサイト (http://www.bea.gov/ 2014年10月20日アクセス). Release date: June 18, 2014. より筆者作成。

政府が金融危機の間, 自国通貨の価値を安定させるために——自国相場の急激な下落を抑制するため——外貨準備を売却したことによる。地域ごとにみると, 欧州諸国の資産が2008年第Ⅲ四半期に僅かに増えた後, 同年第Ⅳ四半期には大きく減少した。アジア諸国の資産について2008年第Ⅲ四半期より同年第Ⅳ四半期の方が増加幅は小さかった。項目別でみると, アメリカの銀行によって負債として報告される外貨準備資産は急激に減少し, その他のアメリカ政府債のネット売却, 主に連邦保証債の売却が急激に増加した。これらの変化は海外公的機関による米財務省証券のネット購買の強い上昇によって部分的に相殺された。そして, 2009年第Ⅰ四半期に外国公的資産は712億ドルの増加となったことは, 民間の資金流入によるアメリカ経常収支赤字ファイナンスの不足を, 公的資本の流入が補っていることを示している。

② 米銀行とノンバンク報告の負債

図8-4が示すように, 米系銀行と証券ブローカーにより報告されたアメリカの負債（アメリカの借入）——非居住者のアメリカに対し保有する資産を意味する——は, アメリカ財務省証券を除いて, 2008年第Ⅱ四半期から2009年第Ⅱ

四半期までマイナスを示している。このマイナスはアメリカから外国資本の還流を表している。負債項目は，アメリカの銀行に保管されている非居住者の預金，海外の銀行からアメリカの銀行への貸付，非居住者によりアメリカ居住者に対する有担保の貸付であるレポ取引である。

　さらに，取引業者を米銀行，外資系銀行，証券ブローカーに分けて，2008年第Ⅳ四半期と2009年第Ⅰ四半期の比較をしてみておこう[9]。全体の銀行およびブローカー自身のドル建負債は2008年第Ⅰ四半期に76億ドルだけ減少し，2009年第Ⅰ四半期に1518億ドルの減少であった。これは外国資本の本国への還流を示している。この2009年第Ⅰ四半期の減少の殆どは，米系銀行負債の減少によるもので，その一部は2008年第Ⅳ四半期に海外から借り入れた巨額の資金の返済を反映していた。また，外資系銀行の負債の減少は2008年第Ⅳ四半期に引き続き，2009年第Ⅰ四半期にも減少した。それとは対照的に，証券ブローカーの負債は2008年第Ⅳ四半期に大きく減少した後，2009年第Ⅰ四半期には増加した。

　なお，アメリカのノンバンク報告による負債の減少幅は，2008年第Ⅳ四半期に1398億ドル，2009年第Ⅰ四半期に347億ドルであった。2009年第Ⅰ四半期に減少した負債の多くは，イギリスに対するその他の負債（非銀行事業会社による融資，前払い及びその他の借入）の減少によるものである。このように，非居住者による対アメリカ・ノンバンク貸付資金の回収が生じたことを確認できる。

③ 外国人による証券投資

　外国人による米財務省証券のネット購入はアメリカ金融市場が不安定となった時期と2008年9月のリーマン・ショック以降も続いたことから，外国人の米財務証券投資離れは生じなかったといえる[10]。外国人による米財務省証券がネットの売却となるのは2009年第Ⅱ四半期であり，アメリカの金融市場が平静を取り戻してからであった。

　一方，米財務省証券以外の証券投資については，外国人によるネット売却が2008年第Ⅲ四半期（914億ドル）から2009年第Ⅰ四半期（549億ドル）まで続いた。社債は2008年第Ⅱ四半期まではネット買いが目立っていたが，2008年第Ⅲ四半期から2009年第Ⅰ四半期までネット売却となった（外国資本の引き上げ）。また，外国人によるアメリカ連邦公債のネット売却は2007年第Ⅱ四半期から始まり，2008年第Ⅲ四半期に600億ドルを記録し，2009年第Ⅰ四半期まで売却が続いた。

外国人によるアメリカの株式の売買は，2008年第Ⅲ四半期に29億ドルのネット購入であったが，2008年第Ⅳ四半期には36億ドルの売却となった。[11]

　以上のアメリカを起点とする国際資本取引の実態から次のように評価することができよう。ドル離れとして現れた非居住者によるドル資金の引き上げは，欧州諸国におけるドル不足（＝債務の支払い手段としてのドル需要）に対応するものであったと推測できる。そして，同時期に，リーマン・ショック以降の欧州におけるドル不足を解消するために，2008年第Ⅳ四半期に通貨当局，特に欧州通貨当局は外貨準備（ドル建準備資産）を外為市場で売却した。しかし，2009年第Ⅰ四半期には海外通貨当局——とりわけアジアの通貨当局——の市場介入により，再び公的資産を積み増している。これは，民間資本によるアメリカ経常赤字のファイナンスを補うものである。一方，非居住者による米財務証券に対する需要は金融危機後も変化しなかった。このような状況下で，ドルの実効為替相場は2008年9月以降09年第Ⅰ四半期まで上昇したのである。このようにみると，「ブレトンウッズⅡ」仮説[12]は，公的資本がアメリカ経常収支赤字のファイナンスに貢献することにより「ドル本位制」が維持されている点で，一定の合理性がある。

2. 国際投資ポジションの変化——ストック分析——

　アメリカ経常収支赤字ファイナンスの持続可能性について，純国際投資ポジションと純投資所得の関係から論じる説がある。この説は，低金利の銀行預金と低利回りの債券で資金調達を行い，M＆Aを含むところの高い収益をもたらす直接投資や高利回りの対外株式投資で資金運用を行う構造に，アメリカの国際投資ポジションの特徴をみる。2002年以降経常収支赤字の増大にもかかわらず，アメリカの純投資残高は変わらず，所得収支受取超過を続けた。この点に注目して，Gourinchas and Ray（2005）は，アメリカの「世界銀行」としての特権よりも「世界のベンチャー資本家」としての特権を強調した。こうした観点からみると，低金利銀行預金および低利回り債券形態での資金調達が，現状の国際投資ポジションを維持できるかどうか，所得収支黒字を実現できるかどうかの条件となる。実際のアメリカの国際投資ポジションの変化をみてみよう。

第8章　世界金融危機後の「ドル本位制」　*193*

　2006年の資産・負債構成をみておこう（表8-2）。資産側では，収益率が高い一方でカントリー・リスクもある対外直接投資とハイ・リスク／ハイ・リターン原則が支配する株式投資の全対外資産に占める割合（金融デリバティブを除く）は55.2％であり，社債・その他債券投資および金融機関による貸付は33.7％である。他方，負債側では，対内直接投資と株式投資のアメリカ国内の外国人保有資産総額に占める割合は29.4％，社債・その他債券投資および金融機関による貸付の割合は40.5％である。そして，海外の公的準備資産の占める割合は18.3％である。

　2008年には資産側で直接投資と株式投資の割合は48.7％，社債・その他債券投資および金融機関による貸付の割合34.7％である。2006年と比べて政府の海外保有資産が増加し4.7％を占めた。これは，先述したFRBと海外中央銀行の間の一時的なスワップラインによるドルの貸付に対して発生したものである。負債側では，対内直接投資と株式投資の外国人保有資産に割合は24.7％，社債・その他債券投資および金融機関による貸付の割合は39.8％である。そして，それらの負債の低下をカバーしたのが海外公的準備資産の増加であり，23.5％を占めた。

　2009年に資産側で直接投資と株式投資の割合は再び50％以上を記録し，社債・その他債券投資および金融機関による貸付の割合は前年度とほぼ同じ割合で推移している。負債側では対内直接投資と株式投資のアメリカ国内外国人保有資産に占める割合は25.2％，社債・その他債券投資および金融機関による貸付の割合は36.5％である。そして，海外の公的準備資産の占める割合は対前年比で微増し25.2％である。

　以上の内容を確認した上で最初に指摘すべき点は，ネット国際ポジションの悪化が継続していることである。2000年代前半はネット国際投資ポジションのマイナスが横這いであったが，2000年代後半から再び増加している。これは，所得収支収入が経常赤字幅を縮小できるほど大きくはなかったためである（図8-5）。ネット国際ポジションのマイナスは債務超過を意味するので，こうしたネット国際投資ポジションの悪化はアメリカの債務返済能力の欠如を表しているため，「世界のベンチャー資本家」としての存立基盤は失われている。しかも，アメリカは基軸通貨国であるという特権を利用することにより，ドル建

表 8 - 2 アメリカの国際投資

投資の種類	2000年	比率	2003年
1 アメリカのネットの国際投資ポジション	−1,337,014		−2,093,794
2 金融デリバティブ，ネット	...		...
3 ネット国際投資残高，金融デリバティブは除く	−1,337,014		−2,093,794
4 アメリカの海外準備資産	6,238,785		7,638,086
5 金融デリバティブ	...		...
6 アメリカ保有の海外資産，金融デリバティブを除く	6,238,785		7,638,086
7 アメリカの準備資産	128,400	2.1	183,577
8 （金，SDR，IMF における準備残高，外貨）			
12 アメリカ政府資産，公的準備資産以外	85,168	1.4	84,772
13 アメリカの信用とその他の長期資産	82,574		81,980
16 アメリカの外貨保有とアメリカの短期資産	2,594	0.0	2,792
17 アメリカの民間資産	6,025,217	96.6	7,369,737
18 直接投資	1,531,607	24.5	2,054,464
19 外貨証券	2,425,534	38.9	2,948,370
20 債券	572,692	9.2	868,948
21 株式	1,852,842	29.7	2,079,422
22 アメリカのノンバンクにより報告された非居住者に対する債権	836,559	13.4	594,004
23 アメリカの銀行と証券ブローカーにより報告された債権	1,231,517	19.7	1,772,899
24 アメリカ内の外国人保有資産	7,575,799		9,731,880
25 金融デリバティブ	...		...
26 アメリカの外国人保有資産，金融デリバティブを除く	7,575,799		9,731,880
27 アメリカの海外公的資産	1,037,092	13.7	1,569,845
28 アメリカ政府債	756,155	10.0	1,186,500
29 アメリカ財務省証券	639,796	8.4	986,301
30 その他	116,359	1.5	200,199
31 その他のアメリカ政府債務	25,700	0.3	23,702
32 アメリカ銀行と証券ブローカーによって報告されたアメリカの証券，その他の地域は除く	153,403	2.0	201,054
33 その他の海外公的資産	101,834	1.3	158,589
34 その他の外国人資産	6,538,707	86.3	8,162,035
35 直接投資（現在コスト）	1,421,017	14.6	1,580,994
36 アメリカ財務省証券	381,630	5.0	527,223
37 アメリカ財務省証券以外の証券	2,623,014	34.6	3,422,856
38 社債とその他の債券	1,068,566	14.1	1,710,787
39 株式	1,554,448	20.5	1,712,069
40 アメリカ，ドル	205,406	2.7	258,652
41 アメリカのノンバンクにより報告された非居住者に対する債務	738,904	9.8	450,884
42 アメリカの銀行と証券ブローカーにより報告されたアメリカの債務	1,168,736	15.4	1,921,426

（出所） US. Department of Commerce, Bureau of Economic Analysis, website（http://www.bea.

預金通貨の創造によって対外債務の支払い繰り延べを行っている。次節で述べ
るが，アメリカの経常・貿易収支が赤字の場合，それに見合うアメリカの対外
債務が非居住者保有のドル建銀行預金が形成される。その預金の創出はアメリ
カにおける商品生産（＝付加価値）によるものではなく，非居住者による商品
の購買によって生じたものである。したがって，このドル預金通貨はアメリカ

ポジション（各年末残高）

（単位：100万ドル）

比率	2006年	比率	2008年	比率	2009年	比率	2012年	比率	2013年	比率
	−2,191,653		−3,260,158		−2,275,186		−3,863,892		−4,577,504	
	59,836		159,635		126,335		57,776		73,178	
	−2,251,489		−3,419,793		−2,401,521		−3,921,668		−4,650,682	
	14,428,137		19,464,717		18,558,536		21,637,618		21,963,763	
	1,238,995		6,127,450		3,489,779		3,619,761		2,815,095	
	13,189,142		13,337,267		15,068,757		18,017,857		19,148,668	100
2.4	219,853	1.7	293,732	2.2	403,804	2.7	572,368	3.2	448,333	2.3
1.1	72,189	0.5	624,099	4.7	82,774	0.5	93,570	0.5	91,596	0.5
	71,635		69,877		71,830		84,029		90,951	
0.0	554	0.0	554,222	4.2	10,944	0.1	9,541	0.1	645	0.0
96.5	12,897,100	97.8	12,419,436	93.1	14,582,179	96.8	17,351,919	96.3	18,608,739	97.2
26.9	2,948,172	22.4	3,748,512	28.1	4,077,369	27.1	5,077,750	28.2	5,366,043	28.0
38.6	5,604,475	42.5	3,985,712	29.9	5,565,636	36.9	7,531,223	41.8	8,715,531	45.5
11.4	1,275,515	9.7	1,237,284	9.3	1,570,341	10.4	2,140,685	11.9	2,204,052	11.5
27.2	4,328,960	32.8	2,748,428	20.6	3,995,295	26.5	5,390,538	29.9	6,511,479	34.0
7.8	1,184,073	9.0	930,909	7.0	930,033	6.2	844,752	4.7	935,682	4.9
23.2	3,160,380	24.0	3,754,303	28.1	4,009,141	26.6	3,898,194	21.6	3,591,483	18.8
	16,619,790		22,724,875		20,833,722		25,501,510		26,541,267	
	1,179,159		5,967,815		3,363,444		3,561,985		2,741,917	
	15,440,631		16,757,060		17,470,278		21,939,525		23,799,350	100
16.1	2,832,999	18.3	3,943,862	23.5	4,402,809	25.2	5,692,448	25.9	5,948,424	25.0
12.2	2,167,112	14.0	3,264,139	19.5	3,588,575	20.5	4,526,896	20.6	4,506,863	18.9
10.1	1,558,317	10.1	2,400,516	14.3	2,879,612	16.5	4,032,204	18.4	4,056,266	17.0
2.1	608,795	3.9	863,623	5.2	708,963	4.1	494,692	2.3	450,597	1.9
0.2	26,053	0.2	40,694	0.2	99,119	0.6	128,279	0.6	139,693	0.6
2.1	297,012	1.9	256,355	1.5	187,507	1.1	204,401	0.9	266,372	1.1
1.6	342,822	2.2	382,674	2.3	527,608	3.0	832,872	3.8	1,035,496	4.4
83.9	12,607,632	81.7	12,813,198	76.5	13,067,469	74.8	16,247,077	74.1	17,850,926	75.0
10.2	2,154,062	12.9	2,397,396	13.7	2,398,208	10.9	3,057,326	12.8	3,178,693	13.4
5.4	567,861	3.7	852,458	5.1	790,985	4.5	1,541,569	7.0	1,747,512	7.3
35.2	5,372,339	34.8	4,620,661	27.6	5,319,948	30.5	6,904,050	31.5	8,034,920	33.8
17.6	2,824,871	18.3	2,770,606	16.5	2,825,638	16.2	3,061,963	14.0	3,059,590	12.9
17.6	2,547,468	16.5	1,850,055	11.0	2,494,310	14.3	3,842,087	17.5	4,975,330	20.9
2.7	282,627	1.8	301,139	1.8	313,771	1.8	454,227	2.1	491,949	2.1
4.6	799,471	5.2	740,553	4.4	706,655	4.0	656,522	3.0	598,286	2.5
19.7	3,431,272	22.2	3,900,991	23.3	3,537,902	20.3	3,633,383	16.6	3,799,566	16.0

gov/ 2014年9月25日アクセス）．Interactive Data より筆者作成。

が非居住者に対して返済すべき債務にほかならない。このような非居住者保有の預金債務の累積的増加は，ドルの信認低下リスクを高めている。

　第2に，2006年時点に見られる，調達された資金はハイ・リスク／ハイ・リターンの直接投資や株式投資に偏った資金運用に行われるという特徴は，金融危機時期に直接投資・株式投資の割合の低下という変化がみられたが，それ以

図 8-5 所得収支の推移

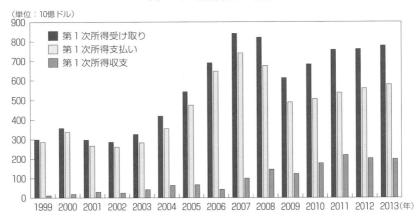

（出所） US Department of Commerce, Bureau of Economic Analysis ウェブサイト（http://www.bea.gov/ 2014年10月20日アクセス），Release Date: June 18, 2014. より筆者作成。

降再び2006年時点と同じ構成を見せている。特に，アメリカによる株式投資の比率は32.8％（2006年），20.6％（2008年）と低下した後，34％（2013年）へ増加している（表8-2）。

第3に，アメリカの資金運用について，米ノンバンクによる対外貸付残高の比率はリーマン・ショックを境にして低下している（2000年13.4％→2013年4.9％）。ノンバンクによる対外貸付資金はMMF等を通じて欧州へ供給され，それらの資金は欧州からサブプライム・ローン関連証券投資によりアメリカへ還流していたことは，フロー分析で述べた通りである。そのような国際資本取引パターンがリーマン・ショックを契機に変化したことがストック分析でも確認できる。また，米銀行および証券ブローカーによる対外貸付残高の比率も2000年代に2008年まで上昇し，リーマン・ショックを境にして低下した。これは，アメリカと欧州間の国際資本取引の収縮を物語っている。

第4に，2006年時点にみられる，米財務省証券以外の民間債券投資および金融機関借入に偏った資金調達様式は，2008年以降，それらの割合が低下する反面，民間資本による米財務省証券投資，株式投資および海外の公的準備資産の増加——とりわけ財務省証券投資——の割合が増加した。この変化は大雑把にみて，民間債券投資および金融機関借入による低下が民間と政府部門による米

財務証券投資によって補われていることである。2008年以降，海外通貨当局による公的準備の比率が高くなっている要因は，アジア諸国および産油国の通貨当局保有の外貨準備の増加に拠る。特に，巨額の貿易収支黒字を有する中国の外貨準備増加が大きい。第7章で述べたように，アメリカ政府債発行残高の保有者は，FRB（2014年3月時点で41.5%）の次に大きいのが外国人（同年同月，33.8%）である。また，アメリカ政府債発行残高の保有比率についてFRB保有部分を差し引いて算出すれば，同年同月に外国人の保有比率は57.8%を占める[13]。

　ここで注目すべき点は，民間債券投資および金融機関借入による低下が経常・貿易収支黒字国，とりわけ中国政府による対米財務省証券投資によって補われる点である。それは，中国が巨額の対米貿易黒字を保有し，対ドル人民元相場を抑制するための市場介入の結果として，中国は外貨準備の運用手段として米国財務証券を保有していることに拠る[14]。中国の公的準備運用による対米ファイナンスの背景には，次のようなアメリカと中国の相互利益が存在する。つまり，輸出指向型の経済成長を遂げてきた中国にとって，アメリカは最大の市場であり，さらにアメリカの技術・資本財へのアクセスにより多くの利益を得ることができる。そのためには，中国は最大の輸出先であるアメリカとの友好関係を維持しつつ，意図的に対ドル人民元相場を安価に抑制することが必要であった。他方，アメリカの消費者はドルの対人民元高を維持することにより中国製品を安価に輸入することができ，アメリカ政策当局の立場からみれば中国保有のドル建貿易黒字がアメリカの経常収支赤字ファイナンスに大きく貢献している。したがって，中国の公的準備による対米ファイナンスの前提条件としてのアメリカ・中国の関係に変化が生じるとき，例えば，中国の輸出先がアメリカから他地域へのシフトが生じれば，アメリカの経常収支赤字ファイナンスが困難になる局面が出てくるであろう。

3．国際通貨ドルの地位

　金融危機以降，国際通貨ドルの地位はどのように変化したのだろうか。国際通貨としての機能として，民間レベルでは契約・決済通貨，為替媒介通貨がある。ただし，民間レベルでのドルの国際通貨の第一義的機能は契約・決済通貨

表 8-3　日本の貿易取引通貨別内訳

通貨名		米ドル	円	ユーロ	英ポンド	オーストラリア・ドル	元	その他
日本からの輸出	2014年上半期	52.4	36.5	6.2	―	1.1	0.7	3.3
	2001年上半期	53.0	34.2	7.5	1.2	1.2		3.0
通貨名		米ドル	円	ユーロ	ドイツ・マルク	元	スイス・フラン	その他
日本への輸入	2014年上半期	74.1	20.2	3.5	―	0.5	0.4	1.2
	2001年上半期	70.4	23.2	1.8	1.0	―	0.7	2.9

(注)　1．比率は金額比率
　　　2．貿易統計計上データのうち，貿易取引通貨が判明するデータにより作成。
(出所)　財務省資料により筆者作成。

表 8-4　外国為替市場の取引残高の通貨別比率（各年の 4 月における
一日平均の取引残高）

(単位：%)

	1998年	2001年	2004年	2007年	2010年	2013年
アメリカ・ドル	86.8	89.9	88.0	85.6	84.9	87.0
ユーロ	…	37.9	37.4	37.0	39.1	33.4
日本円	21.7	23.5	20.8	17.2	19.0	23.0
ポンド	11.0	13.0	16.5	14.9	12.9	11.8
AUD	3.0	4.3	6.0	6.6	7.6	8.6
スイスフラン	7.1	6.0	6.0	6.8	6.3	5.2
カナダ・ドル	3.5	4.5	4.2	4.3	5.3	4.6
メキシコ・ペソ	0.5	0.8	1.1	1.3	1.3	2.5
中国人民元	0.0	0.0	0.1	0.5	0.9	2.2
NZD	0.2	0.6	1.1	1.9	1.6	2.0
合　計	200.0	200.0	200.0	200.0	200.0	200.0

(注)　2 つの通貨がそれぞれの取引に関与しているので，個々の通貨のパーセンテージ比率の合計
は200%となる。AUD：オーストラリア・ドル，NZD：ニュージーランド・ドル
(出所)　BIS, Triennial Central Bank Survey OTC interest rate derivatives turnover in
April 2013: Table. 2 より筆者作成。

であり，公的レベルでの基準通貨機能を前提とする為替媒介通貨は，前者とは
論理次元が異なる点を留意する必要がある。

　先ず，契約・決済通貨としてのドルの地位をみておこう。1999年 1 月に EU
で共通通貨ユーロが11カ国で導入されて，導入国は2014年10月時点で28カ国に
拡大した。ユーロ圏内の域内国際取引に関わる為替取引は消滅したのだから，
それだけドルの契約・決済通貨としての地理的流通領域は狭まっている。また，

第8章　世界金融危機後の「ドル本位制」　199

図8-6　世界の外貨準備の通貨別比率

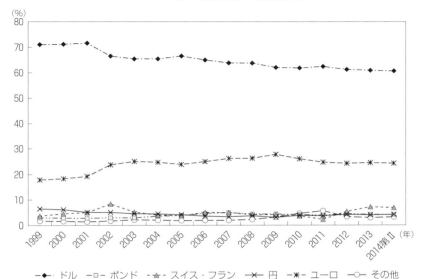

(注)　unallocated reserves を除く allocated reserves の総額に対する各通貨の比率を示す。
(出所)　IMF, Currency Composition of Official Foreign Exchange Reserves.

　ユーロ圏の周辺地域――非ユーロ導入EU諸国，中東，アフリカ――にはユーロ建契約・決済の利用が拡大しつつある。しかし，北米，南米，アジア，中東諸国，オセアニアにおいてはドルが引き続き契約・決済通貨として流通している。アジアの中の日本の場合，表8-3が示すように，日本の貿易通貨に占めるドルのウエイトは，2008年の金融危機以前と以後を比べて，高くなっていることから，ドルの契約・決済通貨としての地位は揺らいでいない。
　次に，ドルの為替媒介通貨としての地位をみてみよう。表8-4は世界の外国為替取引残高の通貨別比率の推移を示している。表8-4には取引相手別の比率は示されていないが，報告ディーラー取引（2013年4月時点で39％）とその他の金融機関との取引（同じく59％）が圧倒的なウエイトを占めており，報告ディーラー取引は為替媒介通貨の機能を体現している[15]。過去十数年の推移をみるかぎり，為替媒介通貨としての地位は，金融危機の後もほとんど変化がないといえる。

200

　最後に，公的レベルでの基準通貨，介入通貨，準備通貨としての地位について。ドルが外国為替市場で基準通貨として利用されることにより，周辺国の通貨当局がドルを介入通貨として利用し，その結果，準備通貨として保有される。図 8 - 6 によれば，1999年以降，準備通貨としてのユーロの比率が緩やかに上昇傾向をみせる一方で，ドルの比率は低下傾向にあるのが窺える（1999年71%→2014年60.7%）。したがって，公的レベルでは国際通貨ドルの機能低下が見られた。

第 2 節　アメリカ経常収支赤字ファイナンスを巡る論争

　アメリカの経常収支赤字の「維持可能性」を積極的に主張する理論的根拠となっている見解がある。1 つはアメリカ経常収支赤字が自動的にファイナンスされるという負債決済説，もう 1 つが経常収支赤字は常に資本収支黒字によって補てんされるという I ― S バランス論である。これらの 2 つの見解を検討しておこう。[16]

1.　国際通貨国の特権

　アメリカの負債決済とは次のことである。アメリカは輸出代金のほとんどをドルで受け取り，輸入代金のほとんどをドルで支払う。また，対外投資と対内投資もほとんどはドル建で行われる。非居住者がアメリカへ商品を輸出したとき，ドル建為替決済では債権者側は在米為替銀行のドル建銀行預金（＝流動性債権）で受け取る。このとき，この非居住者保有のドル建銀行預金はアメリカにとっては債務であるので，ドル建延払信用で買い物をしたのと同じである。

　アメリカの経常収支が赤字の場合には，アメリカのドル建輸入とドル建輸出，海外諸国間のドル建輸出・輸入が相殺され，アメリカの経常収支赤字に相当する額が「非居住者ドル預金」としてアメリカにとっての対外債務が形成され，さらに，このドル預金が原資になって非居住者による種々の対米投資が形成される。これがアメリカによる「負債決済」の内実である。アメリカの居住者により支払われたドルがアメリカ外でどのような取引に用いられ，保有者を転々としてもこのドルはアメリカ内に留まっている。残余はドル建証券や，リスク

のないアメリカ債，公債の購入に当てている。いわば『拘束された対米投資』である[17]。

　この負債決済説によれば，アメリカの輸入業者はドル建て預金で支払うことによって国際決済を完了したこと（＝負債決済）になり，その場合，非居住者がドル建預金をアメリカの銀行制度に保有する。これは，アメリカにとって短期借入によってその輸入がファイナンスされていることを意味する。ゆえに，いかにアメリカの経常収支赤字が膨大となっても，海外からの資本流入によって経常収支赤字は自動的にファイナンスされるので，アメリカに支払い困難は生じない。

　しかし，非居住者のアメリカに対するドル残高保有により，アメリカの経常収支赤字がファイナンスされているとき，ドル残高はあくまでもアメリカにとって債務であり，ドルは国際的な最終決済手段ではない。第5章で述べたように，1971年8月にアメリカは他の通貨当局からの金とドルの交換請求に応じることができないと宣言し，金とドルの固定価格での交換を廃止した。ところが，ドルに代わる国際通貨は存在しないため，依然としてドルは事実上国際通貨として流通している事態が続いている。しかし，ドルはFRBの負債であり，対外的にはアメリカにとって返済義務のある負債であることに変わりはない。つまり，アメリカの経常収支赤字がファイナンスされているのは，「負債決済」によって国家間の最終決済が完了したのではなく，国家間の「資産決済」[18]が繰り延べられている状態を示すものである[19]。

　こうした点を踏まえると，アメリカは，非居住者が突然より魅力的で代替可能な国際通貨を探した状況となれば，ドルの「投売」に対してより脆弱となる。この種の対外的制約のリスクは，第2次大戦後のイギリスのスターリング危機（1947年）の経験によって浮き彫りにされた。

2．I―Sバランス・アプローチ説

　次に，アメリカ経常収支赤字の「維持可能性」の論拠として，I―Sバランス論の視点から貯蓄・投資バランスと経常収支の関係を論じる見解がある。このような見解の代表的な論者である小宮の主張を述べておく。

完全雇用水準で総貯蓄が国内総投資を超過する国では，その超過額に等しい資本輸出が行われ，趨勢的経常収支は黒字となる。そのとき，一国の総貯蓄と総投資の差額が経常収支あるいは経常海外余剰に等しい。また，この関係は「恒等式という性質のものではなく，均衡条件を示す均衡式である。そして，経常収支黒字に等しい額が「広い意味での資本収支」（「広い意味での資本収支」とは外貨準備も含めた全ての部門の対外投資である）赤字になるという理由で，黒字国の資金が国際金融市場に「自動的に還流」することを通じて，赤字国に流入する[20]。つまり，一国の総貯蓄と総投資の差額である余剰貯蓄は海外部門によって吸収される。このとき，ある国の貯蓄主体（家計や企業）は海外の資産を獲得し，貯蓄が不足している別の国へ資金が回されることにより，貯蓄不足国の経常収支赤字はファイナンスされるのである[21]。

　しかし，I―Sバランス論は，一国の経常収支赤字は事後的に「広い意味での資本収支黒字」と同じであることを示すものであり，一国の経常収支赤字は自動的に資金還流によってファイナンスすることを示す論理ではない。I―Sバランス論は，経常収支の黒字・赤字は事後的にある為替相場とある金利の水準において「広い意味の資本収支」（外貨準備残高を含めて）の赤字・黒字に一致するということを示すにすぎないからである（**補論1を参照**）。

　もっとも，膨大なアメリカ経常収支赤字のファイナンスに関して，I―Sバランス論を主張する論者の一部は行き過ぎた経常収支赤字に警鐘を鳴らしている。すなわち，膨大なアメリカの経常収支赤字が自動的にファイナンスされるかどうかは保証されず，アメリカへの資金還流に支障を来す時に，ドル不安あるいはドル危機が発生すると主張する。対アメリカ投資を規定する要因は，アメリカの相対的な金利水準，アメリカへの将来投資に対する見込み利潤率の動向，あるいはアメリカの財政赤字の均衡についての見込み等であるが，それらの条件が将来満たされ続ける保証はない。

第8章　世界金融危機後の「ドル本位制」　*203*

第3節　アメリカの金融政策の課題と
　　　　「ドル本位制」の将来

1．国際通貨国アメリカの金融政策

　自国通貨ドルが国際通貨であるアメリカにとって，為替相場の安定は直接的な課題とはならない。ドル高はアメリカの輸入価格下落と「双子の赤字」構造における対外借入を容易にする一方で，ドル安はアメリカの輸出競争力向上と外貨建対外資産のドル建評価の水増し——米ドル建対外債務の実質的負担の軽減——を可能にする。そして，アメリカが掲げるフロート制支持策には，例えば円安・ドル高がユーロ高・ドル安によって相殺され，結果的に，ドルの実質実効為替相場が概ね安定化されるという米ドルならではの固有の為替相場安定化の理論が反映しているものと考えられる[22]。そのため，為替相場の安定性・独立した金融政策・自由な国際資本移動の3つは同時には成立しないという命題＝定立不可能命題の内，為替相場の安定性は残余世界の中央銀行・通貨当局にとっては重要な政策選択の課題になりえても，アメリカにとっては直接的な政策的課題とはなり難いことを意味する。

　そのため，1971年に旧IMF体制が崩壊した後，アメリカは今日まで独立した金融政策と自由な国際資本移動を維持しつつ，自国の国際収支不均衡を顧みないビナイン・ニグレクト政策＝「慇懃なる無視」政策を実行してきた。さらに，「独立した金融政策」を遂行できるアメリカは，インフレ・ターゲット策による米ドルの対内通貨価値の安定をはかる一方で，自国の国際収支ファイナンスを可能にするため，自由な資本移動を保証すべく残余世界に対して金融自由化を求めてきたのである。ところが，「独立した金融政策」のフリーハンドを得てきたアメリカの金融政策も，大きな曲がり角に達している。

2．アメリカの金融政策と「ドル本位制」

　住宅価格の高騰と住宅関連証券価格の高騰を憂慮するFRBは2004年時点で資産バブルに警鐘を鳴らし，政策金利の段階的引き上げを行った。しかし，アメリカの高い金利を目指して海外から資金が流入し続けたことがさらに資産価

格の高騰を招いた。つまり，国際収支赤字により供給されるドル資金はアメリ
カに還流し，2000年代にサブプライム・ローン関連証券への投資に充用された
のである。つまり，FRBは資産価格の高騰を抑制するための通貨供給量のコ
ントロール能力を完全に喪失し，結果的に，金融資産価格の調整は金融危機と
いうプロセスを通じて実現せざるを得なかった。

　FRBが直面しているもう1つの課題は，アメリカの金融政策が残余諸国と
の国際資本取引に及ぼす影響である。リーマン・ショック以後の景気停滞への
対応のために，FRBなどの先進中央銀行はこれまでとは異なる「非伝統的な
金融政策」すなわち，ゼロ金利および量的金融緩和策（Quantitative Easing,
QE）を展開した。そうした金融緩和策を背景に，アメリカをはじめとする主
要国の潤沢な資金供給から生じた余剰資金は投資先を求めて，高い成長力およ
び高金利を有する新興国へと流入した。こうした資金の流入は，世界金融危機
後の新興国における高い経済成長を支えてきたが，その一方で，いくつかの新
興国において経常収支赤字を大幅に拡大させ，あるいは経常収支黒字を大幅に
縮小させた。ところが，2013年5月に米FRBのバーナンキ議長の量的緩和縮
小の発言を契機に，新興工業国において通貨，株式，債券のトリプル安が発生
した。これは，2013年5月下旬から6月末にかけて新興国は大幅な資本流出に
見舞われたからである。その背景には，膨らむ経常収支赤字を対外資金によっ
てファイナンスしてきたことから，ドル逼迫観念により対外債務の返済能力が
改めて不安視され，それに加えて，アメリカの長期金利の上昇が見込まれる中，
新興国との間の金利縮小によって新興国への投資の魅力が低下したことがある。

　こうした新興国の金融市場の混乱は，アメリカの金融政策にも影響を及ぼさ
ずにおかなかった。量的金融緩和の下，アメリカから新興国経済へ流れる資本
は，高い金利を求めて，しかも短期志向の投資形態をとった。新興国経済の資
本流入に占める証券投資の比率が大きく，高利回りでリスクの高い投資といえ
る。例えば，ヘッジファンドなどが安いドルを借りて現地通貨建で投資するキ[23)]
ャリー・トレードなどその最たるものである。こうしたアメリカから新興国ファ[24)]
ァンドへの投資は，米系金融機関にとって重要な収益源であるため，対新興国
ファンドへの投資縮小は避けなければならなかった。また，米通貨当局は所得
収入の減少によるこれ以上のネット国際ポジションの悪化を避けるべく，新興

諸国の金融市場の安定化をはかるための政策的配慮を払わざるを得なかった。そこで，FRBは2013年8月に量的緩和とゼロ金利を継続するとの声明を出した。そして，2013年12月のFOMC（連邦公開市場委員会）における決定に従い，2014年1月，量的金融緩和（QE3）の縮小が開始されても，イエレンFRB議長が緩和縮小はゆっくり進めること，また，金利引き上げは当分先であるとの声明を繰り返した。それによって，その声明以降，新興諸国の金融市場に混乱は生じなかった。

　しかし，アメリカの景気が回復しインフレに対する懸念が強まると，2015年12月にアメリカはゼロ金利政策を解除し，政策金利（FFレート）は段階的引き上げられ，2018年9月には2％から2.25％の水準となった。その結果，新興国からアメリカへ資金の逆流が生じることにより，アルゼンチン，ブラジル，トルコ等の新興国は急激な通貨安に見舞われることとなった。

　アルゼンチンはペソの下落とインフレを抑制するため中央銀行の政策金利を2018年8月には45％から60％へ引き上げた。だが，政策の効果はなく，アルゼンチンは自力での財政再建を断念し，IMFへの融資を要請するに至っている。他の新興国も通貨防衛策としての政策金利の引き上げを余儀なくされた結果，それまで外資の流入で膨らんでいた金融資産価格や不動産価格は下落し，銀行信用の収縮が生じた。外貨建て債務が大きければ，大幅な対ドルの自国通貨切り下げは，債務負担を膨らませる。それにより返済に必要な資金需要の急増により金融混乱が生じた。

　以上のようにアメリカの金融政策によって新興国の経済が翻弄されている姿が浮かび上がる。アメリカのQEによる新興国への流入は，為替相場の上昇を伴う金融緩和を生み出し，新興国で資産価格の高騰を招いた。また，資本の流入は経常収支赤字の補てんを円滑にし，国内の消費と投資を支えて景気を持続させた一方で，自国通貨の上昇は貿易財の価格競争力の低下による輸出の減少と輸入財の増加による貿易収支赤字を増加させた。国内通貨高を防ぐための政策金利の引き下げは取り得る選択肢の1つであったが，バブル的な金融資産のさらなる上昇を招くため，実施されなかった。

　BIS Annual Economic Report 2018は，外貨建債務に大きく依存している新興国の場合，政策手段の余地は小さかったことを次のように述べている。

「もしインフレが目標値を超えて，あるいは国内金融不均衡の高まりが問題になっていれば，金融政策の引き締めは効果薄となる。金融の引き締めは通貨高を促進し，外貨建て債務負担を軽減することにより，さらに国内金融状態を弛緩しうる。借り手は貸し付ける価値があると明らかであれば，借り手はより借り入れを行い，貸し手は貸付を増やす。」[25]

　ところが，2015年末からのアメリカ金融政策の正常化は，新興国からの資本の引き揚げを生じさせ，先述のような経済状況となった。このように新興国では，「国際金融のトリレンマ」で言われるような変動相場制下での金融政策の独立性は保証されていないのである。こうした背景には，新興国はアメリカとの通商関係あるいは戦略的な軍事関係を維持することに利害を見出す以上，ドルを基軸通貨として利用せざるを得ないという実情がある。

3．「ドル本位制」の将来

　金融政策の本来の目的は物価の安定（＝通貨価値の安定）であるが，近年のFRBは「雇用の安定」も政策目標においている。[26]これは，社会的公正の観点からも，失業を減らし雇用を増やすことが，政府だけでなくFRBの責務という考え方が強くなっているからである。雇用の安定を目標とするかぎり，実体経済を縮小させる，あるいは混乱させるシステミック・リスクの原因となる銀行破綻を予防することにより，金融システムの安定性を維持しなければならない。そのためには個別銀行の不良化した金融資産をFRBが買い支えることを通じて直接信用市場に介入し，あるいは，国債利回りを低位に留めるために，国債の事実上の買い取りを行う。実際，2008年の金融危機では政府の危機対策とFRBのQEにより，銀行の連鎖的倒産が引き起こす金融システムの機能麻痺は回避され，また，収縮した国際的信用連鎖も回復した。だが，こうしたQEの実施により弊害が生じたことは先述の通りである。

　ところで，政府の金融危機対策によって銀行の連鎖的倒産が引き起こす金融システムの機能麻痺は回避され，また，収縮した国際的信用連鎖が回復したことにより，アメリカの経常収支赤字ファイナンスが維持された結果として，ドル危機には至らなかった。そして先述したように，最大の対米黒字国である中国は，FRBを除けば米財務省証券の最大の保有者として米財政赤字の補てん

に貢献すると同時に，中国の外貨準備を通じた対米国債投資は米経常収支赤字ファイナンスにおいても極めて大きな存在である。したがって，中国による対米投資の状況が「ドル本位制」の行方を大きく作用する要因となっている。また，対米貿易黒字を抱える中国以外のアジア諸国や中東産油諸国が対米投資を継続的に行うかどうかも，「ドル本位制」の将来を左右する。さらに，ユーロは国際通貨に成長する目的をもって制度設計はされていないとはいえ，ユーロ圏の拡大はドルの欧州での流通領域を狭める。

　最後に，「ドル本位制」が維持されることのインプリケーションをまとめておこう。アメリカの経常収支赤字ファイナンスが維持されるかぎり，他国の資源と生産物の輸入に依存しながら消費の拡大が継続し，その反面，自国工業生産部門の疲弊と工業生産部門における雇用機会の喪失に拍車がかかる。それと同時に，ICTや金融等のサービス産業に従事する高額労働者と工業生産部門の低賃労働者という雇用・所得の二極化は進む。しかも，第7章で述べたように，所得格差は人種問題を背景にいっそう拡大し，かつ貧困層の拡大を引き起こしている。この構造的な所得格差は実体経済の脆弱性を高め，赤字財政の支払いに対する担税力を削ぐことになるばかりでなく，社会的公正を歪めることになる。

　金融危機の峠を越えた後，FRBにより供給される過剰ドルは国内の株式や国債への投資に充用され，また，その一部は海外投資へ向うことになった。こうした「ドル本位制」下でアメリカを中心とする国際資本取引が継続することの意味は，国際資本取引の主体であるマネーセンター・バンクの温存であり，海外からの資金の受け入れを梃に，世界市場で高利回りの資金運用を行うアメリカの「ベンチャーキャピタル化」を支えることである。こうなれば，サブプライム・ローン関連証券に代わる新たな金融商品が過剰資金の次の投資対象となり，国内で資産バブルを繰り返す。あるいは，海外へ投資される過剰資金は投機マネーとして充用され，世界のいずれかの市場で資産価格の騰貴を引き起こすであろう。

　本来，通貨システムは社会的に必要なものを作り出すための金融を提供すべきであるが，今日，金融自由化の名の下に，投機目的に貨幣を作り出し，また，人々の飽くなき消費欲求を満たすために貨幣を作り出すシステムとなっている。現在の「ドル本位制」が維持されるかぎり，この通貨システムは変わらない。

こうした通貨システムを改革するためには，「ドル本位制」に代わり，対称的な国際収支調整負担を制度化した公正な国際通貨制の構築が求められる。

補論1　I―Sバランス・アプローチ論

一国の総需要と総供給は一致するという考えにもとづいて，国民経済計算上で対外収支と国民経済の関係を表すものが貯蓄―投資バランス論である。つまり，日本経済の需要は，国内総支出＋輸出であり，この場合の輸出は，海外部門の日本経済に対する需要である。他方，日本経済の総供給は，日本の国内総生産＋輸入等となり，この場合の輸入は，海外部門による日本経済に対する供給と考える。総供給と総需要は一致するので，国民総生産＝国民総支出となる。

総需要は消費（Consumption, C）と投資（Investment, I）と政府支出（Government Expenditure, G）によって構成される。輸出（Export, Ex）は外国からの需要であるが，あくまでの日本で生産された財に対する需要なので，総需要の一部をなす。一方，輸入（Import, I）は，日本人ないし日本企業の需要であるが，外国で生産された財に対する需要である。したがって，日本で生産される財に対する需要に対して，輸入はその分だけマイナスの影響をあたる。

総供給は，日本の国内総生産＋輸入等であり，国民所得が国内総生産に対して支出される場合，その内訳は消費される以外は貯蓄（Saving, S）と税金支払い（Tax, T）が残る。さらに所得の一部は輸入に使われるので，輸入（Import, Im）が加わる。

以上のことから，総需要と総供給は次のような式に表される。

総需要：$Y = C + I + G + Ix$ ……①

総供給：$Y = C + S + T + Ex$ ……②

総供給と総需要は一致しなければならないので，①式と②式と整理すると次のようになる。

$C + I + G + Ix = C + S + T + Im$

$S + T + Im = I + G + Ex$

$(S - I) + (T - G) = Ex - Im$ ……③

上式の式は国民経済計算上，事後的に成立する恒等式であり，左辺が右辺を決定する，あるいは右辺が左辺を決定するという性質の式ではない。いま，政

府部門を省略して考えれば，国民経済の（S－I），すなわち貯蓄—投資が均衡していることは，同時に対外収支（Ex－Im）も均衡していることを意味している。

注

1 ）例えば，Helleiner, E. and Kirshner, J. edited（2012），Mickinnon, R. I.（2013）などの研究がある。

2 ）2009年 3 月には中国の人民銀行の周小川総裁が，国際通貨基金の特別引き出し権（SDR）活用範囲拡大を訴える論文を公表した。これは，現在の国際通貨体制は脆弱であり，ドル体制は見直されるべきとの議論の 1 つといえる。その後2010年11月ソウルで開催された G20 サミットでは，ドルを基軸通貨とする通貨体制自体に対して見直し論が再燃した。

3 ）経済産業省，2010年，第 1 - 2 - 1 -20図　米国の消費者物価指数の推移。

4 ）Mcknnon, R. I.（2013），pp. 78-79.

5 ）予め設定しておいた発行総額の枠内であれば，回数等の制限なく随時発行できる中期の債券のことをいう。

6 ）Carol C. Bertaut and Laurie Pounder, The The Financial Crisis and U. S. Cross-Border Financial Flows, *Federal Reserve Bulletin*［FRB］, November 2009, A. 158.

7 ）ibid A159.

8 ）SCB, July 2009, p. 64.

9 ）以下のデータは，SCB, April 2009, p. 21. July 2009, p. 64 による。

10）SCB, July 2009, pp. 63-65 を参照。Chart 9 の「アメリカ負債証券の取引残高」は非居住者による株式，政府機関債券，財務証券に区分して示している。

11）SCB, April 2009, p. 22.

12）ブレトンウッズ II 仮説（Dooley, et al.（2005））によれば，アメリカの経常収支赤字は，東アジア地域の公的外貨準備と欧州地域の民間証券投資・銀行間貸借によってファイナンスされることにより，「ドル本位制」は持続可能である。「ブレトンウッズ II 仮説」の視点は，国際資金フローの視点からアメリカ経常収支ファイナンスの状態を考察することである。

13）Bureau of the Fiscal Service, *Treasury Bulletin*, Ownership of Federal Securities（http://www.fiscal.treasury.gov/fsindex.htm　2014年 9 月22日アクセス）。

14）Helleiner, E. and Kirshner, J. edited（2012），p. 13 を参照。

15) BIS（2013b），p. 6. 報告ディーラーとは，大商業銀行，大投資銀行，証券会社であり，ディーラー間市場に参加し，企業，政府，非報告金融機関などの顧客と為替の売買活動を行っている金融機関を指す。

16) アメリカの経常収支赤字ファイナンスの持続可能性についての近年における論争については，奥田，2012年，第1部第1章と鳥谷，2010年，第II部第7章を参照されたい。

17) 木下，2007年，23-24頁。例えば，アメリカの居住者が非居住者から財やサービスを輸入すると，その輸入額に見合う非居住者保有の「ドル預金」（アメリカにとっては対外債務）がまず形成される。アメリカ国内の企業（A）がドル建で輸入した場合，アメリカ国内におかれているドル預金が（A）から海外の輸出者（B）へ移る（対外債務の形成）。しかし，ドル預金そのものはアメリカ国内に留まる。B企業はどのドルを種々の対米投資に使うかもしれない。また，そのドルを自国通貨へ転換するかもしれない。その為替取引の相手先によって諸事態が生まれる。相手先が海外のドル建輸入業者であると，ドル預金は（B）から銀行を介した為替取引によってドル建輸入業者（C）へ，さらにドル建輸出業者（D）へ移っていく。その場合，D企業がアメリカ企業であれば（アメリカの輸出であれば），対外債務は消えるが，D企業が外国企業であれば，対外債務は残る。いずれの場合もドルは国内に留まっている。

18) 「ドル本位制」の特徴は国際通貨国と周辺国との非対称性にあると捉え，ドルの国際通貨としての利用を「特権」としてみれば，アメリカの経常収支赤字は世界のドルへの実需による支払いによるものであるから，アメリカ経常赤字はやむを得ない状態ないし正当化されるべき状況となるであろう。

19) 「資産決済の原理」とは，債権債務の支払い決済は必ず債権者・債務者の双方にとっての資産で行われなければならない，ということであり，これがこれまでの貨幣市場経済の基本原理である。

20) 小宮，1994年(a)，69，1021頁を参照。

21) 小宮，1994年(b)，16頁。

22) 国際通貨国アメリカの金融政策の行き詰まりについての考察は，鳥谷，2010年，221頁を参考にしている。

23) 新興諸国へのファンドへの資金流入の内，株式ファンドがより大きな比重を占めている（BIS（2013a），p.12）。

24) 在米銀行も在米のノンバンクもともにドル建では債権と債務の収支で黒字（資金流入）であるのに対して，外貨建では債権と債務の収支で赤字（資金流出）になっている。つまり，米銀・ノンバンクは低利のドルを外貨に換えて対外投資を行っている（奥田，2014年，65頁）。

第 8 章　世界金融危機後の「ドル本位制」　*211*

25）BIS Annual Economic Report 2018, p. 36.
26）米連邦公開市場委員会（FOMC）が2013年 1 月の会合後に公表した，一段の長
　　期目標および金融政策戦略に関する声明は以下の通りである。「FOMC は，最大雇
　　用，物価安定，穏やかな長期金利の推進という法定責務を全うする上で確固たる責
　　任がある。委員会は金融政策に関する決定について，できるだけ明快に説明を尽く
　　すよう努力する」。

参考文献

BIS（2013a）. *Quarterly Review*.

BIS（2013b）. *Triennial Central Bank Survey*, Foreign exchange turnover in
　　April 2013: preliminary global results.

Bureau of the Fiscal Service, *Treasury Bulletin*,（http://www.fiscal.treasury.gov/
　　fsindex.htm）.

Carol C. Bertaut and Laurie Pounder, The Financial Crisis and U. S. Cross-
　　Border Financial Flows, *Federal Reserve Bulletin*, November 2009, A. 158.

Dooley, M Folkerts-Landau, D., & Garber, P.（2005）, International Financial
　　Stability: Asia, Interest rate, and the Dollar, *Deutche Bank Global Market
　　Research*.

Gourinchas, Pierre-Olivier & Rey, H.（2005）. "From World Banker to World
　　Venture Capitalist: US External Adjustment and the Exorbitant Privilege,"
　　NBER Working Papers 11563, National Bureau of Economic Research, Inc.

Helleiner, E. and Kirshner, J. edited,（2012）. *The Future of the dallor*, Cornell
　　University Press.

Mickinnon, R. I.（2013）. *The Unsolved Dollar Standard*, Oxford University Press.

U. S. Department of Commerce, Bureau of Economic Analysis, *Survey of Current
　　Business*, various issues.

奥田宏司『現代国際通貨体制』日本経済論社，2012年。

奥田宏司「アメリカの量的金融緩和と新たな国際信用連鎖の形成についての覚書——
　　BIS，IMF の Spillovers 論の批判的検討——」『立命館国際研究』26-3，2014年。

木下悦二『外国為替論』有斐閣，1991年。

木下悦二「グローバランス・インバランスを巡って——世界経済の構造変化の視点か
　　ら——」『世界経済評論』2007年。

経済産業省『通商白書』2010年。

小宮隆太郎『貿易収支・赤字の経済学——日米貿易摩擦の愚かさ——』東洋経済新報
　　社，1994年(a)。

小宮隆太郎「第1章　経常黒字はなぜ生じるのか」伊藤元重編著『貿易黒字の誤解』
　　東洋経済新報社，1994年(b)。
田中素香「グローバル・インバランス」田中素香・岩田賢治『現代国際金融』有斐閣，
　　2008年。
鳥谷一生『国際通貨体制と東アジア』ミネルヴァ書房，2010年。

お わ り に

　第8章で述べたように，長期的には国際通貨ドルは後退していくであろう。しかし，ドルに代替できる国際通貨が現れないかぎり，ドルを基軸通貨とする「ドル本位制」は，グローバル・インバランスの拡大を伴い，当面は維持される見込みである。アメリカの経常収支赤字により発行されるドルは，アメリカの経常収支赤字をファイナンスするため自国へ還流するに止まらず，再び海外投資へ向かうという国際資本取引が継続している。また，周辺の経常収支黒字国にとって国内投資に充用されない余剰資金は海外投資へと向かう。こうして，国内で予想利潤の獲得機会を見出すことができない資本は，短期的収益の獲得を求めて世界中を跋扈している。ホットマネーとも呼ばれる短期資本は，株式市場や不動産市場へ流入することで市場価格は投機的様相を帯びる。過熱した投機が終わると，短期資本は即座に海外へ流出するため，自国の為替相場は短期間で急激に下落するだけでなく，金融資産価格の下落幅はいっそう大きくなる。その結果，資産バブルの崩壊は国民所得や雇用という実体経済に与える影響は深刻である。そのような意味で，途上国だけでなく先進諸国においても，企業，投資家および家計はグローバルに移動する資本に大きく翻弄されている。

　しかも，遡れば1971年の金ドル交換停止以降，世界各国において各国通貨価値の確定性は事前的にも事後的にも一切期待することはできなくなっている。そのため，企業は自社の商品販売により商品価値が実現できても，それによって増える自己資産の価値保全に努力しなければならない。同様に，家計は労働によって得た所得・財産を，リスク管理費用の自己負担により保全しなければならない。しかし考えてみれば，国家による資本の私的財産の保全は市民社会の原理・原則ではなかったのか。その原理・原則が保証されない時代を我々は既に迎えていたのである。とすれば，私的財産や通貨価値が保全される制度，安定した為替制度を取り戻す国際通貨制度の構想が検討されるべきである。これは今後の課題である。

　本書は，2015年3月に松山大学研究叢書として助成を受けて出版した『現代

の国際通貨制度』の改訂版である。初版の原稿を書くにあたり，同志社大学名誉教授平勝廣先生よりご指導を賜り，京都女子大学鳥谷一生教授から貴重な助言を頂いたことに，お礼を申し上げたい。

　最後に，本書出版にあたって晃洋書房代表取締役植田実氏，編集部西村喜夫氏にお世話を頂いた。記して感謝申し上げたい。

　　2019年8月

　　　　　　　　　　　　　　　　　　　　　松 浦 一 悦

索　引

〈アルファベット〉

ABS　　145, 157, 159
BOE →イングランド銀行を参照
CDO　　154, 169, 183
forward exchange　　47
FRB →アメリカ連邦準備制度を参照
FRB 議長
　イエレン——　205
　バーナンキ——　160
future exchange　　47
GATT　　102
　——・ウルグアイラウンド　　130
I－S バランス論　　201, 202
IMF 8 条国　　105
IMF 14 条国　　105
J カーブ効果　　113
LTCM（Long-Term Capital Management）
　140
MBS →不動産担保証券を参照　　140
MMF（Money Market Fund）　158, 159,
　165, 183, 186, 196
NAFTA　　130
OMT（Outright Monetary Transaction）
　4
RMBS　　145, 183
QE →量的緩和を参照

〈ア　行〉

アメリカの経常収支赤字の「維持可能性」
　200
アメリカ連邦準備制度（FRB）　　3, 152, 158-
　161, 166, 204-207
アメリカン・エキスプレス　　156
一般的等価物　　32

イングランド銀行（BOE）　　52, 77, 88, 95
　——・リスク　　162
　——ターゲット策　　203
売り持ち　　45
エクイティ・ファイナンス　　139
円キャリー・トレード　　61, 152
円の国際的利用　　142
欧州中央銀行（ECB: European Central
　Bank）　152
オプション取引　　28

〈カ　行〉

外貨準備増減　　22
買い持ち　　45
価格効果による自動調整論　　91
価格の度量標準　　33
価値尺度　　33
　——機能　　31
カッセル, G.　　69
株式銀行（joint stock bank）　　78, 96
株の空売り　　140
貨幣数量説　　91
貨幣としての貨幣　　31
空売り＝ショート・セリング　　140, 147
為替
　——切り下げ競争　　102
　——裁定　　61
　——資金操作　　46
　——投機　　61
　——の基本原理　　35
　——平価　　43, 54, 60, 103
　——平衡操作　　65
　——持高操作　　45
　一覧払——手形　　42
　期限付——手形　　42, 83

先渡—— 68
先渡——取引 43
直物——取引 43
実効——相場 66, 181
実質——相場 66
実質実効——相場 66
実質的——相場変動 60
送金—— 37
調整可能な釘付け——相場制度 105
取立—— 37
荷——信用制度 81, 82
名目——相場 66
名目的——相場変動 60
関税と貿易に関する一般協定 102
管理フロート 112
——制 114
機関投資家 140
基礎収支 107, 117, 118
基礎収支の赤字 118
基礎的不均衡 105
逆資産効果 154
キャピタル・ゲイン 61
キャリー・トレード 204
金・ドル交換 103, 108, 111
金塊本位制 73
金為替本位制 55, 73
金決済 84
金現送 85
——点 63
——費用 35
銀行券ルール 4
均衡相場論 69
金債務 52
金匠（ゴールドスミス） 96
キンドルバーガー，C.P. 117
金の二重価格制 109
金廃貨 112
金プール協定 106, 108

金平価 54, 62, 84
金本位制度 50
金本位制の自動調節機構 88
金融安定化法（EESA） 156
金融収支 18
金融の量的緩和政策 3
金融派生商品（デリヴァティブ） 19, 140
金輸出入点 85
金利裁定 61
——取引 67
金利ターゲット方式 126
金利平価説 68
グラム・ラドマン法 125
クリアリング・バンク 80
グリーンスパン，A. 141
グローバル・インバランス 2, 149, 186
クロス取引 134
経常移転 17
ケインズ，J.M. 69, 102, 114
鉱業生産指数 155
高金利政策 126
鉱工業生産指数 167
公的準備資産 193
購買手段 34
購買力平価説 63, 69
絶対的—— 69
相対的—— 69
ゴールド・ラッシュ 108, 109
国債買い入れプログラム（OMT） 4
国際決済手段 75
国際資金仲介の機能 139
国際収支（外貨準備）の天井 104
国際収支調整負担に関する「非対称性」問題 115
国際収支のマネタリーアプローチ 91
国際清算同盟案 102
国際貸借 23
国際投資ポジション 23

索　　引　*217*

国際復興開発銀行　101
誤差脱漏　20
個人銀行（private bank）　78
コマーシャル・ペーパー（CP）　188
小宮隆太郎　201
コルレス勘定　49
コルレス契約　44

〈サ　行〉

サービス収支　15
再建金本位制　55
最終決済の先送り＝繰り延べ　115
再輸出　89，90
先物取引　28
先渡取引　27
サブプライム・ローン　150，183
　　──関連証券　204
ジェネラル・エレクトリック（GE）　156
ジェネラル・モーターズ（GM）　156
直先スプレッド　67，68
直先総合持高　45
自己宛債務　115
資産決済　201
資産担保コマーシャルペーパー（Asset
　　Backed Commercial Paper, ABCP）
　　188
資産担保証券　145，159
資産バブル　162
事実上の為替平価　63
市場調整メカニズム　113
市場リスク　162
シティグループ　156
支払い手段　34
シャドーバンク　165
ジャパンマネー　133
ジャマイカ・キングストン合意　113
住宅投資ブーム　154
住宅ローン債権担保証券（RMBS）　145，154，

183
商業信用状　81
証券投資　19
所得効果による自動調整論　91
所得収支　17
シラー，R.　152
人種の坩堝　167
信用
　　──緩和策　164
　　──創造　53
　　──リスク　162
スクウェア　45
スタグフレーション　123
スミソニアン協定　111
スミソニアン合意　57，65
スミソニアン体制　111
スワップ取引　28
スワップライン　193
世界貨幣　34
世界貨幣＝金による国際決済　86
世界貨幣金　53
世界経済の銀行家　135，138
世界の銀行　117
世界のベンチャー・キャピタル化　169
世界のベンチャー資本家　192
設備稼働率　155
ゼロ金利政策　3
総フロート制　112

〈タ　行〉

対外均衡　104
対外資産負債残高　23
体制支持金融　133
対内均衡　105
平勝廣　120
ダウ平均株式価格　164
脱ドル　2
短期借・長期貸　135，138

担保付き債務支払い証書　154, 169, 183

蓄蔵貨幣　34

調整可能な釘付け相場制　64

調整可能な釘づけ相場制度　56

直接投資　18

通貨
　——オプション　28
　——の概念　34
　——の交換性　105
　異種——の交換比率　59
　介入——　57, 106, 200
　為替媒介——　58, 142, 197
　管理——制度　56
　基軸——　57
　基準——　56, 106, 142, 200
　契約——　50
　契約・決済——　142, 197, 198
　契約・取引——　106
　決済——　50
　国際——　50
　国際——基金　101
　最終決済なき国際——制度　115
　準備——　56, 106, 200
　取引——　50
　表示——　50
　不換——制　63

電信仲値為替相場　42

投機（スペキュレーション）　27

特別引出権（Special Drawing Right, SDR）
　110

特別目的事業体（special purpose vehicles,
　SPV）　188

トリフィン，R.　94, 116, 117

ドル
　——危機　57
　——体制　133, 152
　——の為替媒介通貨　199
　——の金交換停止　112
　——離れ　183, 189
　——不足　107, 182, 192
　——防衛　112
　——本位制　67, 167, 187

〈ナ　行〉

ニクソン，R.　110

ニクソン・ショック　57, 110

西村閑也　93

日米包括協議　130

ヌルクセ，R.　69

ノンバンク　183, 189

〈ハ　行〉

ハイ・リスク／ハイ・リターン　195
　——原則　193

ハイパー・インフレ　114

バイラテラリズム　129

発行券ルール　162

パリバ・ショック　183

反ダンピング関税　129

ピール条例　52, 77

ビナイン・ニグレクト政策　111, 203

ビル・ブローカー　80, 95

貧困児童　168

貧困人口　168

ファニーメイ　154

フェデラル・ファンド・レート　127, 157,
　163

フォード，A. G.　92

複式簿記の原理　13

負債決済　200

双子の赤字　128, 203

不動産担保証券　140, 145

プラザ合意　116, 128, 133

不良資産救済プログラム（TARP）　156

ブレディ戦略　130

フレディマック　154

索　引　*219*

ブレトン・ウッズ体制　56, 101
「ブレトンウッズⅡ」仮説　192
ベア・リターンズ　154
米財務省証券投資　196
ヘッジファンド　140, 187, 204
ベンチャーキャピタル化　207
貿易収支　15
ホートレイ, R. G.　92
ボルガー, P.　126
ポリシー・ミックス　127
本国費　91
ポンド体制　74

〈マ　行〉

マーシャル・プラン　106
マーチャント・バンク　80, 94
マネー・ストック　8, 126
マネタリー・ターゲット方式　126
マネタリー・ベース　8, 127, 160, 162
マネタリズム　124
マルクス, K.　46
マルクの媒介通貨化　143
ミディアム・ターム・ノート（MTN）　188
ミューチュアル・ファンド　164, 166

〈ヤ　行〉

輸出自主規制措置　129

輸入インフレ　104
ユニラテラリズム　129
欲望の二重の一致　32
余剰資金　151

〈ラ　行〉

リーマン・ショック　153, 167, 184
リーマン・ブラザーズ　154
リスク・プレミアム　159, 160
流通手段　33
　──機能　31
流動性のディレンマ　110
量的緩和（QE: Quantitative Easing）　3, 5,
　160, 204
量的金融緩和（QE3）　204
レーガノミックス　123
レポ取引　155, 191
労働分配率　169
ローマ条約　107
ロンドン宛手形 the Bill of London　78
ロンドン金融市場　83
ロンドンの銀行　96
ロンドンの市中銀行　77
ロンドンの手形交換所　78

《執筆者紹介》

松 浦 一 悦（まつうら　かずよし）

現在，松山大学経済学部教授，博士（国際関係学）

1963年熊本県生まれ。大分大学経済学部卒業。同大学在籍中，1984年に米国サンフランシスコ州立大学へ文部省国費派遣留学。1991年3月，同志社大学大学院商学研究科博士課程単位取得退学。1991年4月より松山大学経済学部専任講師。同大学助教授，英国ケンブリッジ大学政治経済学部客員研究員を経て，2000年4月より現職。日本EU学会理事。

主　著

『EU　通貨統合の新展開』ミネルヴァ書房，2005年。
『EU　通貨統合とユーロ政策』ミネルヴァ書房，2009年。
『グローバル金融資本主義のゆくえ』（共著）ミネルヴァ書房，2013年。

改訂版
現代の国際通貨制度

2015年 3 月20日　初　版第 1 刷発行	＊定価はカバーに
2019年10月20日　改訂版第 1 刷発行	表示してあります
2022年 9 月15日　改訂版第 3 刷発行	

著　者　　松　浦　一　悦ⓒ
発行者　　植　田　　　実
印刷者　　江　戸　孝　典

発行所　株式
　　　　会社　晃　洋　書　房

〒615-0026　京都市右京区西院北矢掛町 7 番地
電話　075（312）0788番（代）
振替口座　01040-6-32280

装丁　野田和浩　　　　印刷・製本　共同印刷工業㈱

ISBN978-4-7710-3274-3

JCOPY 〈（社）出版者著作権管理機構　委託出版物〉

本書の無断複写は著作権法上での例外を除き禁じられています．
複写される場合は，そのつど事前に，（社）出版者著作権管理機構
（電話 03-5244-5088, FAX 03-5244-5089, e-mail: info@jcopy.or.jp）
の許諾を得てください．